传播学数据分析方法

刘林沙　陈秋雷　编著

西南交通大学出版社
·成　都·

图书在版编目（CIP）数据

传播学数据分析方法 / 刘林沙，陈秋雷编著. —成都：西南交通大学出版社，2023.7

ISBN 978-7-5643-9374-8

Ⅰ. ①传… Ⅱ. ①刘… ②陈… Ⅲ. ①传播学－数据处理－教材 Ⅳ. ①G206

中国国家版本馆 CIP 数据核字（2023）第 120100 号

Chuanboxue Shuju Fenxi Fangfa

传播学数据分析方法

刘林沙　陈秋雷　编著

责任编辑	居碧娟
封面设计	原谋书装
出版发行	西南交通大学出版社 （四川省成都市金牛区二环路北一段 111 号 西南交通大学创新大厦 21 楼）
发行部电话	028-87600564　028-87600533
邮政编码	610031
网址	http://www.xnjdcbs.com
印刷	成都蜀雅印务有限公司
成品尺寸	185 mm × 260 mm
印张	11.5
字数	280 千
版次	2023 年 7 月第 1 版
印次	2023 年 7 月第 1 次
书号	ISBN 978-7-5643-9374-8
定价	39.00 元

课件咨询电话：028-81435775

图书如有印装质量问题　本社负责退换

前　言

PREFACE

数据分析软件在社会学、传播学相关学科的数据分析教学和研究中被广泛应用。笔者自 2003 年起就进行传播学数据分析研究和教学，具有丰富的使用经验，在具体的数据分析软件教学中，发现一个明显的问题一直存在：针对专业的相关资料缺少，学生学习缺乏教材支撑。对于传播学来说，其学生主要为文科生。面对像操作手册一样的各类数据软件书籍，学生往往有畏难情绪。再加上各类书籍总要不厌其烦地阐释该部分的统计学、计算机学原理，文中充斥着各种学科术语与数学符号公式，学生就更觉得束手无策。尤其让学生感到头痛的是，各种数据分析软件的内容过于庞杂。究竟在传播学中，可以使用哪些分析手段，各自有何优劣，可以应用在哪些具体传播问题中？这些问题都困扰着学生，影响他们的学习积极性与效果。

为了解决上述问题，本书从传播学教学具体需要出发，既突出数据分析软件在传播学数据分析中的应用性，也保证数据分析软件教授的系统性。

与同类教材相比，本教材具有如下特色：

1. 本教材立足于传播学教学需要，涵盖了传播数据分析方法所有学生必须掌握的知识点，适应高等教育教学改革，适合在实际教学中使用。

2. 将思想政治元素融入内容，提升学生思政意识和素养。

3. 本教材为新形态一体化教材，以纸质教材为核心，融入了数字化资源、数字课程。多样化教学活动的融合，提升学生参与度和教学效果。

4. 本教材充分体现了信息技术的工具性和实用性，以 SPSS 软件为主，同时介绍了 Citespace、Amos 在传播数据分析中的具体应用。

5. 本教材避开烦琐的统计学计算、推理，尽可能为学生讲述定量研究中统计数据背后的逻辑，为学生搭建从数据到结论的桥梁。

本教材充分体现“社会主义教育包括社会发展规律的教育”的要求，与时俱进地将最新研究成果，将有关网络传播规律的相关统计数据与分析手段引入教材，在教学中既保证了知识的传递，也充分体现了我国社会网络传播的发展规律与特点。

本教材尽量使用跟民生、民情息息相关的数据，让学生有掌握传播数据分析方法的本领和运用大数据保障、服务民生的意识，培养青年社会主义核心价值观，助其成为有理想、有本领、有担当的新青年。如“课后思考及练习题”要求学生搜集我国经济发展的相关数据，并根据课程进度进行各种分析。该练习既锻炼了学生的数据分析能力，也从数据角度让学生了解了国家的发展状况。

本教材编写响应“教育应当继承和弘扬中华民族优秀的历史文化传统，吸收人类文明发展的一切优秀成果”；用好课堂教学主渠道功能，将课程思政元素融入教材中。编者在教材中结合传播的基本知识，立足中国本土，编写学科教材内容，如传播学数据分析在我国的应用与发展。本书所用统计案例都是中国经济、网络发展的最新数据。

刘林沙

2023 年 3 月

目　录

CONTENTS

第一章

传播学数据分析概述

第一节 传播学数据分析发展历史简述

一、传播学数据分析在美国的兴起与早期发展

1912年哥伦比亚大学建立了新闻学院，普利策提出了一个整合性课程目录，其聚焦风格、新闻法规、伦理、文学、真理和准确性以及相关技术、记者史、社会学、经济学、统计、现代语言、科学概观、报纸研究、观念的权力、新闻学准则等。[①]从新闻传播学教育的兴起开始，数据统计就成为美国新闻传播教育的必要内容。20世纪20年代末，“新闻学开始为其课程带来日渐增长的应用社会科学的测量”[②]，相应的社会科学的特征开始体现在新闻教育中。

两次世界大战期间，施拉姆与拉斯韦尔（Harold Lasswell）、拉扎斯菲尔德（Paul Lzarsfeld）、霍夫兰（Carl Hovland）等传播研究先驱一起工作，主要研究战争中的宣传效果。这一时期出现了大量传播领域的经典研究。1922年美国新闻评论家李普曼（Walter Lippmann）的《舆论学》（*Public Opinion*）采用描述性手段首次对美国报业做出分析。从1927年起，拉斯韦尔曾两次提出宣传的定义，运用定量和定性的方法对第一次世界大战的宣传品进行分析，提出宣传的四个主要目标和七种常用宣传方法。拉斯韦尔提出的传播5W模式为传播研究明确了变量和主要研究领域及范围。此外，拉斯韦尔还开创了数据定量的内容分析法，并将弗洛伊德的“精神分析”引入美国社会科学。库尔特·卢因（Kurt Lewin）为传播学研究引入心理学的实验方法，对“群体生活的途径”以及群体对个人的观念、动机、愿望、行为和倾向的影响进行分析。霍夫兰在1942年运用实验方法考察了电影媒介对态度转变的影响，在说服理论的研究中开创了“信息学习法”，为评估效果设计出实地实验的方法，提出“自变量”和“因变量”的概念。1940年美国社会学家拉扎斯菲尔德在研究总统选举时提出了“意见领袖”的概念，将调查研究法引入传播学领域，1948年，拉扎斯菲尔德通过问卷调查法发现人际传播比大众媒介更容易影响投票决定。所有这些有关数据分析的研究都成为传播研究进入经验阶段的重要代表，其中普林斯顿广播项目更被认为是行政研究道路开创的标志。这个广播项目最终由普林斯顿大学迁入哥伦比亚大学，重新命名为哥伦比亚广播研究室（Columbia office of Radia Research），这也是应用社会研究局（Bureau of Applied Social Research）的前身。20世纪三四十年代，应用社会研究局集中于广播效果、受众分析和人际传播等方面进行了大量的调查研究，其中包括赫佐格主持的“火星人入侵”调查，日间电视剧“使用与满足”调查；伯纳德·贝尔森（Bernard Belson）与其他学者在1945年7月对纽

① Dickson Thomas. Mass Media Education in Transition:Preparing for the 21st Century[M].Taylor and Francis:1999-08-01.

② Wilcox W. Historical trends in journalism education[J]. Journalism Educator，1959（3）：4.

约 8 家主要报纸罢工期间的读者调查以及著名的伊利县调查等。20 世纪 50 年代，施拉姆确立了传播学的学科地位，把它与心理学、社会学、政治学、经济学、人类学等并列。

在盛行经验主义的浪潮中，大众研究中的效果研究取得了一系列的成果，其中具有代表性的理论有两级传播理论、议程设置理论、涵化理论、适用于满足理论、知识沟理论、沉默的螺旋理论等。这些研究成果为今后的传播学研究提供了理论依据和方法准则，并引导传播学研究的学者们产生共同的信念①。在实证主义理论模式中，传播学的主流学派一般采用数据分析，主要是指内容分析研究、调查研究以及控制实验等方式。他们以自然科学为模板，将具有数学公式特性的标准知识模型引入大众传媒研究，对大众传媒中出现的问题进行预测、策划、组织。

二、传播学数据分析在我国的应用与发展

1982 年 6 月，北京新闻学会发起，联合中国社会科学院新闻研究所、人民日报等组成调查组，由陈崇山、柯惠新两位学者牵头，进行了突破性的尝试，第一次开展了对北京市读者、听众、观众的调查，形成报告刊登在 1982 年出版的《新闻学会通讯》上。这次调查研究共覆盖 295 个样本单位，样本数量 2432 人，共出具了 6 份调查报告。对北京市 13 岁以上的受众阅读报刊、收听广播、收看电视节目的媒介接触情况进行了调查和研究，提出了相应的发展建议。这次调查具有非常重要的意义，这是我国研究人员第一次尝试用量化的思维来解决新闻传播中的问题，也是运用现代科学方法调查受众的起点②。1983 年，“报纸如何为读者服务”专题在《新闻学会通讯》第 1～2 期上刊登，拉开了关于“服务性新闻”的轰轰烈烈讨论的序幕；1983 年第 5～6 期则是厚厚的 1982 年调查的报告专刊；1983 年第 18～19 期刊登了多篇讲授调查方法的文章，其中包括译文《美国民意调查方法介绍》③。1984 年中国人民大学出版社出版《新闻学论集》第 8 辑，其中喻国明《新闻作品信息含量问题初探》一文中介绍了“熵”这个概念并将其运用到新闻学中，并提出了一个公式：新闻作品的信息含量 = 新闻信息 ÷ 信息符号。

1984 年约翰·奈斯比特在我国翻译出版了《大趋势——改变我们生活的十个方向》，人们不仅被书中的各种独特见解所吸引，也十分注意作者所运用的那种新颖的数据研究方法——内容分析。奈斯比特的“预测咨询公司”订了二百份美国各地报纸，每天进行分类综合，随着几年的积累，从中归纳出美国从工业社会过渡到信息社会的十大趋势。陈力丹在 1986 年的一次讲座中总结了 1979 年以来的 40 个研究话题，其中第 13 个话题涉及量化分析。他说：“读者调查或称‘民意测验’，不仅是一种实际活动，而且是一种综合性的理论研究。它涉及数量分析、心理学、社会学、系统论、控制论、计算机技术等许多学科。自 1982 年以来，我国已出现一批有关的调查报告和研究论文。在一些新闻单位，读者调查纳入了定期的日常

① 阿瑟·阿萨·伯格. 媒介与传播研究方法：质化与量化研究导论[M]. 张磊，译. 北京：中国传媒大学出版社，2021.

② 朱卉，聂慧敏. 我国新闻传播学量化研究方法历史概述[J]. 新闻世界，2015（3）：99-100.

③ 陈力丹，王亦高. 我国新闻传播学量化研究的艰难起点——以 20 世纪 80 年代新闻传播学三种期刊为例[J]. 当代传播，2009（2）：8-10.

工作。”[①]1985—1986 年，祝建华在《新闻大学》上分三次连载“传播研究方法”系列论文，1987 年于《新闻学论集》第 11 辑上发表文章《传播学定量研究方法的科学来源》。该文专门介绍了科学方法论中的定量研究方法，并指出科学的结论通常用两种方法来保证其有效性：要么由经验证实（尤其是数据）予以支撑，要么由逻辑推理予以保证。[②]逐渐地，在新闻传播学界，数据量化研究不再饱受质疑，而是作为一种新的研究思路和工具被运用起来。与此同时，不仅局限于频率统计等相对基础的数学和统计学手段，更多样的分析手段也被引入学科研究中。

数学方法与模型被自觉应用到传播学分析中。如 1987 年，岳南在 1 第 3 期《新闻学刊》上刊登了《新闻价值及其数学描述》一文，文中采用二元一次方程，构建新闻价值这一因变量与读者需求、信息量自变量之间的函数关系。同年，洪颖在第 4 期《新闻学刊》上发表了一篇名为《深度报道——党报报道结构的再次调整》的文章，运用了模糊数学中的“隶属度”概念。《新闻学刊》1987 年第 5 ~ 6 期合刊发表的范东生的文章《关于新闻价值的定量分析问题》，定义了新闻价值的要素，并给出描述变量的数学方法并构建公式。

二手数据的再分析被运用到传播学研究中。如钟秉林、范东生利用根据统计学原理将我国报业发展和社会经济文化发展的各项统计指标分为 7 大类，分别对各类数据进行相关分析和回归分析宏观数据分析，文章从社会生产力的角度研究报业的发展，对涉及我国报业发展的若干重大问题进行了定量研究。[③]

20 世纪 90 年代中末期以来，传播学数据量化研究逐渐走向多样化和多元化。在研究方法方面，中国社会科学院新闻研究所的卜卫和刘晓红成为当仁不让的探索者和实践者。刘晓红发表了多篇文章将心理学方法介绍进入新闻传播领域，卜卫 1996 年开始在《国际新闻界》连续发表 7 篇研究方法的介绍文章。最值得一提的是两人在 1994 年到 1996 年的三年时间里承担了中国社会科学院重点课题“社会科学成果评估指标体系的研究与设计”，其编写的《社会科学成果价值评估》更是为中国社会科学知识界做出了重要贡献。[④]

但是在这一阶段，新闻传播学中基于数据量化分析的研究相对于全部研究来说仍显较为缺乏与薄弱。张莹、申凡对 1994 年至 2003 年 10 年间《现代传播》（北京广播学院学报）上 432 篇关于传播学研究的论文展开分析。这些传播学研究主要是定性、思辨研究，其中对于科学的、实证的研究方法使用相对较少。廖圣清等人对 9 种新闻传播学学术期刊在 1998—2017 年间刊载的 3000 篇论文进行研究后发现，在随机抽取的论文中，74.0%采用诠释研究取向，21.5%采用实证研究取向，0.7%采用批判研究取向。方法论方面，90.9%的论文不包含任何研究方法。包含研究方法的 272 篇论文中，241 篇论文持定量方法论，15 篇论文持定性方法论，16 篇论文持混合方法论；同时，内容分析、调查法是最主要的研究方法（各占 55.5%和 34.6%）。[⑤]

---

① 陈力丹. 新闻理论研究的现状及历史的探讨[M]//中华全国新闻工作者协会，河北省新闻工作者协会. 新的实践 新的探索. 北京：光明日报出版社，1986：365.

② 祝建华. 传播学定量研究方法的科学来源[M]//中国人民大学新闻系. 新闻学论集（第 11 辑）. 北京：中国人民大学出版社，1987.

③ 钟秉林，范东生. 我国报业发展的因素分析[J]. 东南大学学报，1990（4）：127-131.

④ 朱鸿军，苗伟山,孙萍. 学科建制下的规范化:新中国新闻与传播学方法研究 70 年（1949—2019）[J]. 新闻与传播研究，2019，26（10）：21-35＋126-127.

⑤ 廖圣清，朱天泽，易红发，等. 中国新闻传播学研究的知识谱系：议题、方法与理论（1998—2017）[J]. 新闻大学，2019（11）：73-95＋124.

进入 21 世纪以后，特别是 2010 年以后，随着社会化媒体在网络时代的人类社会中发挥着越来越重要的作用，社会化媒体相关的研究也逐渐在传播学领域中占据越来越重要的位置。在方法选择上，值得注意的是，使用了基于大数据等新技术的研究方法的学术研究如数据挖掘、文本挖掘、语义识别、机器学习等的出现频率越来越高。这一方面与大数据等新技术在学术领域应用的普及相关，越来越多的高校和研究机构开始具备采用这些方法技术进行研究的条件，越来越多的研究人员也开始重视对于新方法的使用；另一方面，这也说明了当前传播学的刊物对于采用前沿研究方法的倡导和鼓励。①

第二节 传播学量化研究的主要方法与数据分析

一、调查法

调查法（survey method）指的是一种采用自填式问卷（纸质、电子问卷）或结构式访问（面对面、电话访问）的方法，系统直接地从一个取自总体的样本那里收集资料，并通过对资料的统计分析来认识传播现象及其规律的传播研究方式。调查法的原理是将一套标准刺激（问卷）应用于具有代表性的受访群体所得到的反应（答案），从而估计总体对于某一特定问题的一般态度或行为反应。

以下举一个新闻传播学研究中的具体调查案例来进行说明：为了研究中国重大主题新闻在对外传播过程中如何影响受众问题，上海交通大学王唯滢与李本乾于 2018 年 12 月到 2019 年 3 月期间，通过“问卷网”网络调查系统以及纸质问卷进行数据收集，国内调查部分主要是在北京三里屯和上海新天地一带向外籍人士发放纸质问卷，同时在北京、上海的部分高校向留学生发放纸质问卷，共回收有效问卷 391 份；海外调查部分是委托亲友在美国、加拿大、德国、西班牙、韩国、澳大利亚、新西兰等国家向外国人转发了网络问卷链接，回收了 177 份问卷，国内外总计回收 568 份问卷。该研究所使用的量表主要参考和借鉴了传播学、管理学和政治传播研究的经典量表以及国内外学者的理论研究成果，结合研究主题及具体需求进行调整和修改而成。全部变量以李克特五级量表进行度量，每个潜变量通过四个指标进行测量。该研究运用 SPSS 22.0 软件检验问卷题项数据的信度与效度，并使用 AMOS 24.0 绘制理论模型并将修正后残差共变关系加入计算，通过最大似然法对模型进行预估，接着进行模型修正，得到结构方程模型。研究结果显示：受众接收中国重大主题新闻信息的过程中，信息质量受认知流畅度和线索依赖度影响感知价值，进而影响行为意愿；信息权威性受线索依赖度影响感知价值，进而影响行为意愿；媒介接触度受认知专注度影响感知价值，进而影响行为意愿。②

① 赵珞琳，柏小林. 社会化媒体研究进展——基于 2011—2016 年 SSCI 传播学期刊的内容分析[J]. 出版科学，2018，26（3）：55-64.

② 王唯滢，李本乾. 中国重大主题新闻对外传播的受众影响机制研究——基于海外受众调查的 SEM 模型建构[J]. 新闻大学，2020（6）：49-62＋123-124.

从上面的例子里可以初步认识到新闻传播学数据分析中调查法的几个主要特点：

首先，调查法最重要的步骤是通过样本去推断总体的特性，因此样本的选择成为调查研究的重要工作，上例中想要了解对外传播中中国新闻主题的影响，其样本必然要选择国内外受到新闻主题影响的外国人士。

其次，调查法从某个调查总体中抽取一定规模的随机样本，这种一定规模的随机样本通常是其他研究方式所不具备的一种特性，数据收集需要特定的工具及调查问卷，且有一套系统、特定的内容与程序要求，如上例中使用的各类经典问卷量表。

最后，研究所得到的量化数据，必须在计算机软件的辅助处理下完成资料的统计分析，才能得出最终的研究结论，如上例中提到的 SPSS 与 AMOS 软件。

调查法内容上划分为事实性问题与态度性问题。事实性问题，主要包括研究对象的社会背景（如人口统计数据）、社会特征（如传播环境内容）、传播行为和活动的资料，这些题材客观性很强，收集资料通常更加容易。态度性问题，涉及研究对象对于传播现象与行为的意见与态度，这类材料属于观念性主观性的，它是构成各种媒介效果测评、舆论调查、传播心理调查的内容，在其他一些类型的调查研究中往往也是十分重要的一部分。

通过调查法所收集到的数据，多以描述统计的次数分布与百分比来呈现受访者的反应，同时研究者多半会采用一些人口变量或者背景变量，以卡方检验来进一步分析受访者的反应倾向，即俗称的交叉分析。

二、实验法

实验法（experimental method）是一种精密严谨的控制方法。研究来源于自然科学对于物理、化学、生理现象的研究。与其他研究法类似，实验法亦在探讨多个变量之间的关系。实验法是一种经过精心设计和高度控制的方法,通过操纵某些因素来研究变量之间因果关系。实验法的基本目标是确定两个变量之间是否存在因果关系,这种研究方法多在实验室中实施,又称为实验室实验。实验法作为一种特定的研究方法，存在三对基本要素：自变量与因变量、前测与后测、实验组与控制组。实验研究一般都会涉及这些基本要素，如果在现实生活中的开放场域进行实验研究，亦称为场地实验研究。此种方法通常无法做到被试完全随机分配与严谨的环境操控，亦有可能缺乏前测或对照组，因此称为准实验法。

举一个新闻传播学研究中的具体实验法案例来进行说明:许向东 2017 年采用实验法研究数据可视化的传播效果。本实验的被试为本科生、硕士生，年龄、学科背景相近，以减少被试变量的影响。实验共纳入 40 名被试者，其裸眼或矫正视力均在 1.0 以上，无色盲色弱、散光失明等症状，身体健康。实验采用对照实验法，将被试随机分为两组，每组 20 人，分别测试不同内容。一组被试阅读纯文本材料，另一组被试阅读数据可视化材料。本次实验地点为中国人民大学新闻学院实验中心眼动实验室。眼动实验所使用的工具是瑞典 Tobii 公司自主研发的 Tobii Studio 眼动仪及其配套软件，实验通过记录被试者在阅读纯文本材料和数据可视化材料时的眼动数据，进而展开数据可视化传播效果的研究。实验时间分为上午和下午两个时间段，每个时间段有 20 名被试参与实验。为避免被试者之间出现相互干扰的情况，实验室将划分为三个区域：眼动仪所在的实验区、实验结束后的问卷填写区以及被试等候区。第一组 20 名被试阅读文字材料，第二组 20 名被试阅读数据可视化材料（四幅信息图表）。在被试阅读实验材料之前，实验操作者先对被试的眼球进行定标，校对无误后，开始阅读实验材料，眼动仪同时对眼动情况进行记录。实验结束后，被试前往问卷填写区填写问卷，问卷内容紧扣实验材料，测算被试分别对文字材料或可视化材料的理解度、信任度、喜爱度、参与度和记忆度。通过本项研究，得出以下主要结论：人们在阅读文字报道和数据可视化作品时的眼动存在显著差别，与阅读文本材料相比，受众对数据可视化作品的喜爱度、记忆度和参与度更高，但在理解度、信任度上差异不显著。这表明，数据可视化作品可以达到更好的传播效果。①

通过上列可以看出，实验法需要具备一些基本条件：建立变量间因果假设是逻辑起点（数据可视化会取得更好的传播效果）；自变量能被孤立（新闻作品不受其他外界因素影响）；自变量可改变、易操纵（新闻作品数据可视化与否）；实验可重复进行（提高结果确定性）；必须具有高度的控制条件和能力（实验程序、实验室条件与相关的设施设备）。

在实验法中，数据分析的目的是协助研究者厘清因变量的变动是否受到自变量的影响。自变量多是类别变量，因此多涉及平均数差异检验（如方差分析），但是由于不同的实验设计在自变量的设计与安排方面有很多差异（例如使用重复量数设计、斜方差的处理等），因此发展出不同的方差分析技术来解决不同的实验设计问题，在各种研究方法中，以实验法所涉及的统计分析最为繁复。

三、内容分析法

内容分析（content analysis）是对各种信息交流形式的明显内容做出客观、系统和定量的描述。内容分析法可以研究各种信息形式，如书籍、报刊、歌曲、照片等。内容分析法的假设是通过文章、书籍、报刊、日记、电影、电视、歌曲、照片等传播的材料中所表现出的行为模式、价值观念和态度，反映并影响着这些材料创造者与接受者的行为、态度和价值观。因此，除了信息本身的内容外，内容分析还被用于研究信息发出者的动机，以及信息传播的影响或者效果。

以下举一个新闻传播学研究中的具体内容分析法案例来进行说明：徐敬宏、黄惠、游鑫洋在 2018 年为了研究“男性气质”这一话题，以计算机辅助内容分析为研究方法，对相关微博进行研究。研究选取#什么是今天该有的男性气质#微博话题作为研究对象。这条微博话题由“人民日报”发起并主持，讨论热度从 2018 年 9 月 1 日持续至 2018 年 9 月 20 日。通过网络爬虫技术抓取 2018 年 9 月 1 日到 2018 年 9 月 20 日 # 什么是今天该有的男性气质 # 微博话题中的所有微博转发和评论文本，对数据进行清洗后最终获取 13 250 条微博转发和 10 585 条微博评论。研究借助计算机，综合运用了社会网络分析，最终揭示“男性气质”微博话题中的公众参与结构与个体间的关系。同时，运用 TF-IDF 算法从不同时间段的微博评论文本中提取主题词，通过对微博评论文本主题词的分析，探讨微博“男性气质”的议题指向和情感趋势；采用“文心”文本情感分析软件获取微博评论文本的情感数据，通过将相关性分析

① 许向东. 数据可视化传播效果的眼动实验研究[J]. 国际新闻界，2018，40（4）：162-176.

和线性回归对情感数据和相应的微博评论点赞数据进行分析，考察“男性气质”微博话题的情感效应。研究发现，以民间意见领袖为沟通枢纽，社会大众可以在“男性气质”话题上自由思考交流，凝聚力强。在议题指向上，“男性气质”微博话题呈现出传统男性本位与性别平等话语的公开较量。在情感分析中，“男性气质”微博话题在四个发展阶段都是一种理性的讨论氛围，但从整体上看，它呈现出了网民对于负面情绪化评论的显著认同。①

从数据分析的角度来看，内容分析的基本目的是将非定量的文献转化为定量的数据，内容分析的结果通常借助频数、百分比、列联表等统计形式呈现。在具体操作程序上，内容分析一般可以分为以下几个步骤：选定研究的分析单位；界定目标总体的范围；抽取样本；编定编码体系；阅读样本文献，并按编码体系进行编码和录入，形成数据库；对数据进行统计分析并得出结果。

随着计算传播学在我国的兴起和网络传播的日益复杂化，社会网络分析在传播学研究中的应用也逐渐广泛（如上文微博，即采用了主题词提取、情感分析等社会网络分析常见方法来进行内容分析，当然社会网络分析与其他分析软件相结合也可进行内容的相关与回归分析）。目前，社会网络分析在新媒体传播、国际传播、政治传播、复杂网络、网络舆情、社会资本等传播学维度中都有着广泛应用。

四、数据的相关分析与回归分析（建模）

（一）相关分析

传播学研究者经常遇到的另一类研究问题是关于两个或多个变量之间的关联性的讨论、多个变量之间关联性的研究，即相关研究（correlational research）。相关研究是指对两个或两个以上具有相关性的变量元素进行分析，以衡量两个变量因素之间的相关程度。只有当相关元素之间存在一定的联系或概率时，相关性分析才能得以进行。两个以上的连续变量之间的关联程度可以借由相关系数 r（correlation coefficient）来表示。相关系数 r 的值可以是 –1 到 1 之间的任意值。当 r 值在 0 和 1 之间时，一个变量增加会导致另一个变量的增加，变量间呈正相关关系；当 r 值在 –1 和 0 之间，一个变量增加会另一个变量的减少，变量间呈负相关关系。r 的绝对值越接近 1，说明两个变量间的相关性越强；r 的绝对值越接近 0，两个变量间的相关性越弱。

相关分析与回归分析在实际应用中有密切关系，然而，回归分析关注的是一个随机变量 Y 对另一个（或一组）随机变量 X 的依赖关系的函数形式。而在相关分析中，所讨论的变量的地位一样，分析的重点是随机变量之间的种种相关特征。例如，以 X、Y 分别代表小学生的数学与语文成绩，研究感兴趣的是二者的关系而不是由 X 去预测 Y。

根据相关程度，相关关系可分为完全相关（两个相互依赖的符号，其中一个符号的量变化由另一个符号的量变化决定，则称为完全相关，也称为函数关系）、不相关（两个符号互不影响，它们的变化量是独立的）以及不完全相关（两种现象的关系是位于完全相关与不完全相关之间范围关系）；按相关形式可分为线性相关（将一种现象的值与另一种现象的对应值确

① 徐敬宏，黄惠，游鑫洋. 微博作为性别议题公共领域的理想与现实——基于“男性气质”微博话题的计算机辅助内容分析[J]. 国际新闻界，2021，43（5）：106-124.

定为直角坐标系中的一点，称为线性相关）和非线性相关（自变量之间不是线性关系，而是成曲线或抛物线关系或非定量关系）；按影响因素的多少分为单相关（simple correlation，也称简单相关，是指两个变量之间的相关方向和程度的分析。例如观看电视时长和性别之间的相关关系分析）和复相关（multiple correlation，也称多元相关，指两个以上的变量之间的相关分析，例如媒介依赖与性别、年龄、收入等多因素之间的相关关系分析等）。

（二）回归分析与建模

在统计学中，回归分析是一种统计分析方法，用于确定两个或多个相互依赖的变量之间的定量关系。根据所涉及的变量数量，回归分析可分为一元回归分析和多元回归分析。根据因变量的数量，可以分为简单回归分析和多元回归分析。根据自变量和因变量之间的关系类型，可分为线性回归分析和非线性回归分析。

回归模型是研究因变量（目标）和自变量（预测器）之间关系的一种预测建模技术。这种技术通常用于预测分析、时间序列模型以及发现变量之间的因果关系。例如，在上文王唯滢和李本乾关于中国重大主题新闻在对外传播过程中如何影响受众的研究，该研究采用的研究方法就是回归建模。回归模型重要的基础或者方法就是回归分析，回归分析是研究一个变量（被解释变量）关于另一个（些）变量（解释变量）之间具体依赖关系的计算方法和理论，是建模和分析数据的重要工具。在这里，通常有各种各样的回归技术用于建模预测。这些技术主要有三个衡量标准（自变量的个数、因变量的类型以及回归线的形状）。下面是回归分析的几种常用方法：

1. Linear Regression 线性回归

这是人们最为熟悉的建模技术之一。线性回归通常是人们在学习预测模型时最先选择的技术之一。在这种技术中，因变量是连续的，自变量可以是连续的或离散的，回归线的性质是线性的。线性回归使用最佳的拟合直线（即回归线）在因变量（Y）和一个或多个自变量（X）之间建立关系。

多元线性回归可表示为 $Y = a + b_1X + b_2X^2 + e$，其中 a 表示截距，b 表示直线的斜率，e 是误差项。多元线性回归可以根据给定的预测变量（s）来预测目标变量的值。

2. Logistic Regression 逻辑回归

逻辑回归是用来计算“事件 = Success”和“事件 = Failure”的概率。当因变量类型属于二元（1/0，真/假，是/否）变量时，应使用逻辑回归。这里，Y 等于为 0 或 1，它可以由以下方程表示。

odds = p/（1-p）= probability of event occurrence/probability of not event occurrence

ln（odds）= ln（p/（1-p））

logit（p）= ln（p/（1-p））= b0 + b1X1 + b2X2 + b3X3.... + bkXk

在上面的公式中，p 表示具有某种特性的概率。在这种情况下，使用二项分布（因变量），需要为此分布选择一个最佳的连接函数。它就是 Logit 函数。上述方程中是通过观测样本的极大似然估计值来选择参数的，而不是最小化平方和误差（如在普通回归使用的）。

3. Polynomial Regression 多项式回归

对于一个回归方程来说，一旦自变量的指数大于 1，那么它就是多项式回归方程。如下方程所示：

$$y = a + bx^2$$

在这种回归技术中，最合适的拟合线不是直线，而是用于拟合数据点的一条曲线。

其他常见回归方法还有 Stepwise Regression 逐步回归、Ridge Regression 岭回归、Lasso Regression 套索回归、ElasticNet 回归等。

通常来说，回归分析就是借助规定因变量和自变量来确定变量之间的因果关系，构造回归模型，并参考实测数据来求解模型的各个参数，接着判断回归模型是否能够很好地拟合实测数据；如果能够很好地拟合，则能够根据自变量做进一步预测。数据探索是构建预测模型必不可少的组成部分。它应该是选择最合适的模型图的第一步，例如识别变量的关系与影响。比较适合于不同模型的优点，可以分析不同的指标参数，如统计意义的参数 R-square、Adjusted R-square、AIC、BIC 以及误差项，另一个是 Mallows' Cp 准则。这个主要是通过将模型与所有可能的子模型进行对比（或谨慎选择它们），检查在模型中可能出现的偏差。交叉验证是评估预测模型最佳办法。在这项分析中，数据集会被分成两份（一份做训练和一份做验证），通过采用观测值和预测值相互之间的一个简单均方差来衡量预测精度。

● **课后思考及练习题（需参阅相关文献完成）**

1. 传播学数据分析方法的发展与国家社会经济发展之间的关系是什么？
2. 我国社会经济发展如何影响了传播学数据分析方法的发展？
3. 5G、人工智能和大数据等技术给传播学数据分析方法带来了哪些机遇与挑战？

第二章

传播学数据的测量及 SPSS 简介

第一节 数据中变量的测量尺度与相应的统计方法

测量（measurement）是依据特定的法则，将某种物体或现象所具有的属性或特征用数字或符号表示出来的过程，是进行数据分析之前的主要工作。数据的性质则决定于测量所使用的尺度（scale）和层次（level）。人一方面是测量的客体或对象，另一方面又是测量过程的主体，这就给传播现象的测量带来了不可避免的主客观矛盾。传播测量的内容往往是人们在媒介或传播中的行为，以及由人们的行为所构成的各种传播现象。在传播科学中，由于测量对象的复杂性，测量的量化的程度相对较低，可重复性也比较差。

对于同一个测量对象，可以利用不同的测量尺度来测量得到不同的测量结果，也就是不同的测量变量。从测量的层次来看，测量尺度可以区分为名义、顺序、等距、比率 4 种层次，因此变量又可以分为名义变量、顺序变量、等距变量和比率变量。每种尺度所测得的同名变量都可以用其他的尺度来测量，反映出不同的测量内容。在不同层级上测量的不同性质的变量，对其进行统计分析的方法和统计量也相应有所不同。

一、名义尺度及对应的统计方式

名义尺度（nominal scale）也称为类别尺度或名目尺度，其实质是对研究对象的属性或特征加以区分，通过不同的名称或符号来明确它的类别，例如学科、性别、科系、职业、婚姻状况。数字只代表类别，没有顺序，不能比大小，不能四则计算，比如身份证号、学号、邮编等，不能进行加减，也不能说某号比某号大，有 1 号、有 3 号也不意味着一定有 2 号。

对于名义尺度测量的数据一般常用的统计方式有以下两种：

（1）频数分析：指变量值中代表某种特征的数出现的次数，也是一种基础分析，例如各年龄段有多少人，占比是多少等。

（2）列联表（交叉表）分析：指观测数据按两个或更多属性（定性变量）分类时所列出的频数表。该分析同时依据两个变量的值，将所研究的个案分类。列联表分析的基本任务是判断所考察的各属性之间是否存在关联，即是否独立。例如：性别（变量 1）不同，电视观看时间（变量 2）是否有明显差异。其统计学差异的判定依靠皮尔森卡方值、列联表相关系数 C、Phi and Cramer’s V 系数等进行检验。

二、顺序尺度及对应的统计方式

顺序尺度（ordinal scale）也称为等级尺度或定序尺度，本质上是将研究对象按照一定的逻辑顺序进行排列，以确定其等级及次序，例如名次、百分等级、年级。数字代表“序数”或者“等级”，有顺序，可以比大小，但不能四则计算。比如年级排名，可以说第 1 名比第 10 名排名高，但不能说第 9 名减去第 8 名等于第 1 名，这种数据的运算是无意义的。

对于顺序尺度测量的数据一般常用的统计方式有以下三种：

（1）集中趋势分析是一种数据方法，通过各种起代表值作用的量度来反映变量数值趋向中心位置。对这一中心位置值的测度即为集中量的测度，对顺序尺度进行集中趋势测度的方法主要有中位数等。

（2）离中趋势分析是衡量统计数据资料的分散程度，即找出各个变量值与集中趋势的偏离程度。离散统计量越大，表示变量值与集中统计量的偏差越大，这组变量就越分散。对顺序尺度进行离中趋势测度的方法主要有百分位数等。

（3）列联表（交叉表）分析：其统计学差异的判定依靠斯皮尔曼 Spearman 秩相关系数、肯德尔和谐 Kendall’s tau 系数、Gamma 相关系数等进行检验。

三、等距尺度及对应的统计方式

等距尺度（interval scale）也被称为区间尺度或间距尺度，一方面可以将传播现象或事物区分成不同的类别、不同的等级，另一方面还能够确定它们相互之间的间隔距离和数量差别。等距尺度是一组具有连续性、单位又相等的数值，零点不具备数学 0 的含义，例如温度（摄氏、华氏）、智商。其数学特性是测量结果之间可以进行加减运算，而不能进行乘除（但可以算平均值）运算。如时间点，可以说 10 点比 5 点晚 5 小时，但不能说 10 点是 5 点的 2 倍。

对于等距尺度测量的数据一般常用的统计方式有以下三种：

（1）集中趋势分析：对等距尺度进行集中趋势分析的指标主要有众数、几何平均数、调和平均数和算术平均数等。

（2）离中趋势分析：要通过平均差、方差、标准差等指标来进行等距尺度的离中趋势分析。

（3）相关分析探讨数据之间是否具有统计学上的关联性。这种关系不仅包括两个数据之间的单一相关关系，还涵盖了多个数据之间的多重相关关系。其关联性依靠皮尔森积差相关、多重相关分析判定。

四、等比尺度及对应的统计方式

等比尺度（ratio scale）也称为比例尺度或定比尺度，其数学特性是测量结果既能进行加减运算，又能进行乘除运算，具有绝对的 0 点，具有实际意义的 0，例如距离、高度、重量等。比如开氏温度，可以说 30 K 比 5 K 高 25 K，而且 30K 是 5 K 的 6 倍，也存在着绝对的 0 K，即绝对零度，对应零下 273.15 摄氏度。

（1）离中趋势分析：对等比尺度进行离中趋势分析的指标主要有几何平均数、变异系数等。

（2）回归分析指的是一种确定两个或多个变量之间相互依赖的定量关系的统计分析方法

根据涉及的变量的多少，回归分析分为一元回归和多元回归分析；按照因变量的多少，可分为简单回归分析和多重回归分析；按照自变量和因变量之间的关系类型，可分为线性回归分析和非线性回归分析。

五、测量层级、变量数量、问题与对应统计方法

以下将以上 4 种测量层级与其对应的统计方法与统计量列表（如表 2-1 所示），为了方便研究者查阅与学习，也将对应的章节列入表内。

表 2-1 测量层级与其对应的统计方法与统计量

测量层级/变量类型	统计方法	统计量	对应章节
名义尺度/名义变量	频数分析	频数、百分比	
	列联表分析	皮尔森卡方值、列联表相关系数 C、Phi and Cramer's V 系数等	
顺序尺度/顺序变量	集中趋势分析	中位数	
	离中趋势分析	百分位数	
	列联表分析	斯皮尔曼 Spearman 秩相关系数、肯德尔和谐 Kendall's tau 系数、Gamma 相关系数	
等距尺度/等距变量	集中趋势分析	均值比较	
	离中趋势分析	平均差、方差、标准差	
	相关分析	皮尔森积差相关、多重相关	
等比尺度/等比变量	离中趋势分析	几何平均数、变异系数	
	回归分析	线性回归、非线性回归	

当然，在具体的数据分析过程中，仅考虑数据变量的测量层次是不够的。研究者往往还要结合变量数量和变量类型的多样性、研究假设与统计数据的适应性以及其他数据相互匹配的问题。因此，考虑变量的数目与具体问题来选择适当的分析方法也很重要。以下将常见问题及其对应的统计方法列表（如表 2-2 所示）。

表 2-2 变量数量、问题与对应统计方法

变量数量	需解决问题	统计方法	对应章节
单变量	描述	频数分析、均值分析、标准差、集中和离中趋势分析	
双变量	描述	分组均值和标准差、因子分析、信度分析	
1 自变量、1 因变量	单因素差异	t 检验、单因素方差分析 One-way ANOVA	
多自变量和因变量	多因素差异	多因素方差分析 Factional ANOVA、多变量方差分析 MANOVA	
1 自变量、1 因变量	相关	相关分析	
多自变量和因变量	多元相关	多元回归分析、Logistic 回归	

第二节 SPSS 系统简介

SPSS（Statistical Product and Service Solutions），一种“统计产品与服务解决方案”软件。最初软件全称为“社会科学统计软件包”（Solutions Statistical Package for the Social Sciences），但是随着 SPSS 产品服务领域的扩大和服务深度的增加，SPSS 公司已于 2000 年正式将英文全称更改为“统计产品与服务解决方案”，这标志着 SPSS 的战略方向正在做出重大调整。SPSS 是 IBM 公司推出的一系列用于统计学分析运算、数据挖掘、预测分析和决策支持任务的软件产品及相关服务的总称，有 Windows 和 Mac OS X 等版本。

1984 年 SPSS 总部首先推出了世界上第一个统计分析软件微机版本 SPSS/PC+，开创了 SPSS 微机系列产品的开发方向，极大地扩充了它的应用范围，并使其能很快地应用于自然科学、技术科学、社会科学的各个领域。世界上许多有影响的报纸杂志纷纷对 SPSS 的自动统计绘图、数据的深入分析、使用方便、功能齐全等给予了高度的评价。2009 年 7 月 28 日，IBM 公司宣布将用 12 亿美元现金收购统计分析软件提供商 SPSS 公司，并将 SPSS 更名为 IBM SPSS Statistics。

一、SPSS 的功能与模块

（一）SPSS 的功能

1. 统计分析软件，可即时切换多国语言界面，中文界面清晰友好

提供 SPSS 软件界面操作语言，用户可以自行设置英文或简体中文操作界面。原先在国内统计应用中，许多用户在学习英语统计专业术语时会遇到困难，因此希望该软件出中文版本。后来 SPSS 可以自己切换软件语言界面，满足了许多人想要使用中文版本的要求。

2. 全面的统计分析软件

SPSS Statistics 非常全面地涵盖了数据分析的整个过程，并提供完整的数据分析过程，例如数据采集，数据管理和准备，数据分析以及结果报告。它特别适合设计调查项目，可以对数据进行统计分析以及在研究报告中制作相关图表。

3. 快速轻松地准备数据进行分析

SPSS Statistics 包含许多使数据准备变得非常简单的技术。它可以同时打开多个数据集，便于在研究过程中对不同数据库进行比较分析和数据库转换处理。该软件提供了更强大的数据管理功能，以帮助用户通过 SPSS Statistics 使用其他应用程序和数据库。支持 Excel、文本、Dbase、Access、SAS 和其他格式的数据文件。通过使用 ODBC（Open Data Base Capture）的数据接口，人们可以通过数据库导出并直接访问和使用结构化查询语言（SQL）作为数据访问标准的数据库管理系统。该功能还可以轻松地将数据写入数据库。

4. 使用综合统计技术进行数据分析

除了常规摘要统计信息和排名计算之外，SPSS Statistics 还提供了广泛的基本统计分析功能。新添加的广义线性模型（GZLM）和广义估计方程（GEE）可以用于处理各种统计模型问题。可使用多个逻辑回归统计分析功能在分类表中获取更多诊断功能。

5. 通过演示图表清楚地表达分析结果

SPSS Statistics20 提供了一个演示图形系统，可以生成专业的图片。它可以轻松地自定义图形并生成更高分辨率的图表。SPSS 软件进一步增强了高度可视化图形构建器的功能。该演示图形系统可以使研究者更轻松地控制创建和编辑图表的时间，从而大大减少了工作量，并且可以一次创建一个图表或表格，然后使用 Illustration 模板节省时间。同时，PDF 格式的输出功能使用户可以更好地与其他人员共享信息。

（二）SPSS 的主要功能模块

1. SPSS Statistic Base

SPSS 的必不可少的基础功能模块管理整个软件平台，包括管理数据访问、数据处理和输出，同时可以进行多种常见的基本统计分析。基本统计分析功能涵盖了描述统计和行列计算，包括在基本分析中最受欢迎的常见统计功能，如汇总、计数、交叉分析、分类比较、描述性统计、因子分析、回归分析及聚类分析等。

2. SPSS Advanced Statistics

SPSS 高阶功能模块。Advanced Statistics 为分析结果建立更灵活、更成熟的模型，在处理嵌套数据时以得到更精确的预测模型，可以分析事件历史和持续时间数据。SPSS Advanced 模块强大的多变量分析技术包括广义线性模型（GZLMS）、混合模型、一般线性模型（GLM）、方差成分估计、MANOVA、Kaplan-Meire 估计、Cox 回归、层次对数线性模型、对数线性模型、生存分析等。

3. SPSS Complex Samples

复杂抽样数据模块。把复杂抽样设计整合到数据分析中，可更准确地分析复杂抽样数据。SPSS Complex Samples 通过专门的规划工具和统计方法，提供各种向导来制定取样方案或详细定义样本，降低了由于分层、聚类或者多阶段抽样造成的不正确或误导的推论的风险。

4. SPSS Neural Networks

神经网络模块，用来建模数据中复杂的输入输出之间的关系或者数据之间的模式。用户可以选择分类算法（分类输出）或者预测算法（数值型输出）。目前可用的两类算法是多层感知器学习算法和径向基函数（RBF）Neural Network 神经网络算法。神经网络作为一种简化算法模型，可以模拟人类大脑进行信息处理，能够广泛应用于各种领域进行预测分析，如银行保险的欺诈判断、客户的反馈判断，等等。

5. SPSS Regression Models

回归分析模型。当要预测行为和事件而数据不满足线性回归假设时，可通过多项/二项 Logistic 回归、非线性回归、加权最小二乘、两阶段最小二乘、Probit 等回归方法实现。

Regression 提供大量的非线性建模工具、多维尺度分析以帮助研究人员进行回归分析。它可以建立预测模型，比简单线性回归模型更完备。

6. SPSS Categories

分类分析模块。Categories 利用最优尺度及降维技巧，通过概念图发现分类变量中的潜在关系。Categories 提供非线性主成分分析来描述数据，并用图标清楚地展示数据中的关系，展示并分享动态、交互的分析结果，从分类数据中得到更丰富的信息。

7. SPSS Conjoint

联合分析模块。SPSS Conjoint 是包含三个相互关联过程的一个系统，用于进行全特征联合分析。联合分析能够帮助研究人员了解消费者的偏好，或在一定产品属性及其水平条件下进行产品评定。通过 Conjoint 分析，可以了解客户心目中产品的属性以及水平的重要程度，并进行有效的产品定价和品牌价值研究。

8. SPSS Forecasting

预测模块。SPSS Forecasting 是目前功能最强的时间序列分析工具，是分析历史资料、建立模型与预测未来事件的强有力的工具，利用完备的时间序列模型提高预测能力，包括多重曲线拟合、平滑以及自回归方程估计。

9. SPSS Custom Tables

报表功能模块。该模块的功能是交互式创建各种表格。此模块可以提供 35 种单元和摘要统计量，可以展现调查、客户满意度、投票选举和税务报告结果。

10. SPSS Bootstrap

BOOTSTRAP 方法是基于大量计算的一种模拟抽样统计推断方法，是一种确保分析模型可靠且能生成准确结果的有效方式。它可用于测试整个 SPSS Statistics 产品家族中分析模型和程序的稳定性，包括描述性统计信息、平均值、交叉表、相关、回归等。

11. SPSS Decision Trees

决策树模块。在 SPSS 环境下，可直接创建高度可视化的分类决策树，用于分段、分层、预测、数据简化和变量筛选、交互作用识别、类别合并以及离散连续变量。高度形象化的树状图使人们可用非常直观的形式展示结果。

12. SPSS Data Preparation

校验数据模块。Data Preparation 提供数据核查、自动清理等一系列数据准备工具。此模块能够在预处理数据时轻易地识别虚假的和无效观测、变量、数据值；确认可疑的或者残缺的案例；查看数据缺失模式；描述变量分布。了解了这些信息，研究者就可以在分析前，凭借自己的判断力确定数据有效性，并纠正或移除虚假关系。

13. SPSS Direct Market

直销分析模块。Direct Market 主要用来处理市场直销中的一些分析需求。根据最近购买（recency）、频率（frequency）、金额（monetary）对消费群体进行细分，提供 RFM 客户评分、客户分群、目标客户轮廓概括、客户响应评分、不同营销行为响应测量等模型。

14. SPSS Missing Value Analysis

缺失值分析模块。如果数据中有缺失值，这个模块能帮助研究者发现缺失数据和其他变量之间的关系。此外，该模块还可以计算出缺失数据的估计值。

二、SPSS 的系统设置

在使用 SPSS 进行数据处理前，首先要对其进行设置。启动 SPSS，选择编辑菜单栏当中的选项，即可进入 SPSS 系统环境设置，可以借由常规、语言等不同的设置对话框（如图 2-1 所示）来调整 SPSS 的系统设定。设置相关参数后，点击确认保存此次系统设置，下次打开 SPSS 后不需要再设置（本部分根据实际需要介绍主要设置，不对选项一一介绍）。

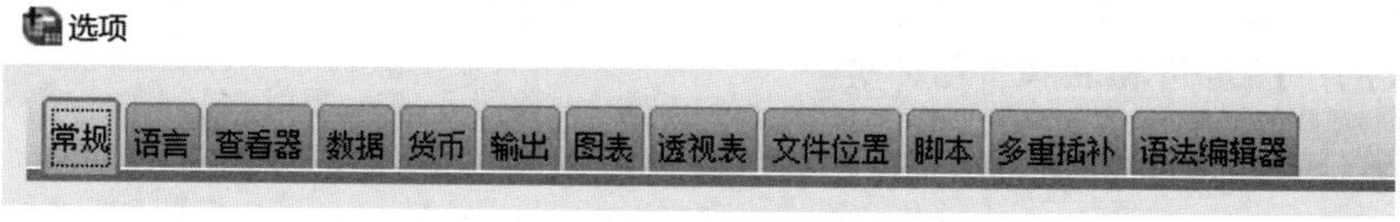

图 2-1 SPSS 系统设定选项

（一）“常规”选项

常规选项对话框提供的是 SPSS 软件最基本的系统环境设定，包括以下 5 个选项组的内容（如图 2-2 所示）。

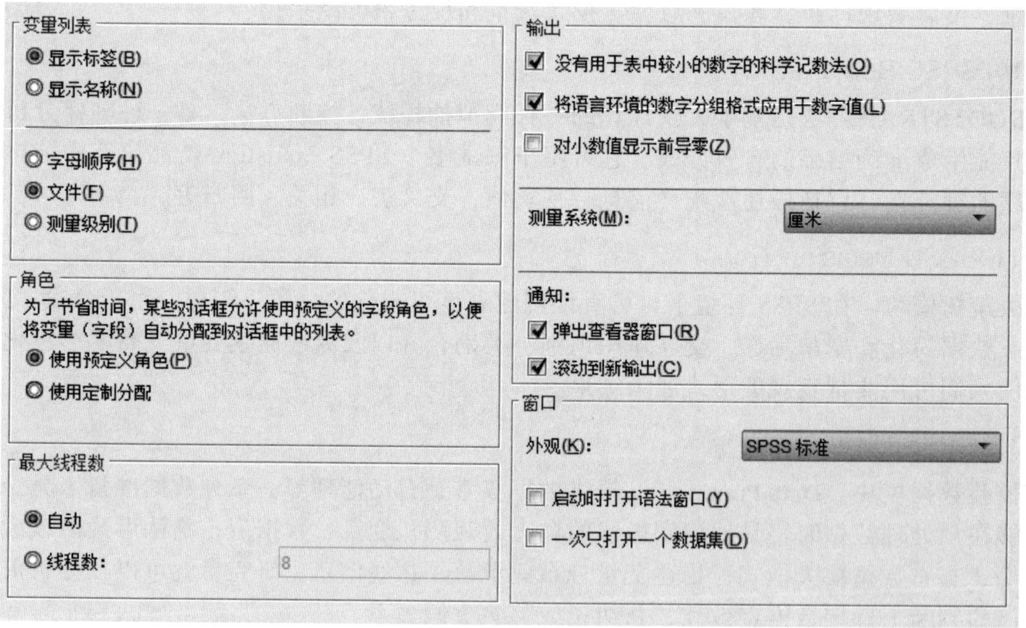

图 2-2 SPSS 系统设定“常规”选项卡内容

“变量列表”选项组用于设置变量在变量表中的显示方式与显示顺序。显示方式可选择“显示标签”或“显示名称”。如选择“显示标签”，则变量标签显示在前；如选择“显示名称”，则仅显示变量名称。显示顺序可选择“字母顺序”“文件”（按变量在数据文件中出现的顺序排列)、“测量级别”(按测量尺度名义、顺序、标度排列，等距和等比都归于标度)。

“角色”选项组为较新版本 SPSS 软件中的新增内容，其来源于数据挖掘方法体系的要求。为节省时间，提高效率，某些对话框允许使用预定义角色，然后自动将变量分配到变量列表中。SPSS 默认为所有变量分配输入角色。注意角色分配只影响支持角色分配的对话框。通常情况下，该选项使用默认设置即可。

“最大线程数”选项根据用户的处理器情况确定使用核心处理器数量。

“输出”选项组中主要设置 SPSS 的输出风格。勾选“表格中较小的数值没有科学记数法”复选框，则输出结果中将把非常小的小数以 0 代替；“测量系统”下拉框用于设置 SPSS 的度量参数，可以选择“英寸”“厘米”和“磅”等单位。通知栏包括“弹出查看器窗口”和“滚动到新输出”两个复选框，勾选“弹出浏览器窗口”SPSS 会在有新的结果时自动打开视图窗口；勾选“滚动到新的输出”SPSS 会自动在视图窗口中滚动到新的输出。

“外观”下拉框用于设置 SPSS 的整体外观风格，用户可以选择“Windows 窗口”“SPSS 标准”“SPSS 传统”3 种风格。勾选“在启动时打开语法窗口”复选框，SPSS 启动时将打开语法窗口。勾选“一次只能打开一个数据集”，SPSS 将关闭多数据集支持功能，用户打开新数据集时必须将原先打开的数据集关闭。

(二)“语言”选项

语言选项对话框提供的是 SPSS 软件的语言设定。包括以下 3 个选项组的内容(如图 2-3 所示)。

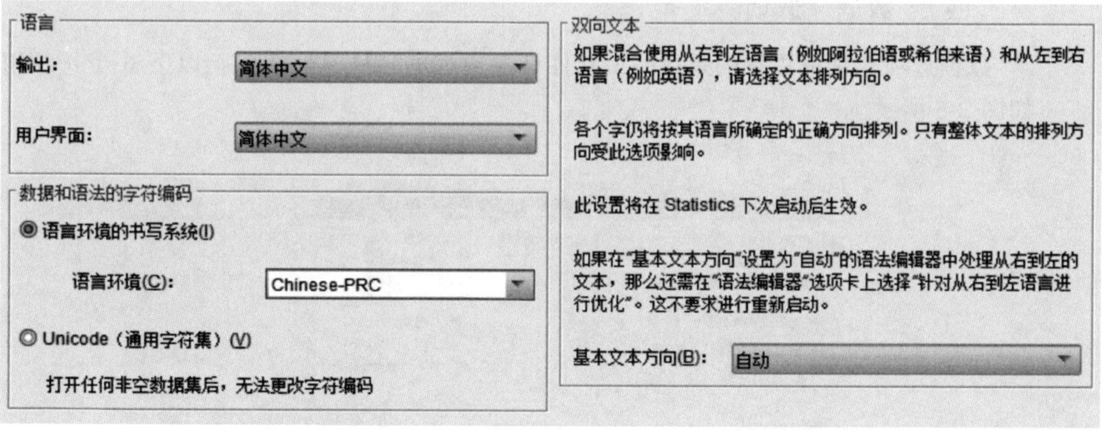

图 2-3　SPSS 系统设定“语言”选项卡内容

SPSS 内置多国语言，可以根据需求自行设置。在“语言”选项栏设置输出结果的语言和用户界面的语言，都设置成需要的语言即可

(三)“查看器”选项

查看器选项对话框提供的是 SPSS 软件各类查看窗口(观察窗口/输出窗口)的各种参数。包括以下 5 个选项组的内容(如图 2-4 所示)。

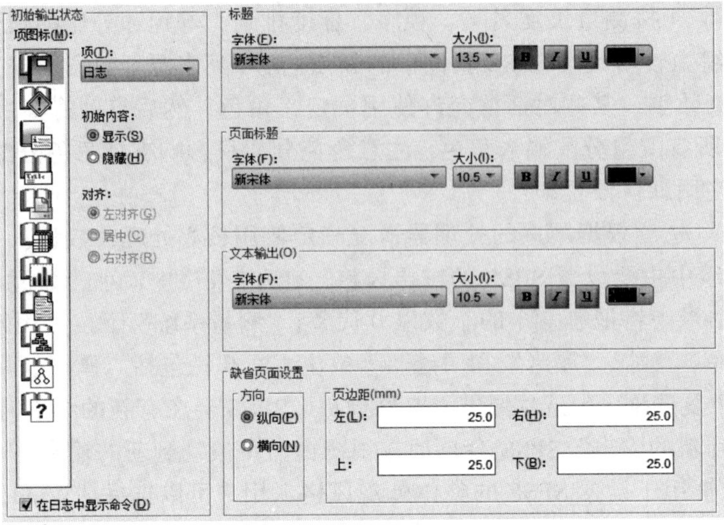

图 2-4 SPSS 系统设定“查看器”选项卡内容

“初始输出状态”选项组用于设置输出结果的初始状态参数。在“项”下拉框中选择要设置的输出结果类型，然后再设置所选内容的输出参数。“项”下拉列表中包括日志、警告、注释、标题、页面标题、枢纽表、表格、文本输出、树模型和模型浏览器。“初始内容”栏可“显示”或“隐藏”；在“对齐”栏中可以选择对齐方式；如勾选“在日志中显示命令”复选框，SPSS 将在日志中输出命令语句。

（四）“数据”选项

数据选项对话框提供的是 SPSS 软件有关数据的各种参数。包括以下 6 个选项组的内容（如图 2-5 所示）。

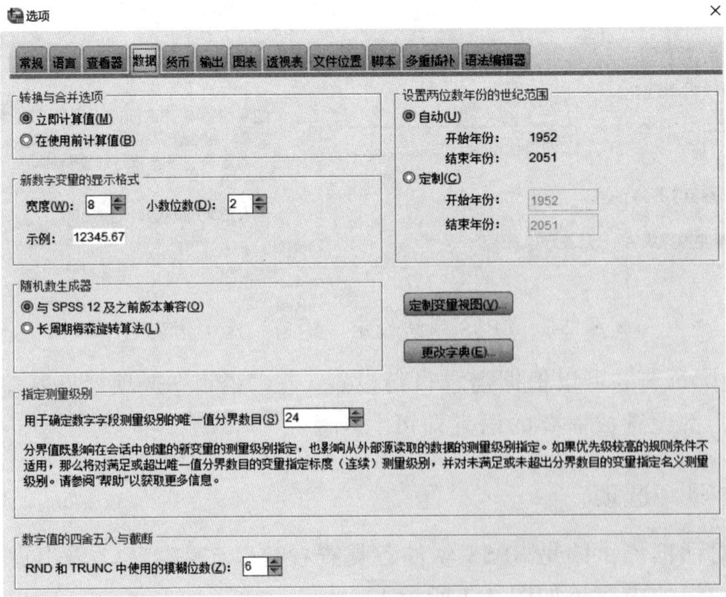

图 2-5 SPSS 系统设定“数据”选项卡内容

“转换与合并选项”选择“立即计算值”，数据转换、文件合并操作将在单击“确定”按钮后立即执行；选择“使用前计算值”，将会延迟转换，只有在遇到命令时，才进行转换和合并，数据文件较大时，一般选用这种格式。

“随机数生成器”该选项组通常用来选择使用的随机数字生成器。选择“与 SPSS 12 和先前版本兼容”系统使用 SPSS 12 或之前的随机数据生成器；选择“长时间梅森旋转算法”，系统则使用梅森旋转算法（Mersenne Twister）作为随机数据生成器，这种算法也称马特赛特旋转算法。它是一个伪随机数发生算法，能够迅速产生高质量的伪随机数，弥补了古典随机数发生算法的缺点。

“数字值的四舍五入与截断”对于 RND 和 TRUNC 中的模糊数位，此选项组控制该对值进行四舍五入的缺省阈值。

“设置用两位数字表示年号的年限全距”选项组用于为使用两位数年份输入和显示的日期格式变量定义年份范围。如选择“自动”，系统年限则基于当年，前推 69 年，后推 30 年（加上当年，整个范围为 100 年）；用户也可通过选择“设定”自定义年份的变动范围。

（五）“货币”选项

SPSS 允许使用者自己设定常用的货币数值型变量的格式。数据选项对话框包括以下 5 个选项组的内容（如图 2-6 所示）。

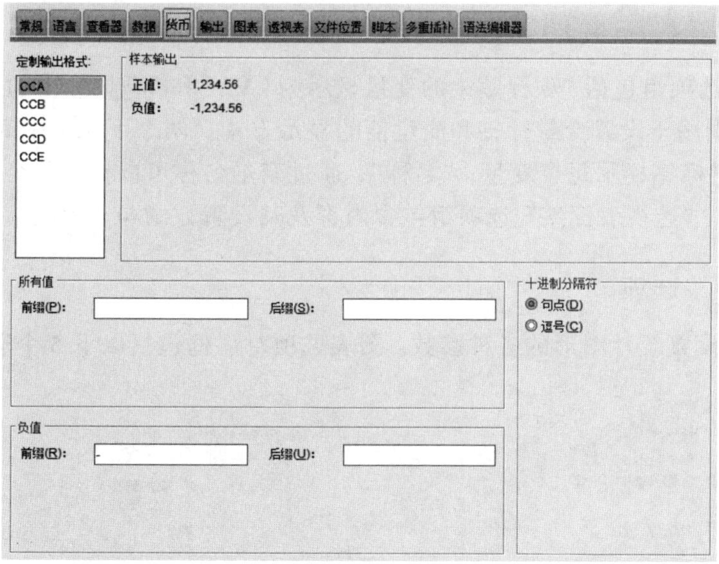

图 2-6 SPSS 系统设定“货币”选项卡内容

“定制输出格式”选项组最多可以创建 5 种自定义数据显示格式，格式可以包括特殊的前缀和后缀字符以及对负值的特殊处理方式。自定义数据显示名称为 CCA、CCB、CCC、CCD 和 CCE，右边的“样本输出”栏会给出相应格式的预览。

“所有值”选项组包含“前缀”与“后缀”两个输入框，分别用于输入所有值的前缀与后缀。

“负值”同样包括“前缀”与“后缀”两个输入框，分别用于输入所有负值的前缀与后缀，系统默认前缀为“－”。

“十进制分隔符”选项组用于设置小数分隔符，有“句点”和“逗号”两种分隔符可选。

（六）“输出”选项

“输出”选项的设置可以将变量标签或变量值等一并输出，可以方便研究者阅读这些结果和表格。输出选项对话框包括以下 5 个选项组的内容（如图 2-7 所示）。

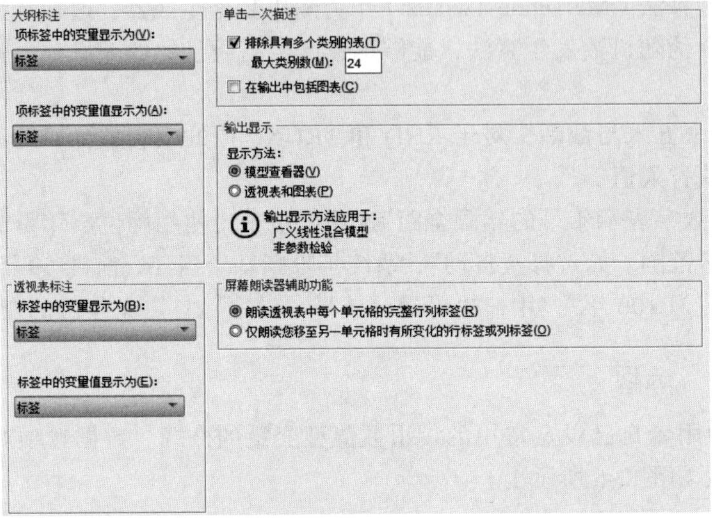

图 2-7 SPSS 系统设定“输出”选项卡内容

“大纲标签”选项组包括“项标签中的变量显示为（V）”和“项标签中的变量显示为（A）”两个下拉框，分别用于设置变量标签和变量值的显示方式。两个下拉框中都有三个可选项：“标签”，使用变量标签标示每个变量；“名称”，通过变量名称可以标示每个变量；“标签与名称”，两者都使用。“透视表标签”选项组包含内容及其设置方式与“大纲标签”选项组相同。

（七）“图表”选项

“图表”选项设置统计图形的各种参数。图表选项对话框包括以下 5 个选项组的内容（如图 2-8 所示）。

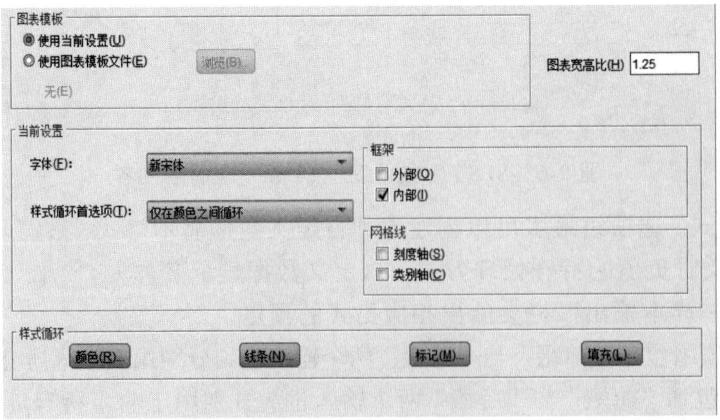

图 2-8 SPSS 系统设定“图表”选项卡内容

“图表模板”选项组选择“使用当前设置”则图表采用此标签中设置的参数；如选择“使用图表模板文件”则使用一个图表模板来确定图表的属性，用户可以单击“浏览”按钮来选择图表模板。

“样式循环首选项”选项组下拉框用于设置新图表的颜色和图案的初始分配，包含两个选项：“仅在颜色之间循环”，选择则仅使用颜色区分图表元素，而不使用图案；“仅在模式之间循环”，选择则仅使用线条样式、标记符号或填充图案来区分图表元素，而不使用颜色。

“样式循环”选项组包含“颜色”“线”“标记”“填充”4 个按钮，分别用于设置新图表的颜色、线条样式、标记符号和填充图案。

（八）“透视表”选项

“透视表”选项设置默认表格样式及有关各种参数。图表选项对话框包括以下 4 个选项组的内容（如图 2-9 所示）。

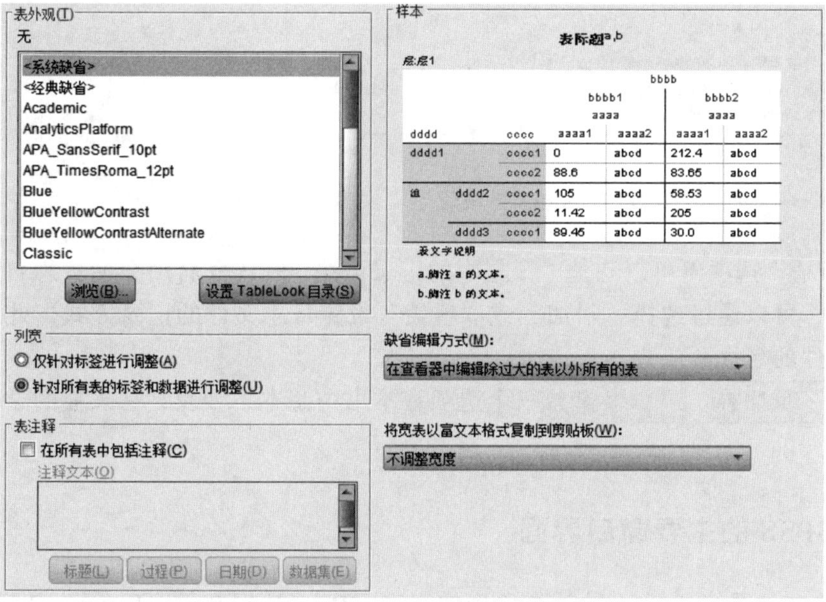

图 2-9　SPSS 系统设定“透视表”选项卡内容

“表外观”选项组用于设置表格输出的外观样式以及储存路径。用户可以在列表框中选择一种外观样式，也可以单击“浏览”按钮选择自定义的外观样式。一般统计表格选 academic 样式，调研报告则常用 report 样式。

“缺省编辑模式”该选项组用于控制透视表在浏览器窗口或独立窗口中的激活。SPSS 默认双击透视表即可激活浏览器窗口中所有除特大表之外的表格。除此之外，用户还可以选择在独立窗口中激活透视表，或设置一个大小，使小于这个设置的透视表在浏览器中打开，而大于这个设置的枢轴表在独立的窗口中打开。

（九）“文件位置”选项

“文件位置”选项控制 SPSS 启动后打开和保存文件的文质。图表选项对话框包括以下 4

个选项组的内容（如图 2-10 所示）。

图 2-10 SPSS 系统设定“文件位置”选项卡内容

“会话日志”选项组可以勾选“日志中的记录语法”复选框启用会话日志自动记录会话中运行的命令，可以通过选择“附加”或“覆盖”设置日志文件的记录方式，此外用户还可以选择日志文件的名称和位置。

脚本、多重插补、语法编辑器三个选项在本书中基本不涉及，有兴趣的学习者可以自行研究。

三、SPSS 的主要窗口界面

SPSS 的文件系统包括 4 种基本类型的文件：Data 数据文件，Syntax 语句文件，Output 输出文件和 Script 程序编辑文件。每种类型的文件在各自的窗口中通过各自的菜单、功能按键实现各项功能。系统菜单的文件下拉菜单中的新建命令可以新建 4 种类型的文件，对于使用统计分析功能的研究者来说，主要使用三种窗口即数据窗口，输出窗口和语句窗口。

（一）数据编辑窗口

启动 SPSS Statistics 后，系统会自动打开数据编辑窗口（Data Editor）。

可以选择菜单栏中的文件→新建→数据命令，新建一个 SPSS 的数据文件，如图 2-11 所示；或者选择菜单栏中的文件→打开→数据命令，打开已保存的数据文件。数据编辑窗口分为两部分：数据视图与变量视图，点击窗口左下方按键可以进行切换。

图 2-11　SPSS 系统数据视图窗口

图 2-11 显示的是数据视图，该视图窗口主要用于数据的输入、编辑和显示。数据视图中的行代表一个样本或者一条记录，SPSS 中称为个案（case），列代表一个数据字段，SPSS 中称为变量（variable）。变量视图窗口主要用于变量属性的设置和定义，如图 2-12 所示。

图 2-12　SPSS 系统变量视图窗口

（二）结果输出窗口

SPSS 的 Output 输出窗口 SPSS Viewer，一般随执行统计分析命令而打开，用于显示统计分析结果、统计报告、统计图表等内容（如图 2-13 所示），允许用户对输出结果进行常规的编辑整理，窗口内容可以直接保存，保存文件的扩展名为“*.spv”。

输出窗口也称为结果查看器，主要用于输出数据分析结果以及绘制相关分析图表。输出窗口左侧为导航窗口，用来显示输出结果的分析目录；右边为内容区，再次可以对输出的结果进行复制、编辑等操作。

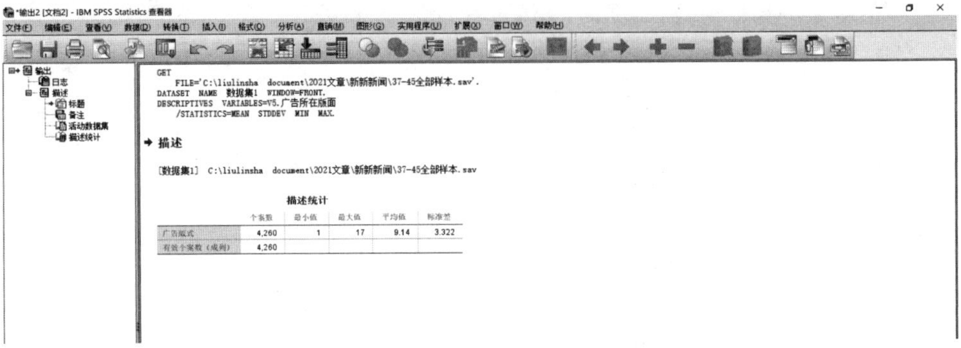

图 2-13 SPSS 系统结果输出窗口

（三）语法窗口

选择菜单栏中的文件→新建→语法命令，新建一个 SPSS 的语句文件，如图 2-14 所示；或者选择菜单栏中的文件→打开→语法命令打开一个保存的语句文件。

语法窗口也被称为语法编辑器。通过使用强大的命令语言，可以保存并自动执行许多常规任务。它还提供一些在菜单和对话框中没有的功能。大多数命令可以从菜单和对话框访问。但是，某些命令和选项只能通过命令语言使用。命令语言还允许用户将作业保存在语法文件中，以便将来可以重复进行分析。语法编程适用于高级分析人员。

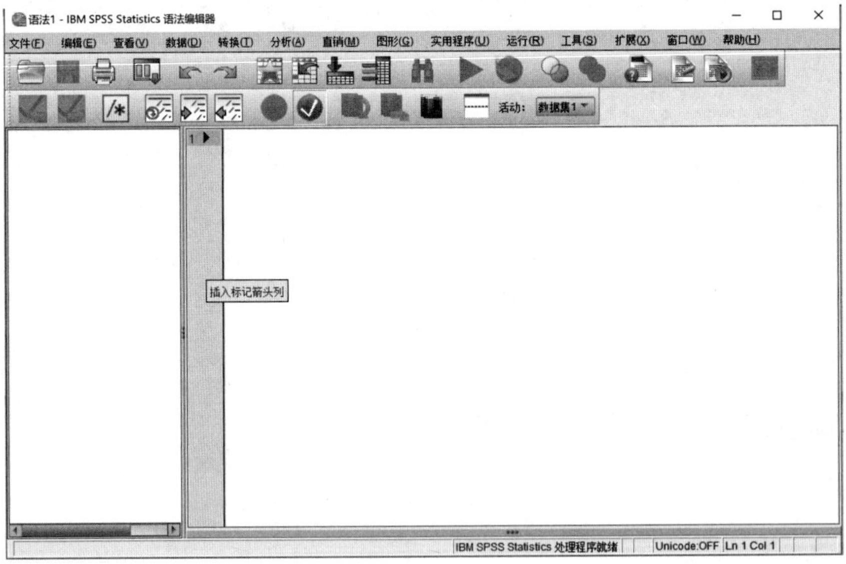

图 2-14 SPSS 系统语法窗口

（四）脚本窗口

选择菜单栏中的文件→新建→脚本命令，新建一个 SPSS 的脚本编辑窗口，如图 2-15 所示；或者选择菜单栏中的文件→打开→脚本命令打开一个保存的脚本语言文件。SPSS 脚本是用 Sax Basic 语言编写的程序，它可构建一些新的自定义的对话框。脚本可用于使 SPSS 自动内部操作、自定义结果格式、实现 SPSS 新功能、并将 SPSS 与 VB 和 VBA 兼容应用程序连接起来。目前的 SPSS 版本还提供了使用 Python2 和 Python3 脚本文件编辑的窗口。

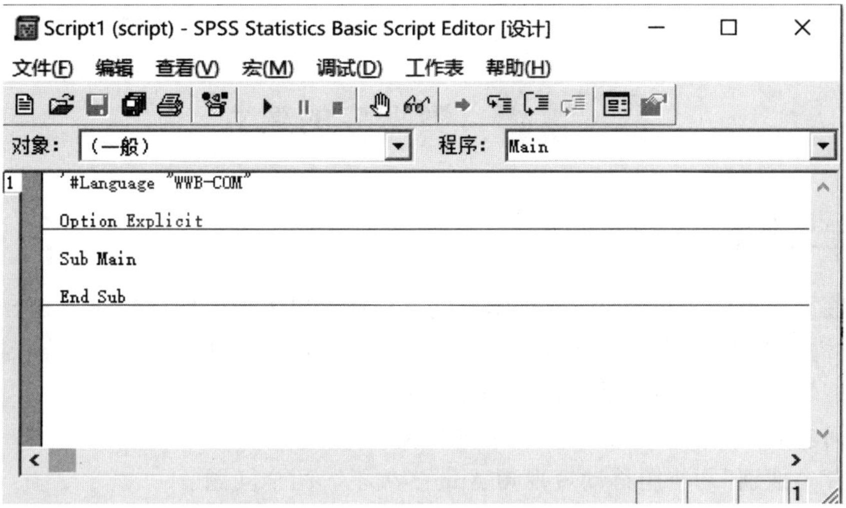

图 2-15 SPSS 系统 Basic 脚本编辑窗口

● 课后思考及练习题（需参阅相关文献完成）

1. 搜索 1978 年改革开放至今，中国每年的 GDP（国内生产总值）、外贸进出口总额；美国、英国、日本、印度每年的 GDP、外贸进出口总额；观察并进行对比。

2. 搜索第 1 次（1997 年 11 月）至第 48 次（2021 年 8 月）《中国互联网络发展状况统计报告》，观察对比每次统计中我国网民规模与互联网普及率变化。

第三章
传播学数据的编码与处理

第一节　数据库的建立

一、定义变量

在数据输入前需要定义变量。定义变量也就是将编码表里的题项转换为 SPSS 数据结构。SPSS 数据结构是对 SPSS 每一列变量及其相关属性的描述，包括变量名称、变量类型、变量长度、变量标签、变量格式、缺失值和测度方式。

下面以问卷调查中变量定义的实例来进行说明：

问卷中有“性别”“使用移动短视频 App 多久了”两个问题。

SPSS 启动后，在数据编辑窗口选择变量视图窗口。如图 3-1 所示，每行定义一个变量。

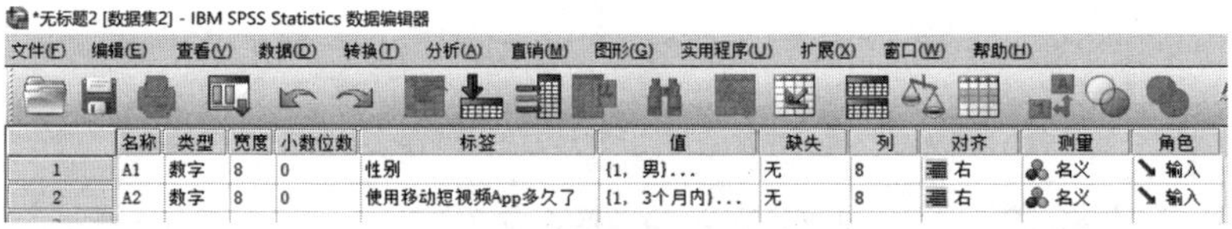

图 3-1　定义变量的窗口

光标置于“名称”列的空单元格里，单击单元格后输入变量名。“性别”“使用移动短视频 App 多久了”两题分别以“A1”“A2”作为变量名。

“类型”列输入变量类型（如图 3-2 所示），系统默认为“数字”类型。除了“数字”类型外，常见的类型还有“逗号”（带逗号的数值）、“点”（逗号作为小数点的数值）、“科学计数法”“日期”“美元”（带美元符号的数值）、“定制货币”“字符串”（文字或其他符号类型）、“受限数字”（八进制整数）。每种类型都可以选择变量的总宽度和数字的小数位数。也可以在变量窗口的“宽度”列和“小数位数”列直接输入。

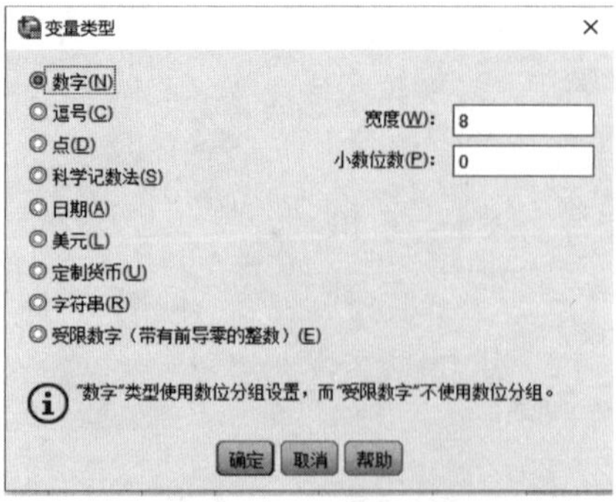

图 3-2　变量类型

“标签”列。定义变量标签目的是注释变量名的含义。在本例中，将“性别”“使用移动短视频 App 多久了”分别输入对应的标签，以说明“A1”“A2”变量的含义。

“值”列。一般来说，“值”列尽量使用数字来表示数据。例如，“性别”选项中用“1”代表“男”，“2”代表“女”。这种表示关系需要在“值”列中定义清楚。在“值”列中，点击...，弹出“值标签”对话框（如图 3-3 所示），在此对话框将数值所代表的含义输入。如在“值”中输入“1”，“标签”中输入“男”，随后点击添加。则在显示栏出现“1 = ‘男’”，赋值完成。选择更改或除去可对复制内容进行修改和删除。

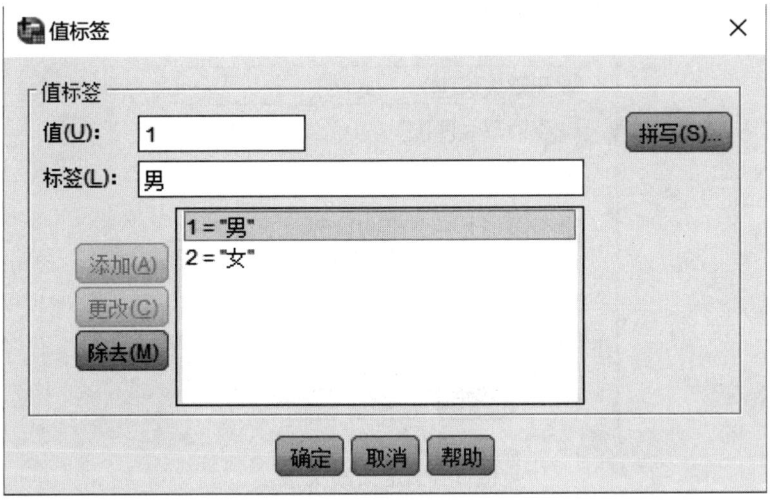

图 3-3 定义值标签实例 1

依此类推，完成“使用移动短视频 App 多久了”对应选项的赋值，如图 3-4 所示。一个值不能定义两个不同的标签，不同的值不能赋予相同的标签。如果用英文定义标签，还可以点击对话框右上角拼写按钮，检查是否存在拼写错误。

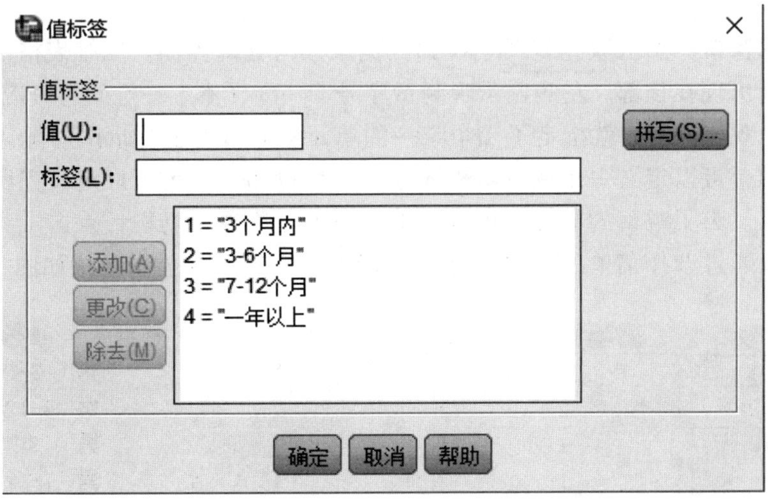

图 3-4 定义值标签实例 2

“缺失”列，定义数据填写中的缺失问题。点击该列[...]，弹出“缺失值”对话框，如图 3-5 所示。

“无缺失值”是系统的默认状态。如果当前变量的数据内容无误、没有遗漏，选择该项。选择“离散缺失值”这种方式，可以在 3 个矩形框中输入 3 个可能出现的缺失值，亦可以少于 3 个。例如在“性别”选项中，将“0、3、4”分别输入矩形框中，当数据文件中出现上述值时，系统按缺失值处理。“范围加上一个可选离散缺失值”则可以定义缺失值范围，并单独确定一个缺失值。

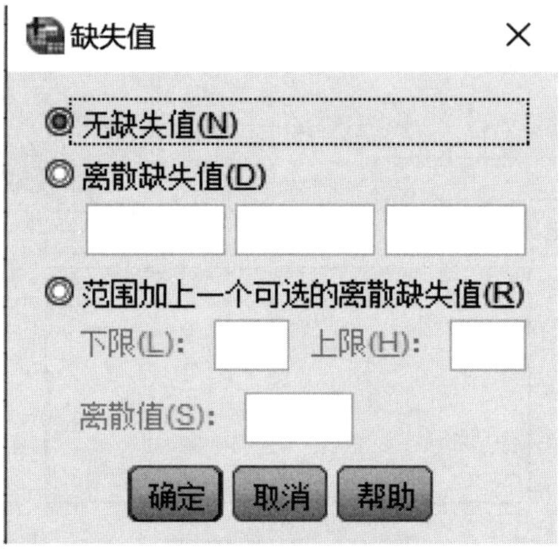

图 3-5 定义缺失值

“列”为设置列宽。

“对齐”列选择对齐方式，有“右”“左”“居中”三种。

“测量”列用来定义变量的测量尺度。

二、简单数据的录入

在数据编辑窗口，点击[数据视图]切换到数据录入与处理界面。二维表格中，在变量视图中定义好的变量出现在顶部，左侧显示观测量序号（一个样本、一份问卷对应一个序号）。一个变量名和一个观测序号，就指定了一个唯一的单元格（如图 3-6 所示）。输入数据的操作方法是多种多样的，可以定义一个变量就输入这一个变量的值；也可以定义完所有变量后，再按观测量来输入。为了观察的方便，可以点击视图上方边界工具栏，点击以显示值标签，这一功能也可以通过选择菜单栏[查看]，点击[值标签]来实现，其显示效果如图 3-7 所示。

	A1	A2
1	1	2
2	2	3
3	1	1
4	1	3

图 3-6 数据视图录入数据

	A1	A2
1	男	3-6个月
2	女	7-12个月
3	男	3个月内
4	男	7-12个月

图 3-7 数据视图显示值标签

三、多选题的录入

在传播学相关研究中，研究者经常需要被调对于某一问题的多项选择或者是对某些传播心理或行为进行量表测量。如下题：

1. 您常使用的短视频 App 有以下哪些？

□抖音 □快手 □微视 □美拍 □好看视频 □抖音火山 □西瓜视频 □小咖秀 □陌陌 □哔哩哔哩 □其他

多选题（multiple response）因为有多个选项，被调需要对每个选项做出反应，所以每一个选项被认为是一个二分选项。有无回答导致在数据输入的过程中，一个有 K 个选项的多选题，必须被视为 K 个变量。每个选项的反应都是一个新二分变量，“0”代表该选项没有被勾选，“1”代表该项被勾选。上述范例共有 11 个选项，每一个选项单独定义为一个变量。如图 3-8 所示。为了方便后续的研究，变量命名一般为该题序号 + 选项序号，如“抖音”被命名为“A01.01”，“快手”被命名为“A01.02”。

	名称	类型	宽度	小数位数	标签	值
1	A01.01	数字	8	0	使用的移动短视频App-抖音App	{0, 否}...
2	A01.02	数字	8	0	使用的移动短视频App-快手	{0, 否}...
3	A01.03	数字	8	0	使用的移动短视频App-微视	{0, 否}...
4	A01.04	数字	8	0	使用的移动短视频App-美拍	{0, 否}...
5	A01.05	数字	8	0	使用的移动短视频App-好看视频	{0, 否}...
6	A01.06	数字	8	0	使用的移动短视频App-抖音火山版	{0, 否}...
7	A01.07	数字	8	0	使用的移动短视频App-西瓜视频	{0, 否}...
8	A01.08	数字	8	0	使用的移动短视频App-小咖秀	{0, 否}...
9	A01.09	数字	8	0	使用的移动短视频App-陌陌	{0, 否}...
10	A01.10	数字	8	0	使用的移动短视频App-哔哩哔哩	{0, 否}...
11	A01.11	数字	8	0	其他	{0, 否}...

图 3-8 多选题的变量定义

在数据录入时，只需要将有反应的情况填入，即有该选项情况，填“1”；没有可以不填，系统默认为“0”，这样在录入时可以大幅节约时间，如图 3-9 所示。

	A01.01	A01.02	A01.03	A01.04	A01.05	A01.06	A01.07	A01.08	A01.09	A01.10	A01.11
1	1	0	0	0	0	0	0	0	0	1	0
2	1	0	0	0	0	0	0	0	0	0	0
3	0	1	0	0	0	0	0	0	1	0	0
4	1	1	0	0	0	0	0	0	0	0	0
5	1	0	0	0	0	0	0	0	0	0	0
6	1	0	0	0	0	0	0	0	0	0	0
7	1	0	0	0	0	0	0	0	0	0	0
8	1	0	0	0	0	0	0	0	0	1	0
9	1	0	0	0	0	0	0	0	0	0	0
10	1	0	0	0	0	0	0	0	0	0	0

图 3-9 多选题的数据录入

四、排序题的录入

除了多选题以外，另一种常用的特殊题型为排序题（rank response），例如在传播学研究中，研究者经常要求被调从多种媒介中指出最偏好的几种并排序，这种情况必须以排序题来处理。以上一部分“多选题的录入”中修改后的题目为例：

您常使用的短视频 App 有以下哪些（请选出 3 种，并排序）？

□抖音 1　□快手 2　□微视 3　□美拍 4　□好看视频 5　□抖音火山 6

□西瓜视频 7　□小咖秀 8　□陌陌 9　□哔哩哔哩 10　□其他 11

对 3 个选项依接触程度排列，即为排序题。因为被调必须针对 11 个选项进行选择，而且依据题目要求每个选项答案的形式有 4 种，分别是“排第 1”“排第 2”“排第 3”“未选择”。因此，排序题会比多选题增加反应可能，具体区别反映在变量定义“值标签”设定里，如图 3-10 所示。

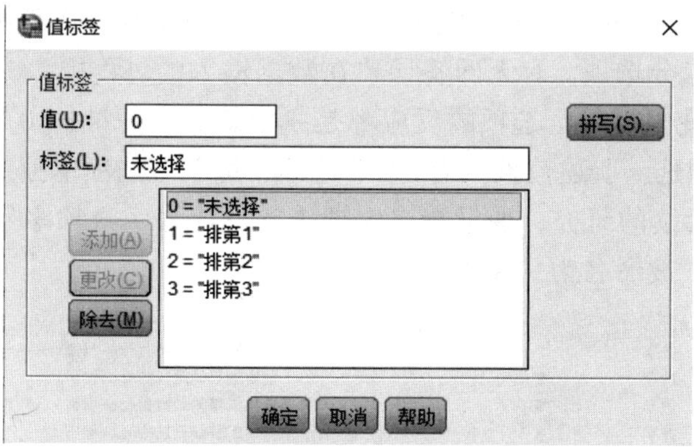

图 3-10　排序题的“值标签”设定

相应的，当“值标签”增加了选择以后，在数据录入区域，就根据实际情况进行操作。如某被调的选择是：抖音 1、西瓜视频 7、哔哩哔哩 10。那就在对应录入区填入“1”“2”“3”，同样“0”无须填入，如图 3-11 所示。需要注意，“1”“2”“3”代表的是排序位置，而非简单的选择与否。

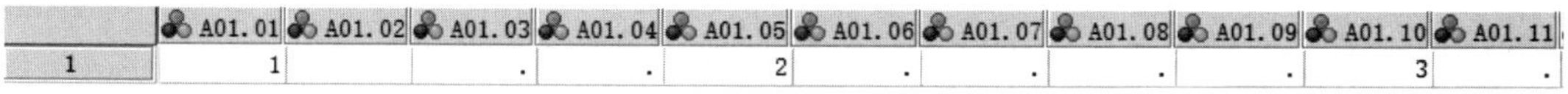

图 3-11　排序题的数据录入

排序题的录入还有另外一种操作方法，即重新设定 3 个变量，即“排序第一”“排序第二”“排序第三”，然后在每个变量中对 11 种媒体进行赋“值”，如“抖音 = 1，快手 = 2，……”。在输入时，根据被调样本的选择，在相应排序变量中填入所选的媒体编号。

第二节　数据整理与转换

数据整理和数据文件处理是数据录入后紧接着需要做的事情。数据录入结束后，一般情况下还要对准备分析的数据进行充分的预加工处理，这也是数据分析过程中不可或缺的一个重要步骤。尤其是当面对大量数据时，数据处理可以帮助研究者从大量数据中抽取出有价值的信息，达到提高处理效率及精度的目的。即使在数据分析开始后，也时常会反复进行数据转换和处理，例如缺失值和异常数值的处理、对原有数据分布进行转换、选取部分样本参与分析，等等。

一、数据处理

SPSS 中，基本的数据功能都在功能菜单数据中。主要包括个案排序、变量排序、转置、合并文件、汇总、拆分文件，选择个案、个案加权等。

（一）个案排序

个案排序的步骤：切换到数据视图，菜单栏选择数据→个案排序。

例如需要将年龄按升序（从小到大）排列，如图 3-12 所示进行对话框选择后确定。该排序结果可以进行保存，则“√”选择对话框下方的“保存包含排序后的数据的文件”。

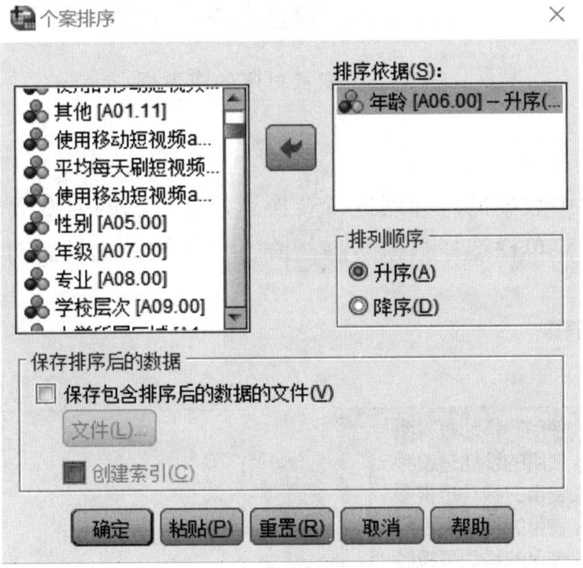

图 3-12 个案排序实例

将个案按序号变量排序，有利于查找、修改；将某个变量按升序或降序排列，可以非常容易地发现输入错误，因为它们往往就是最大或最小值；缺失值在排序中会排在最小值前面，可以通过排序的方法发现哪些记录为缺失。

（二）变量排序

变量排序则是根据变量的某一属性进行排序。当变量较多时，这一功能能方便研究者的工作。变量排序的具体步骤为：切换到数据视图，菜单栏选择数据→变量排序。弹出对话框后，可以选择变量按照哪种属性进行排序，如“名称”“类型”“宽度”等（如图 3-13 所示）；可以选择“升序”或“降序”；勾选“在新属性中保持当前（预先排序的）变量顺序”，并命名。

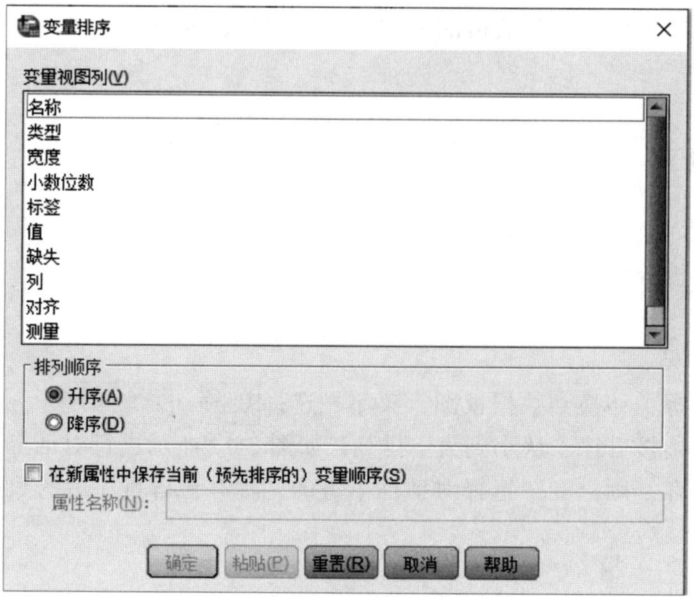

图 3-13 变量排序的变量框

（三）转 置

转置是将数据视图中数据的行和列进行转换，使原数据的列变成新文件的行，原数据的行变成新文件的列。从菜单栏选择数据→转置命令，弹出数据转置对话框，如图 3-14 所示。

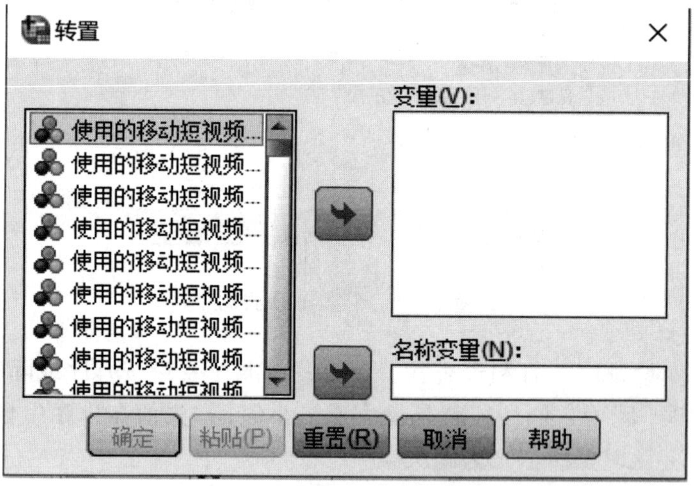

图 3-14 数据转置对话框

在变量（V）区：在变量框中添加需要转换的变量。

在名称变量（N）区： 在变量转置后的设置名称变量。如果该变量是字符型，则新变量为原字符；如果该变量为数值型，则新变量名以字母 V 开头，其后是原数值；若缺省，系统自动生成新变量名。此外，系统自动生成一变量名为“CASE_LBL”的新变量，存放原数据的变量名。

完成设置后，单击确定按钮完成转置，系统将转置的数据存放于新的数据工作区，未选择转置的变量则会被丢失。用户可以在数据编辑窗口，编辑和保存。

（四）合并文件

在实际的调查研究中，经常有多个调查者一起完成某一个调查项目的情况。如果研究者各自录入自己采集的数据，最后就会出现多个数据文件汇总的需要。合并文件功能即可以为这样的需求提供方便。

1. 添加个案

在合并文件的过程中有两种情况：一种是每个研究者录入了自己采集样本的所有信息，这样的合并是将所有样本合并在一起，即个案合并。

具体步骤是：在 SPSS 中，先要在数据库中打开第一个数据文件，从菜单栏选择数据→合并文件→添加个案命令，弹出对话框，如图 3-15 所示。

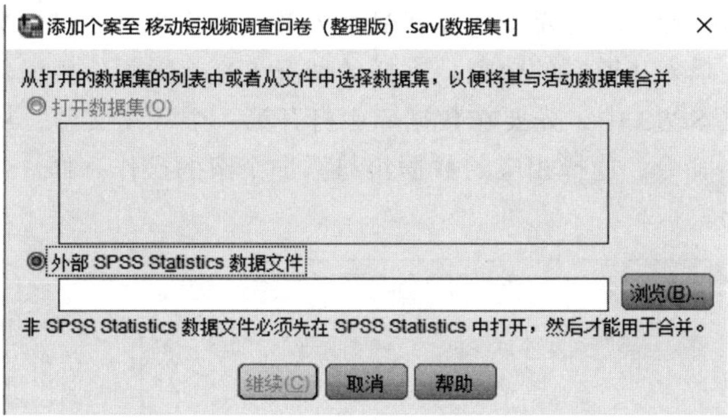

图 3-15 合并文件添加个案对话框

这里有两种方式，一是从另一个打开的数据文件中选择数据来进行合并；二是从未打开的“外部 SPSS 数据文件”中进行选择，点击浏览...找到需要合并的第二个数据文件，点击打开按钮，返回数据合并对话框。在这里用户需要及时检查一下要合并的文件，如果确认无误，按继续按钮完成合并。但是在现实的操作中，经常会出现两个文件变量不一致的情况，如图 3-16 所示。

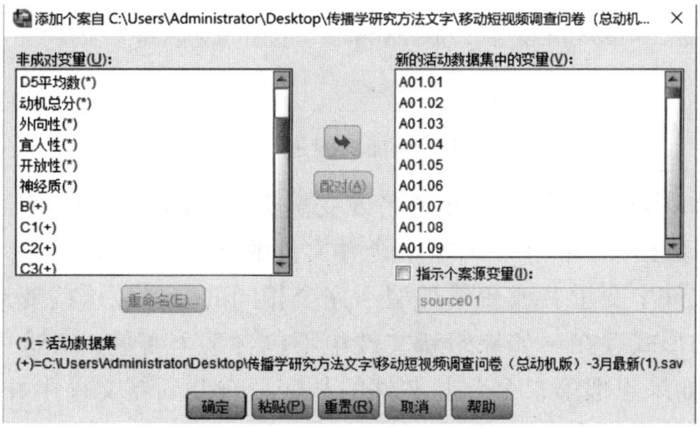

图 3-16 添加个案匹成对话框

在图 3-16 的对话框里，“非成对变量”显示两个数据文件中变量名及变量类型不完全相同的变量，即不能完全匹配的变量。带有“*”符号的是第一个文件的变量，带有“+”符号的则是需合并第二个文件的变量。一般来说，如果两个文件变量完全匹配，则不会在该对话框中出现非成对变量。因此，出现了非成对变量的一般处理是检查两个文件，核查修改两个文件对应的变量名称、类型等各个属性相同。

“新的活动数据集中的变量”是合并后新文件的变量显示框，先后两个文件中匹配无误的变量已显示在该区域。需要添加的变量从左边“非成对变量”框里添加到本框中。

“指示个案源变量”可以在新数据文件中显示变量记录来源。勾选此项后，在新数据文件中通过建立一个以框中命名的变量（系统缺省变量名为 source01）来标记数据记录具体来自哪一个文件，0 代表原文件，1 代表合并的文件。要将合并后的数据保存，从菜单栏选择文件→另存为命令。

2. 添加变量

文件合并中的另一种情况是每个研究者只录入某一个或几个变量的数据，比如将问卷以题目进行分工，一人录入几道题的数据。这样的情况下，就需要使用添加变量的合并方法。

具体步骤是：在 SPSS 中，先要在数据库中打开第一个数据文件，从菜单栏选择数据→合并文件→添加变量命令，选择相应的数据集与添加个案的操作一样。弹出如下变量匹成对话框，如图 3-17 所示。

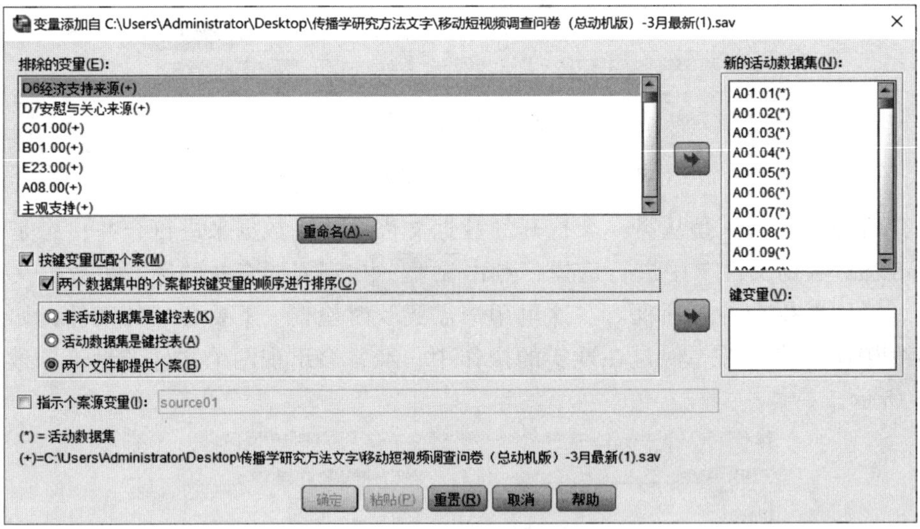

图 3-17　添加变量匹成对话框

“排除的变量”如果两个文件存在变量名或变量类型相同的变量，则当前文件中的该变量将显示在“新的活动数据集”框中，第二个合并文件的该变量则显示在本框中。“新的活动数据集”则显示两个文件中变量名或变量类型不完全相同的变量，这些变量将在合并后的新文件中以独立的变量的形式存在。如果想新文件中不包含某个变量，可选中它进行移出，送入“排除的变量”框中。如果想把第二个合并文件的某变量合并到新文件中并以独立的变量存在，需单击重命名按钮给该变量命名。

如果两个变量是一对关键变量，即每个观测单位的数值大小完全相同，合并到新文件中将成为一列变量，需要勾选“按键变量匹配个案”选项，勾选个案排序过程，依该变量值的大小对当前文件中的观测单位排序，然后说明按关键变量选择观测单位的方式。

“键变量”即关键变量对话框。如果没有名字相同的变量，不用指定关键变量。如果有，就将要合并的变量从“排除的变量”栏变量选入本框中。

（五）汇　总

数据汇总实际上已经是数据分析的部分了，它指根据指定的分界变量对其观测值分组并求出指定的描述统计量。这一分析功能可以在这里实现，也可以在后面的列联表或均值分析得以实现。

如果需要汇总不同性别的被调观看短视频的平均时长。

从菜单栏选择数据→汇总命令，弹出对话框，如图 3-18 所示。

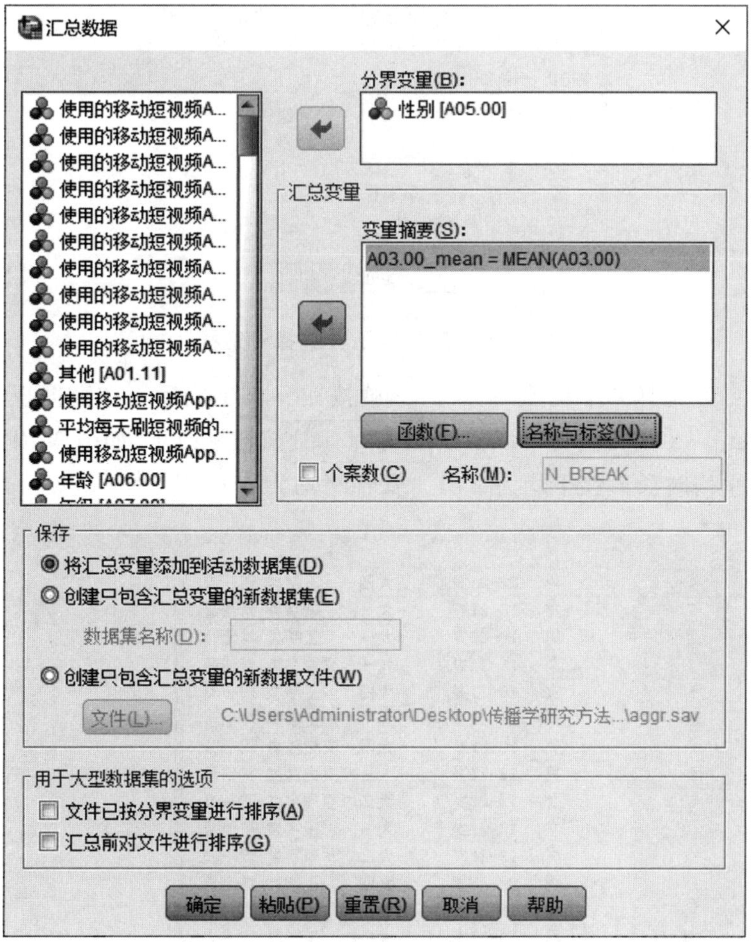

图 3-18　汇总对话框

在“分界变量”中选入“性别”，“变量摘要”中选入“平均每天刷短视频的时长”。“个案数”指在结果中显示各分组的个案数，可以自己命名。

“保存”包括 3 个选项：“将汇总变量添加到活动数据集”指将汇总变量添加到当前的数据集界面中；“创建只包含汇总变量的新数据集”指将汇总变量添加到新建的数据集界面中，可以自己命名数据集名称；“创建只包含汇总变量的新数据文件”指将汇总变量保存到一个新的 SPSS 文件中，可以自己选择保存路径。

“用于大型数据集的选项”包括 2 个选项：“文件已按分界变量进行排序”若事前排序过则选择此项；“汇总前对文件进行排序”，若选择此项则在数据视图中显示的为按分界变量进行排序后的结果。

点击函数按钮，选择需要汇总的具体函数选择，如图 3-19 所示。函数选择的种类主要有：摘要统计、特定值、个案值、百分比、分数和计数 4 类。可根据所需数据要求进行选择。

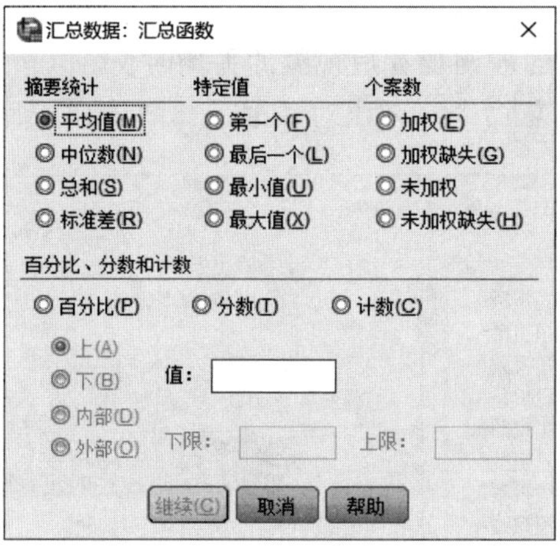

图 3-19 汇总中函数选择对话框

在本例中，函数选择“平均值”，点击继续按钮、确定之后，在数据视图出现一个新变量“A03.00_mean_1”（该变量名可以单击名称与标签按键更改），如图 3-20 所示。可以看出每天刷短视频的平均时长男性平均为 2.61，女性平均为 2.7。

	A05.00	A06.00	A07.00	A08.00	A09.0	A03.00_mean_1
1	男	22-25岁	大四	工学类	双一流..	2.61
2	女	18-21岁	大一	理学类	其他普..	2.70
3	男	18-21岁	大一	工学类	其他普..	2.61
4	女	18-21岁	大一	管理学类	其他普..	2.70
5	女	18-21岁	大四	工学类	双一流..	2.70
6	男	18-21岁	大一	工学类	其他普..	2.61
7	女	18-21岁	大四	文史哲类	双一流..	2.70
8	男	18-21岁	大三	文史哲类	其他普..	2.61
9	女	18-21岁	大二	管理学类	双一流..	2.70
10	女	18-21岁	大一	工学类	其他普..	2.70
11	男	18-21岁	大二	军事学类	双一流..	2.61
12	男	22-25岁	大四	工学类	其他普..	2.61
13	男	18-21岁	大二	工学类	双一流..	2.61
14	男	18-21岁	大一	工学类	双一流..	2.61
15	女	18-21岁	大一	文史哲类	其他普..	2.70
16	女	18-21岁	大二	管理学类	双一流..	2.70
17	男	18-21岁	大二	理学类	其他普..	2.61

图 3-20 汇总案例结果

（六）拆分文件

在进行数据处理时经常要对数据文件中的观测量进行分组分析，但有些分析功能没有设置对分组变量的选项。比如按照地区分析产品的销售情况，或者按照性别分析男女的得分情况。这些情况在进行分析之前，必须对该数据文件进行拆分。

具体步骤：在数据编辑器的菜单栏中选择数据→拆分文件命令，弹出对话框，如图 3-21 所示。

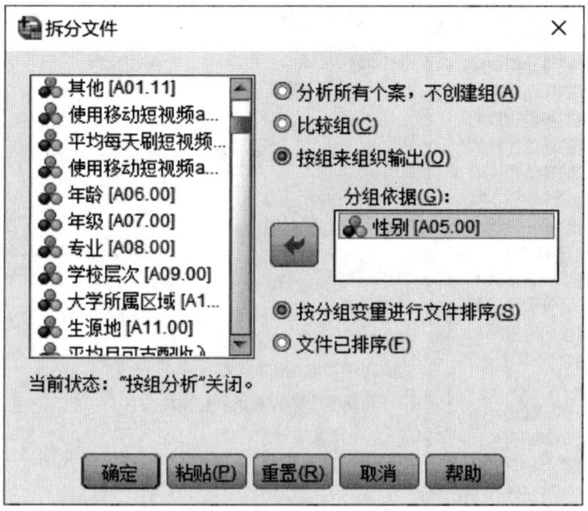

图 3-21 拆分文件对话框

对话框里有三个选项，选择“分析所有个案，不创建组”（系统默认），系统将不进行分组操作；选择“比较组”，系统将把各组分析结果放在一个输出文件中输出；选择“按组组织输出”，系统将按组单独输出分析结果。

选择“分组依据”，尝试以性别分组为例。

选择排序方式。选择“按分组变量进行文件排序”，表示系统将按照指定分组变量对所有个案进行排序；选择“文件已排序”，则表示文件已经排序。本例中选择“按分组变量排序”。点击确定，文件分解如图 3-22 所示。此时所有个案已经按照性别进行了划分，方便分析不同性别的维度。

	A05.00	A06.00	A07.00	A08.00	A09.00
1	男	22-25岁	大四	工学类	双一流...
2	男	18-21岁	大一	工学类	其他普...
3	男	18-21岁	大一	工学类	其他普...
4	男	18-21岁	大三	文史哲类	其他普...
5	男	18-21岁	大二	军事学类	双一流...
6	男	22-25岁	大四	工学类	其他普...
7	男	18-21岁	大二	工学类	双一流...
8	男	18-21岁	大一	工学类	双一流...
9	男	18-21岁	大二	理学类	其他普...
10	男	18-21岁	大三	管理学类	其他普...
11	男	18-21岁	大三	工学类	双一流...
12	男	26-29岁	大四	工学类	其他普...
13	男	18-21岁	大二	理学类	其他普...
14	男	18-21岁	大三	管理学类	双一流...
15	男	18-21岁	大一	工学类	其他普...
16	男	18-21岁	大三	工学类	其他普...
17	男	18-21岁	大三	文史哲类	其他普...

图 3-22　文件拆分结果

（七）选择个案

在研究中经常要对数据库中的个案进行选择性的分析，可以利用 SPSS 进行个案的筛选。具体步骤为在数据编辑器的菜单栏中选择数据→选择个案命令，弹出对话框如图 3-23 所示。

图 3-23 选择个案对话框

“选择”的形式具体存在 5 种：所有个案、如果条件满足（按条件进行个案选择）、随机个案样本、基于时间或者个案范围、使用过滤变量。

选择“如果条件满足”。按如果按键，以选择“年级”中的“大一”为例，具体对话框选择如图 3-24 所示。

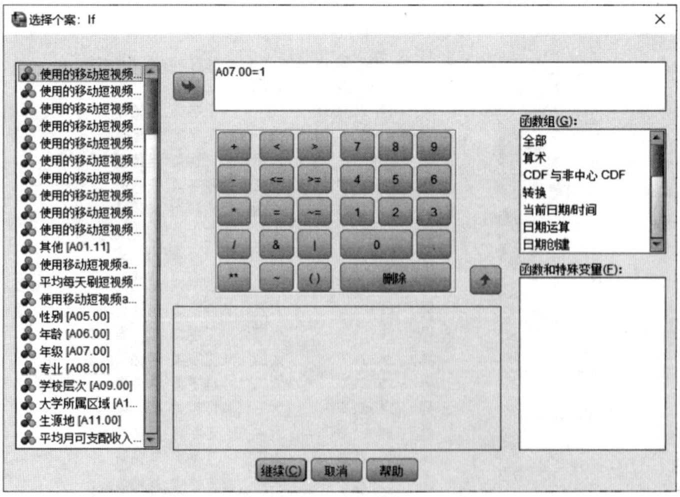

图 3-24 选择个案中的“If”对话框

“大学所属区域”的文件名为 A10.00 ，在对话框输入 A10.00 = 1，按继续→确定按钮，数据界面如图 3-25 所示。只保留了“年级”为“大一”的数据，其他都被剔除了。

	00	A06.00	A07.00
~~1~~	男	22-25岁	大四
2	女	18-21岁	大一
3	男	18-21岁	大一
4	女	18-21岁	大一
~~5~~	女	18-21岁	大四
6	男	18-21岁	大一
~~7~~	女	18-21岁	大四

图 3-25　选择个案的结果

如果要随机选择个案，点击“随机个案样本”中的样本按钮，得到图 3-26，可以输入需要个案的百分比，也可以选择第 2 种，比如正好为 100 个案从前面的 500 个案中随机选择。

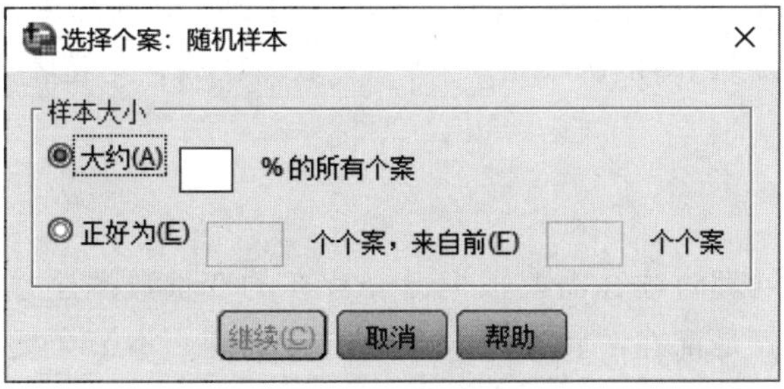

图 3-26　随机个案样本对话框

基于时间或者个案范围进行选择，可以准确给定个案的数值范围进行选择。

使用过滤变量进行选择，但是过滤变量必须是 0、1 编码的，最后保留的就是编码为 1 的个案。

在“输出”部分，可以选择过滤掉个案，如第五步结果，也可以另存为一个新的数据库，还可以直接删除过滤掉的个案。

（八）个案加权

个案加权是指对变量赋以权重，“加权”的意思就是“乘以权重”，即“乘以系数”的意思。

如果获得一组数据，男性有 106 人喜爱某个短视频 App，而女性有 154 人，如图 3-27 所示，在这种以频数出现的数据里，没有办法直接去分析男女的比重，而要将数量作为权重赋予性别，才能得到想要的分析结果。在数据编辑器的菜单栏中选择数据→个案加权命令，弹出对话框，如图 3-28 所示。

	性别	数量
1	男	106
2	女	154

图 3-27　个案加权案例

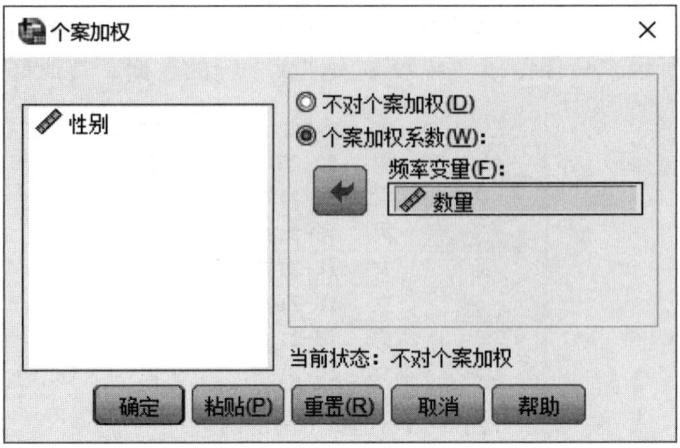

图 3-28 个案加权对话框

对加权以后的“性别”变量进行频数分析，即可得到正确的结果。如果该分析不需要“个案加权”，请取消加权处理，即依次单击数据→个案加权后，勾选不对个案加权。

二、数据转换

在进行数据的分析处理时往往需要根据已经存在的变量数据建立新变量。根据不同的需要，最简单直接的方法就是都在“转换”菜单里进行处理。本节主要介绍最常见的“计算”“计数”“重新编码”三种转换方式。

（一）计算变量

SPSS 计算变量的功能，可通过为现有变量创建数字表达式来获得新的计算变量，从而挖掘到更深层次的洞察内容。比如通过构建单价与数量的数字表达式，获得一个新的总价计算变量。在指定计算变量时，不仅可构建内置函数的复杂表达式，还可以通过限定个案的范围，获取更加精准的洞察内容。

例如，现有数据已有“主观支持”“客观支持”“对支持的利用”三项得分，三项相加即可得到“社会支持总分”。

具体步骤：在数据编辑器的菜单栏中选择转换→计算变量命令，弹出对话框，根据需求输入相应内容如图 3-29 所示。计算变量对话框中包含了目标变量、数字表达式、函数组等选项内容。目标变量即当前数据集中需计算的新变量，如图 3-29 所示，将本例中需新建的“社会支持总分”输入到目标变量。接着，单击类型和标签按钮。标签用于标注变量的信息，可以是自定义的内容，也可以直接将表达式作为标签使用。类型指定可以是字符串或数值，字符串不可用于计算。根据需求，在数据表达式里从左边已有的变量里移入“主观支持”“客观支持”“对支持的利用”，并用“+”构成数字表达式。

对于一些更为复杂的计算，还可以调用“函数组”函数；点击如果按键为计算的新变量作个案范围筛选，设置个案选择条件。输入完成后，点击确定按钮，计算后产生的新变量就出现在数据视图区域了。

图 3-29 计算变量对话框

（二）计数

需要统计满足特定值的个案的数目时，会用到 SPSS 中“对个案中的值进行计数”的功能，比如“平均每天刷短视频的时间”时间在“4 小时以上”的有多少人。

具体步骤：在数据编辑器的菜单栏中选择转换→对个案中的值进行计数命令，弹出对话框如图 3-30 所示。选择要进行计数的变量并设置。比如选择“平均每天刷短视频的时间”进行计数，则将该变量选入列表。“目标变量”用于输入产生的计数变量的名称，本例中命名为“时长超标”；用“目标标签”解释“目标变量”。

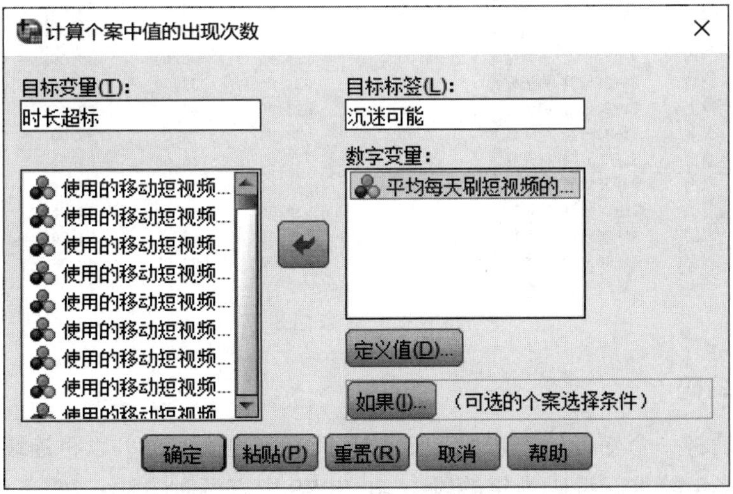

图 3-30 计算个案中值的出现次数对话框

设置个案选择条件。单击如果，一般情况下选择“包括所有个案”，如果还需要对个案条件进行限定的话，则选择“在个案满足条件时包括”。

定义计数对象。单击定义值按钮，弹出如图 3-31 所示的“对个案中的值进行计数：要计数的值”对话框。本题希望计数“时长超过 4 小时”的样本，该内容在变量赋值里为“7”，因此，填入要计数的值为“7”。如果是个范围值，也可以选择范围进行计数。

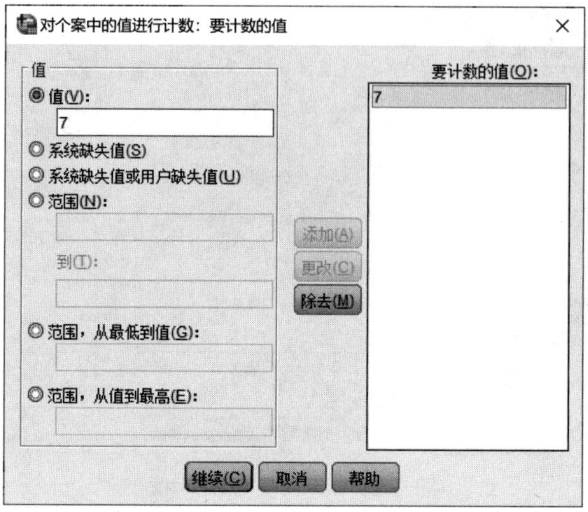

图 3-31　对个案中的值进行计数：要计数的值对话框

填写完毕后，点击继续→确定按钮，生成计数变量如图 3-32 所示。目标变量“时长超标”值为 1 的对应个案即为要计数的个案。

	.00	A03.00	A04	支持的利用	社会支持总分	动机总分	社会支持	时长超标
61	个月	30分钟及以下	每月3	7.00	36.00	53.00	36.00	.00
62	以上	30分钟及以下	每周1-	6.00	33.00	56.00	33.00	.00
63	月内	30分钟及以下	每月3	12.00	48.00	57.00	48.00	.00
64	以上	31-60分钟	一有空	10.00	41.00	67.00	41.00	.00
65	以上	31-60分钟	每周6-	7.00	31.00	58.00	31.00	.00
66	以上	30分钟及以下	每周3-	8.00	33.00	20.00	33.00	.00
67	月内	31-60分钟	每天好	6.00	39.00	64.00	39.00	.00
68	以上	31-60分钟	一有空	7.00	43.00	73.00	43.00	.00
69	月内	4小时以上	一有空	6.00	35.00	61.00	35.00	1.00
70	月内	31-60分钟	每天好	6.00	32.00	53.00	32.00	.00
71	以上	61-90分钟	每天好	6.00	29.00	64.00	29.00	.00
72	以上	61-90分钟	每天好	7.00	38.00	78.00	38.00	.00
73	以上	61-90分钟	每天好	9.00	39.00	45.00	39.00	.00
74	以上	30分钟及以下	每周3-	7.00	45.00	71.00	45.00	.00
75	以上	31-60分钟	每周3-	6.00	30.00	57.00	30.00	.00
76	以上	61-90分钟	每天好	10.00	34.00	62.00	34.00	.00
77	以上	61-90分钟	每周6-	9.00	48.00	63.00	48.00	.00

图 3-32　计数结果

（三）重新编码

重新编码就是将一个变量的值按照指定要求赋予新的值，也可以将连续变量重新编码为离散变量（例如将年龄重新编码为年龄段）。在 SPSS 中有两种方法：“重新编码为相同变量”和“重新编码为不同变量”。两种方法的区别在于“重新编码为相同变量”编码后的结果覆盖原变量，“重新编码为不同变量”则将编码结果置于新生成的变量里。在本节仅以“重新编码为不同变量”这种方法来进行说明。

举例：将 2.2.1 例中“社会支持总分”，按 30 分及以上为“高”支持、11-29 分为“中”支持、10 分及以下为“低”支持来重新编码，并生成新变量“社会支持程度”。

具体步骤：在数据编辑器的菜单栏中选择转换→重新编码为不同变量命令，弹出对话框如图 3-33 所示，将“社会支持总分”变量移至“数字变量→输出变量”栏内，“输出变量”栏填入要新生成的变量名称“社会支持程度”和标签。

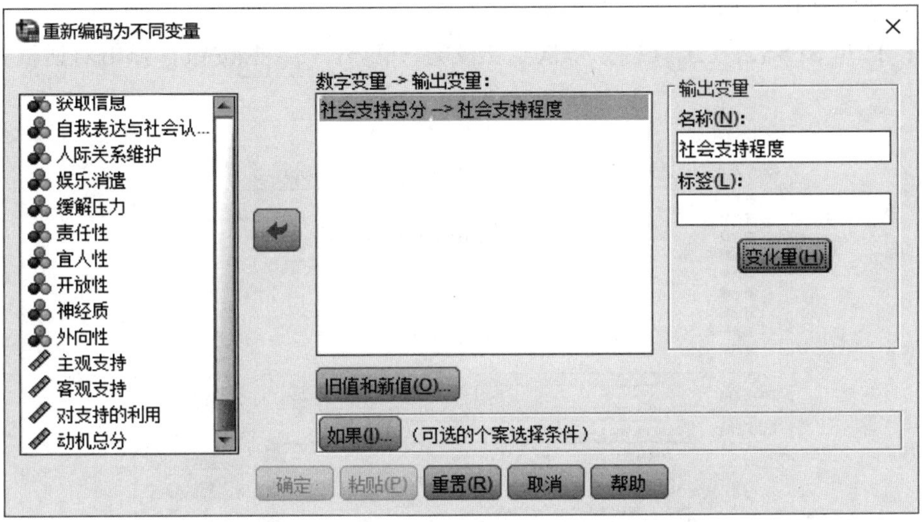

图 3-33 重新编码为不同变量对话框

然后，点击旧值和新值按钮，弹出“重新编码为不同变量：旧值和新值”对话框，在旧值栏和新值栏内分别设置对应的范围，如图 3-34 所示。点击添加按钮，旧值与新值的对应关系就会加入旧→新栏内，点击继续和确定。

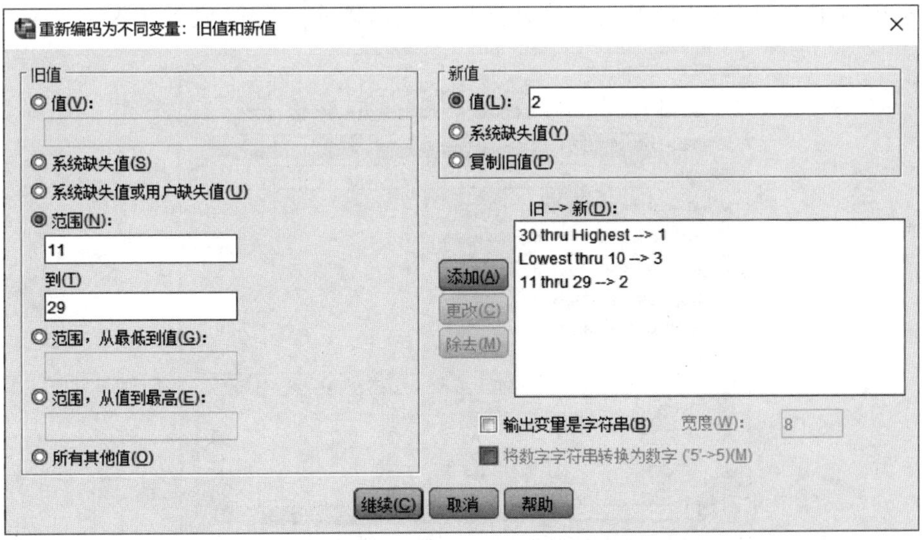

图 3-34 “重新编码为不同变量：旧值和新值”对话框

可以切换到变量视图窗口，将“社会支持程度”变量的赋“值”添加为：1 = 高、2 = 中、3 = 低；返回数据视图，可以看到新生成的变量及其对应数据。

三、数据文件的转换

1. 打开其他文件格式的数据

无论是 ASCⅡ码的数据文件（如扩展名为.txt 的文本文件），还是数据库文件（如 Excel、dBase、FoxBase、FoxPro、Oracle）都可以转换为 SPSS 格式文件进行操作。下面以 Excel 文件为例，介绍其转换为 SPSS 文件的方式。

首先，打开 SPSS，在工具栏，依次点击文件→打开→数据按钮，弹出对话框如图 3-35 所示。

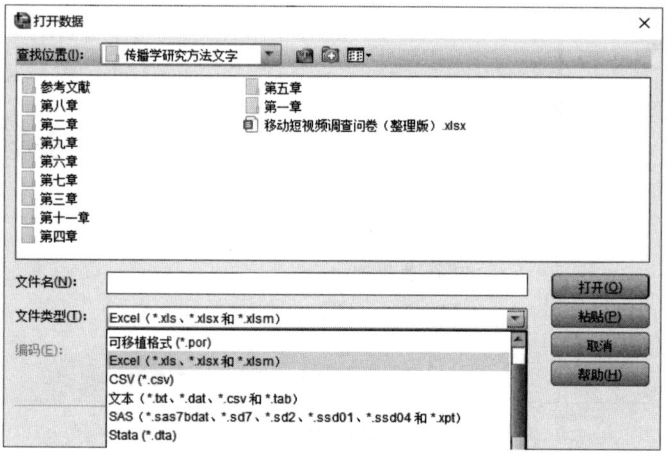

图 3-35 打开数据文件对话框

在“文件类型”处选择下拉菜单，选择 Excel 类型，即可看到可以被打开的 Excel 文件，选择并点击打开。出现对话框如图 3-36 所示。如果原文件第一行即是变量名，可以勾选“从第一行数据中读取变量名称”，其他为默认选项，点击确定，即完成了导入。

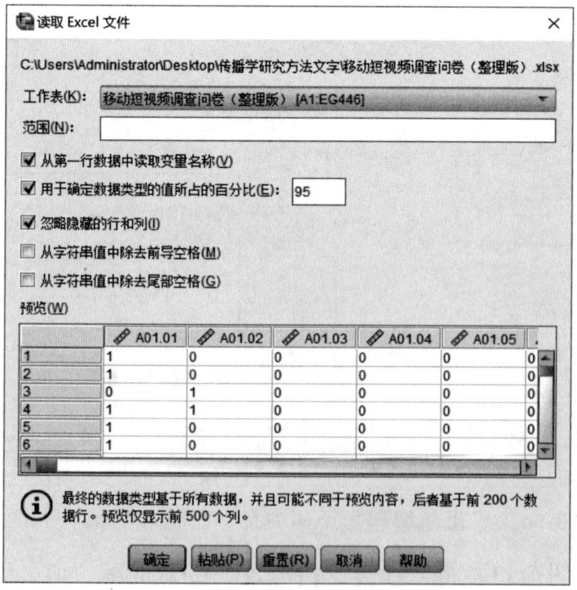

图 3-36 读取 Excel 文件对话框

2 转换为其他格式的数据文件

完成数据的编辑后，可以将其导出为新的数据文件。如图 3-37 所示，单击文件菜单，并选择其中的导出按钮，即可将数据导出为 Excel、CSV、固定文本（ASCⅡ码）等文件格式。

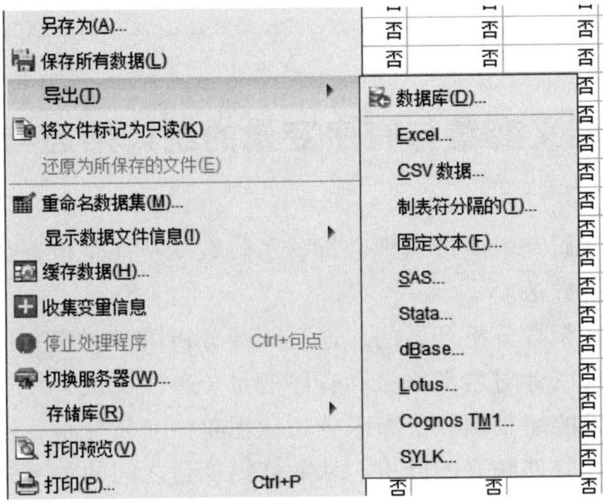

图 3-37 导出其他的文件格式

● 课后思考及练习题（需参阅相关文献完成）

1. 将上次课后搜索到的中外 GDP、外贸进出口总额数据输入 SPSS，形成数据文件，命名为“中外经济数据.SAV”。

2. 将上次课后搜索到的 48 次《中国互联网络发展状况统计报告》中我国网民规模、互联网普及率以及其他能反映我国互联网发展的重要变量输入 SPSS，形成数据文件，命名为“中国互联网络发展.SAV”。

第四章
传播学数据的描述性统计分析

第一节　名义变量与有序变量的统计描述与参数估计

获取原始数据之后，研究者应该认识数据、了解数据特征及检查数据分布，方便对数据的进一步处理和确定分析方法。

基本统计分析通常从频数分析开始的，通过频数分析可以明确变量取值状况，对把握数据的分布特征有很大帮助。针对名义变量和有序变量（离散变量），主要采用频数分布分析：频数分析过程能够以一维的简单频数分布来分析认识单一变量分布；通过列联表分析可以完成二维以上的列联表、分层列联表的分析，从而认识变量之间的关系并进行变量间的独立性检验。

一、频数分析

对于一组数据，检查不同的数值出现或数据落入指定区域内的频数，能够掌握数据的分布状况。通过频数分析，用户在得到描述性统计结果的同时，了解变量取值的分布情况，使得总体数据的分布频数的输出数字更为清晰、准确。例如在问卷分析中，通常需要对本次调研的被调查者人口统计特点，如性别特点、年龄特点、职业特点进行分析和总结，通过这些分析可以在一定程度上反映出样本是否具备总体代表性，抽样是否出现系统偏差，这些都能够通过对频数进行分析来实现。本节以问卷中的“性别”特点分析为例，学习在 SPSS 中如何实现名义变量的频数分析。

具体步骤：单击分析菜单，选择描述统计，此时右侧弹出子菜单，从中选择频率，则弹出频率对话框，如图 4-1 所示。

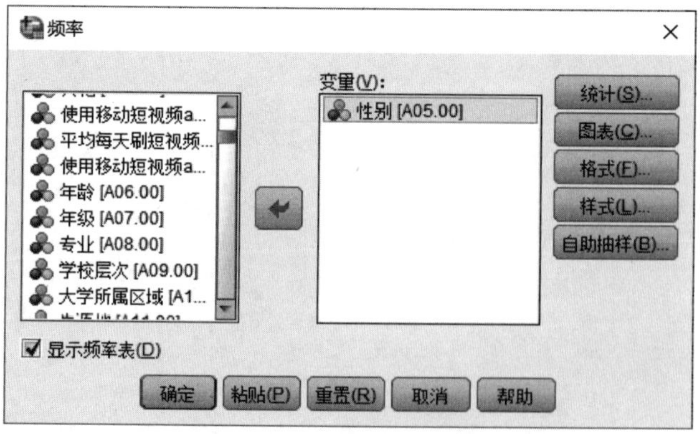

图 4-1　频率分析对话框

在“频率”对话框中，勾选需要进行频率分析的“性别”变量，移至右侧的“变量”框中。对于名义变量，不需要分析其频数的集中与离中趋势，因此对于统计按钮中的相关选项在分析标度变量时予以介绍。点击图表按钮，出现“频率：图表”对话框，如图 4-2 所示。对于名义变量，条形图和饼图都可以选择，本例中选择“饼图”，“图表值”可以选择“频率”或“百分比”，为直观展示“性别”分布特点，本例中选择“百分比”。

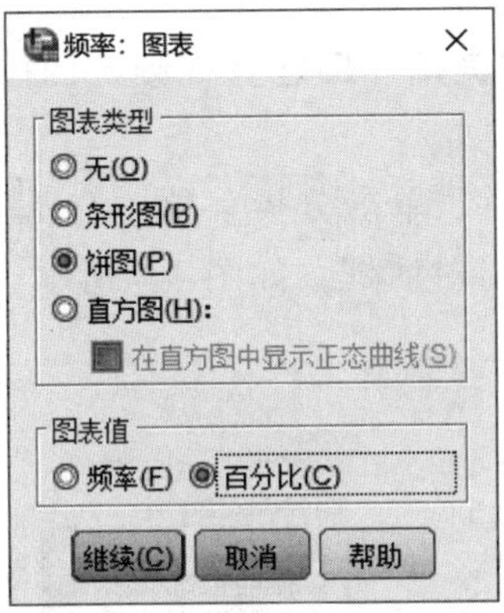

图 4-2　频率：图表对话框

继续依次点击继续→确定按钮，在输出对话框出现“性别”变量的频数分析结果如图 4-3 所示。结果包括 3 个部分，统计部分（统计该变量的有效和缺失样本数量）、“性别”变量频率分析表（统计“男”“女”各自的样本数、所占百分比、有效百分比和累计百分比）、图表分析（性别变量频率的饼图呈现，可以双击该图，对该图呈现特征进行修改，如颜色、三维效果、字体等）。

性别

个案数	有效	445
	缺失	0

性别

		频率	百分比(%)	有效百分比(%)	累计百分比(%)
有效	男	212	47.64	47.64	47.64
	女	233	52.36	52.36	52.36
	总计	445	100.0	100.0	

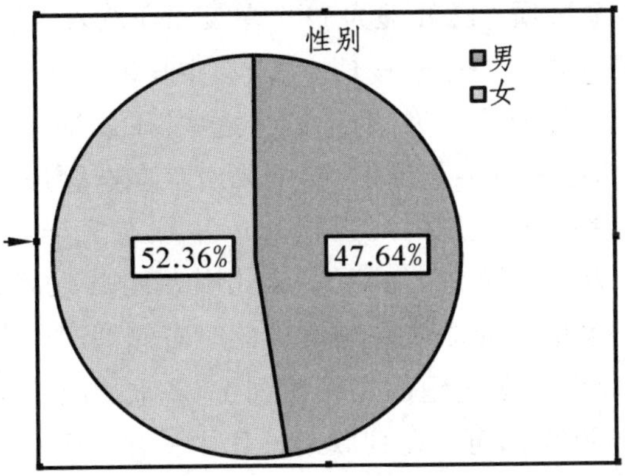

图 4-3　频率分析结果图

二、多选题分析（多重响应分析）

SPSS 对于多选题的处理并不在“分析”→“描述统计”中进行，而是通过“分析”菜单中的“多重响应”分析来实现。这里还是以第三章中“多选题的数据录入”中的例子来进行演示。

例 1：您常使用的短视频 App 有以下哪些？

□抖音 □快手 □微视 □美拍 □好看视频 □抖音火山 □西瓜视频 □小咖秀 □陌陌 □哔哩哔哩 □其他

具体步骤：处理好数据录入后，单击分析菜单，选择多重响应，此时右侧弹出子菜单，当前只能选择定义变量集，则弹出对话框，如图 4-4 所示。

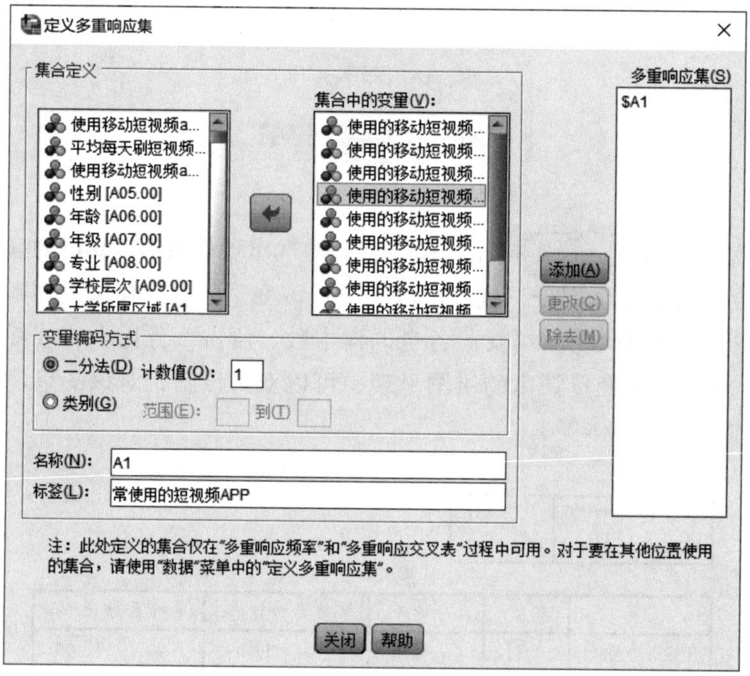

图 4-4 定义多重响应集对话框

在对话框中，将多选题的多个选项（已处理为 N 个单变量）放入“集合中的变量”框中，在前一章中介绍过多选题的编码方式为“选中 = 1”，“未选中 = 0 或系统缺失”，因此在“变量编码方式”框选择“二分法”，“计数值”为“1”即“选中”（如果是多选排序题，则应选择“类别”，在范围中填入选项的命名数字范围）。接下来对该多选题进行命名，设置标签。在本例中输入“名称 = A1”，“标签 = 常使用的短视频 App”，设置完毕后，单击右侧添加键，在“多重响应集”框中出现设置好的多选题“$A1”。点击关闭键，设置完成。

设置完成后，再次单击分析菜单，选择多重响应，此时右侧弹出子菜单，可以选择“频率”和“交叉表”两个选项（排序题与多选题的操作相同）。多重响应的频率分析与上一部分“频数分析”所述方法相同，直接操作即可。在列联表操作中，有一个注意的问题，以“常使用的短视频 App”多选题的“性别”分布为例说明，其对话框如图 4-5 所示。

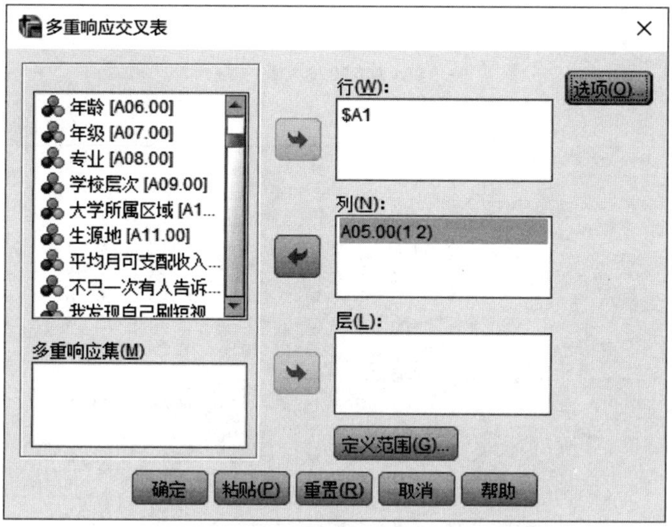

图 4-5 多重响应列联交叉表分析对话框

将已设置好的多选题“$A1”选择进入“行”框，将性别（A05.00）移入“列”框，这时显示 A05.00（？？）。“？”号代表软件不清楚将变量中的哪些选项去跟多选题进行列联。点击定义范围按钮，输入需要进行列联的选项数字范围。本例中性别仅有两个选项，键入“最小值 = 1”和“最大值 = 2”，点击继续回到主对话框。点击选项按钮，选择单元格百分比，点击继续→确定，显示输出结果。频率分析和列联表分析的输出结果如图 4-6、4-7 所示。需要注意的是，多重响应分析并不提供非参数检验，因此结果仅代表分布，不能做出相关联的准确判断。

$A1 频率

		响应		
		个案数	百分比	个案百分比
常使用的短视频App[a]	使用的移动短视频App-抖音	393	59.7%	89.5%
	使用的移动短视频App-快手	113	17.2%	25.7%
	使用的移动短视频App-微视	42	6.4%	9.6%
	使用的移动短视频App-美拍	6	0.9%	1.4%
	使用的移动短视频App-好看视频	7	1.1%	1.6%
	使用的移动短视频App-抖音火山版	3	0.5%	0.7%
	使用的移动短视频App-西瓜视频	11	1.7%	2.5%
	使用的移动短视频App-小咖秀	1	0.2%	0.2%
	使用的移动短视频App-陌陌	6	0.9%	1.4%
	使用的移动短视频App-哔哩哔哩	76	11.6%	17.3%
总计		658	100.0%	149.9%

a. 使用了值 1 对二分组进行制表。

图 4-6 多重响应集频率分析输出结果

$A1*A05.00 交叉表

			性别		
			男	女	总计
常使用的短视频App[a]	使用的移动短视频App-抖音	计数	182	211	393
		占 $A1 的百分比	46.3%	53.7%	
	使用的移动短视频App-快手	计数	61	52	113
		占 $A1 的百分比	54.0%	46.0%	
	使用的移动短视频App-微视	计数	24	18	42
		占 $A1 的百分比	57.1%	42.9%	
	使用的移动短视频App-美拍	计数	2	4	6
		占 $A1 的百分比	33.3%	66.7%	
	使用的移动短视频App-好看视频	计数	6	1	7
		占 $A1 的百分比	85.7%	14.3%	
	使用的移动短视频App-抖音火山版	计数	1	2	3
		占 $A1 的百分比	33.3%	66.7%	
	使用的移动短视频App-西瓜视频	计数	5	6	11
		占 $A1 的百分比	45.5%	54.5%	
	使用的移动短视频App-小咖秀	计数	1	0	1
		占 $A1 的百分比	100.0%	0.0%	
	使用的移动短视频App-陌陌	计数	5	1	6
		占 $A1 的百分比	83.3%	16.7%	
	使用的移动短视频App-哔哩哔哩	计数	35	41	76
		占 $A1 的百分比	46.1%	53.9%	
总计		计数	208	231	439

百分比和总计基于响应者。

a. 使用了值 1 对二分组进行制表。

图 4-7　多重响应集列联表输出结果

第二节　标度变量的统计描述与参数估计

对于标度变量（连续性变量）的描述分析，需要表现出以下几方面的数据特征：集中趋势、离散趋势、分布特征以及其他趋势。

一、频率分析和描述分析

频率过程能够输出连续型变量集中趋势和离散趋势的主要指标，还可以呈现判断分布的直方图、峰度值和偏度值。描述分析过程能够输出的内容较少，也没有统计图可以调用，唯一特别的是该过程能够对数据进行标准化变换，并保存为新变量。下面以实例问卷中的“依赖程度”分析为例来演示这两个过程。

具体步骤：

（1）单击分析菜单，选择描述统计，此时右侧弹出子菜单，从中点击频率，弹出频率对话框，单击右上角统计按钮，出现“频率：统计”对话框（如图 4-8 所示），选择相应指标。

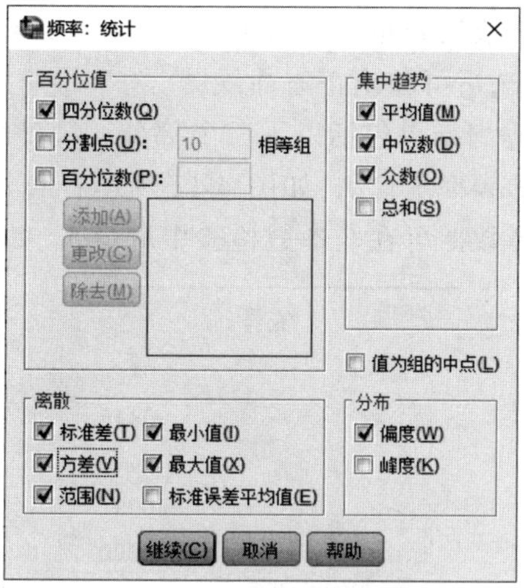

图 4-8 频率：统计对话框

在对话框中包含以下部分：

百分位值：百分位值主要用于对连续变量数据离散程度的测量，常用的百分数值通常是四分位数。数据从小到大排列，用三个数据点将数据分为四等份，三个点相对应的就是四分位数，分别位于数据的 25%（第一四分位数）、50%（第二四分位数，就是中位数）、75%（第三、四分位数）。在 SPSS 中也可以自己选择“分割点”或添加多个“百分位数”观测点。

集中趋势：集中趋势反映了数据向其中心值聚集的程度，是对数据一般水平的概括性度量，主要通过平均数、中位数和众数来呈现。

离散：离散趋势反映了数据远离中心值的程度，是衡量集中趋势值对整个数据的代表程度。数据离散程度越大，说明集中趋势值的代表性越低；反之，数据的离散程度越接近于 0，说明集中趋势值的代表性越高。数据的离散程度主要通过范围、标准差和方差来表示。

分布：通常情况下，研究者会考量数据是否服从正态分布。偏度（描述了分布偏离对称性的程度）和峰度（反映了频数分布曲线顶端的尖峭或扁平程度）就可以用来反映数据偏离正态分布的程度，偏度和峰度越接近于 0，说明数据越符合假定的正态分布。

（2）单击继续按钮，返回“频率”对话框。单击右方图表按钮，出现“频率：图表”对话框，选择直方图，勾选“在直方图中显示正态曲线”复选框，如图 4-9 所示。

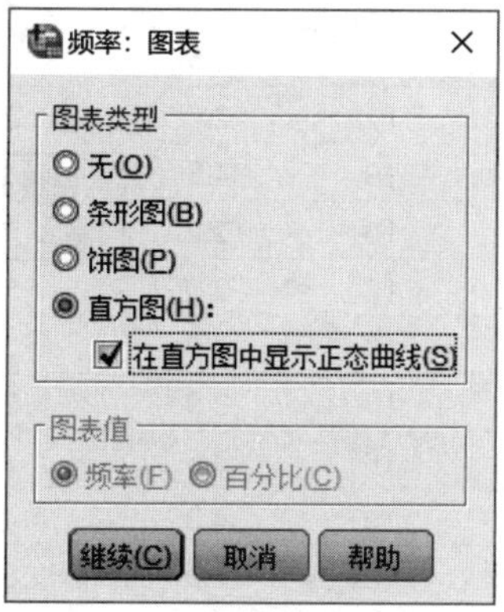

图 4-9 频率：图表对话框

由于连续数据能够测量其数据分布是否为正态分布，所以在直方图的下方有一个选项“在直方图中显示正态曲线”，勾选后可输出正态曲线图。

点击继续→确定按钮，输出结果包括以下三个部分：统计表，如图 4-10 所示；“依赖程度”频率表（每种分数出现的频率统计），如图 4-11 所示；直方图（正态曲线显示，该变量数据基本符合正态分布，具体数据可在非参数检验中取得），如图 4-12 所示。

统计

依赖程度

个案数	有效	445
	缺失	0
平均值		25.6292
中位数		26.0000
众数		30.00
标准差		9.31165
方差		86.707
偏度		.300
偏度标准误差		.116
峰度		-.495
峰度标准误差		.231
范围		40.00
最小值		10.00
最大值		50.00
百分位数	25	18.0000
	50	26.0000
	75	32.0000

图 4-10 输出结果：统计表

依赖程度

		频率	百分比	有效百分比	累计百分比
有效	10.00	12	2.7	2.7	2.7
	11.00	10	2.2	2.2	4.9
	12.00	11	2.5	2.5	7.4
	13.00	12	2.7	2.7	10.1
	14.00	19	4.3	双击以 .3	14.4
	15.00	10	2.2	激活 .2	16.6
	16.00	16	3.6	3.6	20.2
	17.00	13	2.9	2.9	23.1
	18.00	13	2.9	2.9	26.1
	19.00	16	3.6	3.6	29.7
	20.00	19	4.3	4.3	33.9
	21.00	13	2.9	2.9	36.9

图 4-11 输出结果：“依赖程度”频率表

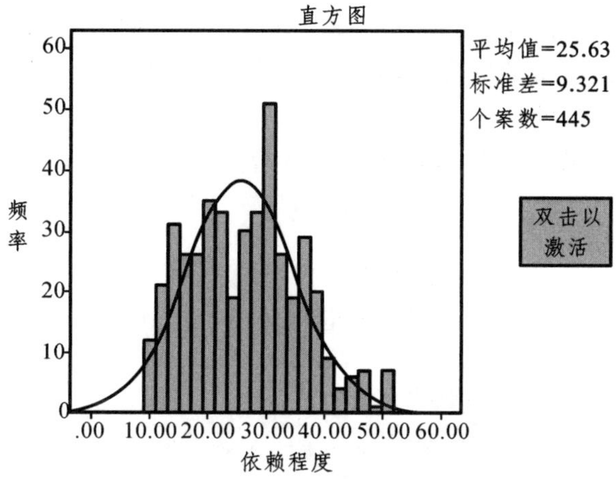

图 4-12 输出结果："依赖程度"直方图

二、探索分析

SPSS 中，探索分析是对变量进行更加深入和详细的描述性统计分析，它在一般描述性统计指标的基础上，一次性将上述分析结果和其他更详细的分析结果呈现出来，不仅能够输出数据结果，还能提供各种直观统计图，使得分析结果更加细致与全面，有助于对数据做进一步分析，例如检测异常值、极端值、数据缺口等。还能够进行假设检验。通过探索性分析，可以帮助决定选择哪一种统计方法进行数据建模，判断是否需要把数据转换成正态分布，以及是否需要做非参数统计。

下面通过具体实例来对该分析进行演示，在问卷数据中反映不同"年级"、不同"性别"大学生短视频"依赖程度"的情况。

具体步骤：

（1）依次单击菜单分析→描述统计→探索，弹出对话框，如图 4-13 所示。在"因变量列表"中勾选"依赖程度"，在"因子变量列表"中勾选"性别"，在"个案标注依据"中勾选"年级"。

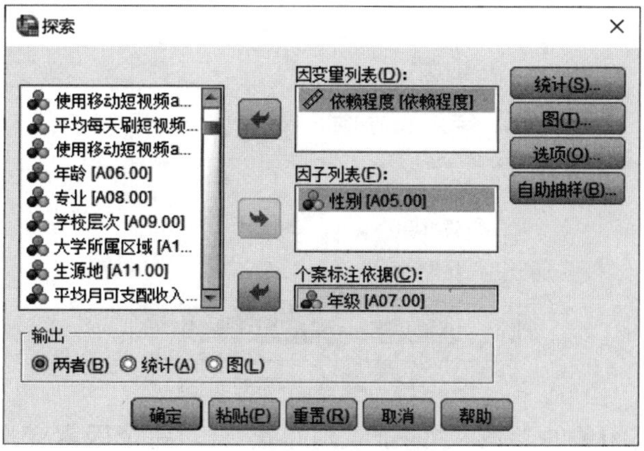

图 4-13 探索分析对话框

如若同时选入了多个因变量和多个因素变量，将对它们之间的两两组合分别进行分析，对于每对因变量和因素变量的搭配，输出结果都是类似的；选入的变量相对多时，可能会导致长时间的等待与更多的输出结果。

（2）单击统计按钮，弹出“探索：统计”对话框，如图 4-14 所示，选择统计量。

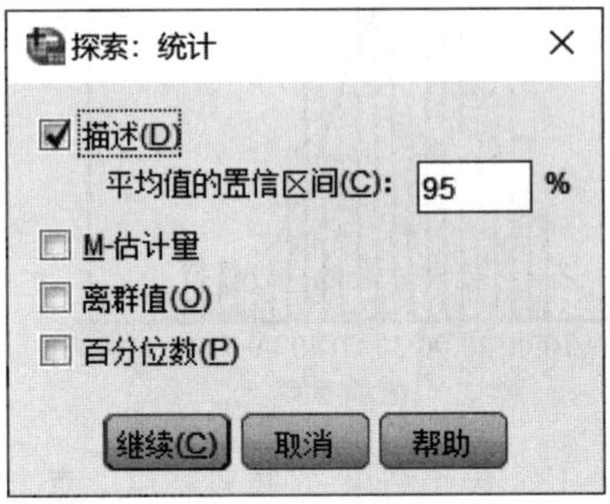

图 4-14　探索：统计对话框

勾选“描述”会输出包含以下内容的表格：均值、中位数、众数、5%修正均数、标准误、方差、标准差、最小值、最大值、全距、峰度系数、峰度系数的标准误、偏度系数、偏度系数的标准误等。

勾选“M-估计量”会计算并输出比均值和中位数更稳定的数据中心估计值，包括如下四个：Huber 的 M-估计值、Tukey 双权重估计值、Hampel 重复递减 M-估计值、Andrew 波形估计值。M-估计值能够用于判断数据是否存在明显异常值，如果 M-估计量离平均数和中数比较远，那么可能存在异常值。

勾选“离群值”输出 5 个最大值与 5 个最小值，包括观测量的标签。

勾选“百分位数”输出 5%、10%、25%、50%、75%、90%、95%的百分位数。

（3）在“探索”对话框，单击图按钮，弹出“探索：图”对话框，如图 4-15 所示进行设置。

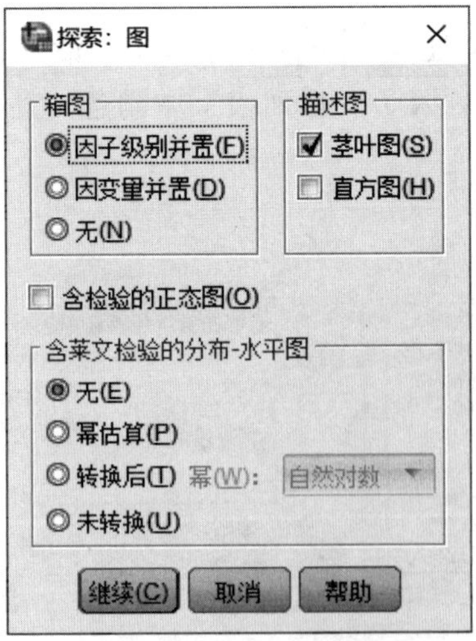

图 4-15　探索：图对话框

箱图部分设置与其相关的参数。“因子级别并置”，对每个因素变量，每图只显示一个因变量，该项为默认选项；“因变量并置”，对每个因素变量，每图显示所有的因变量；“无”则不绘制箱图。

描述图部分设置有关数据描述属性的图形输出，有两个选项：茎叶图、直方图。

包含检验的正态图，作正态概率图和去趋势后的正态概率图，并输出检验正态性的Kolmogorov-Smirnov统计量及其Lilliefors置信水平。

含莱文检验的分布-水平图设置控制数据转换的散步对水平图。“无”，不输出散步对水平图；“幂估算”，产生四分位数的自然对数，对单元格中位数的自然对数的散布图，以及达到方差齐性要求的幂估计；“转换后”，在其后的下拉列表选择具体的变换方法，其中自然对数变换为默认设置。“未转换”，不做任何数据变换，将输出产生原始的数据散布图，相当于幂次为1的转换。

（4）回到“探索”对话框，点击确定，输出分析结果，包括以下几部分：个案处理摘要，如图4-16所示；描述统计表，如图4-17所示；依赖程度茎叶图，如图4-18所示；

箱图，如图4-19。

探索

性别

个案处理摘要

		个案					
		有效		缺失		总计	
	性别	个案数	百分比	个案数	百分比	个案数	百分比
依赖程度	男	212	100.0%	0	0.0%	212	100.0%
	女	233	100.0%	0	0.0%	233	100.0%

图4-16 输出结果：个案处理摘要

描述

	性别			统计	标准误差
依赖程度	男	平均值		25.8821	.67156
		平均值的 95% 置信区间	下限	24.5582	
			上限	27.2059	
		5% 剪除后平均值		25.6059	
		中位数		26.0000	
		方差		95.612	
		标准差		9.77812	
		最小值		10.00	
		最大值		49.00	
		全距		39.00	
		四分位距		15.00	
		偏度		.224	.167
		峰度		-.676	.333
	女	平均值		25.3991	.58181
		平均值的 95% 置信区间	下限	24.2528	
			上限	26.5454	
		5% 剪除后平均值		25.0765	
		中位数		26.0000	
		方差		78.870	
		标准差		8.88089	
		最小值		10.00	
		最大值		50.00	
		全距		40.00	
		四分位距		13.00	
		偏度		.377	.159
		峰度		-.281	.318

图4-17 输出结果：描述统计

依赖程度

茎叶图

```
依赖程度 茎叶图:
A05.00= 男

 频率              主干 &   叶

  15.00           双击以    000000011111111
  10.00           激活      2222222333
  15.00            1 .      444444444445555
  10.00            1 .      6666666777
  11.00            1 .      88889999999
  17.00            2 .      00000000001111111
   9.00            2 .      222222333
  12.00            2 .      444444555555
  18.00            2 .      666666666777777777
  16.00            2 .      8888888999999999
  21.00            3 .      000000000000000000001
   8.00            3 .      22233333
  13.00            3 .      4444555555555
   9.00            3 .      666667777
  11.00            3 .      88888888899
   3.00            4 .      000
   4.00            4 .      2333
   4.00            4 .      4555
   2.00            4 .      66
   4.00            4 .      8999

 主干宽度:       10.00
 每个叶:            1  个案
```

图 4-18 输出结果：茎叶图（男性部分）

茎叶图中，第一列用来表示频数，表示个案的个数；第二列表示茎叶图的茎，表示整数部分，其表达的具体值与主干宽度有关，该例中主干宽度 = 10；第三列表示叶子，每片叶子代表小数部分，其代表的具体数值也同主干宽度相关，“每个叶”表示每片叶子的个案数，该例中当“每个叶”为 1 个案时，每片叶子代表一个个案。以最后一行数据为例进行说明，频率 = 4.00，主干 = 4，叶 = 8999，即（4 + 0.8）*10 = 48 的个案有 1 个，（4 + 0.9）*10 = 49 的个案有 3 个，合计为 4。茎叶图是频率分布的一种表现方式。

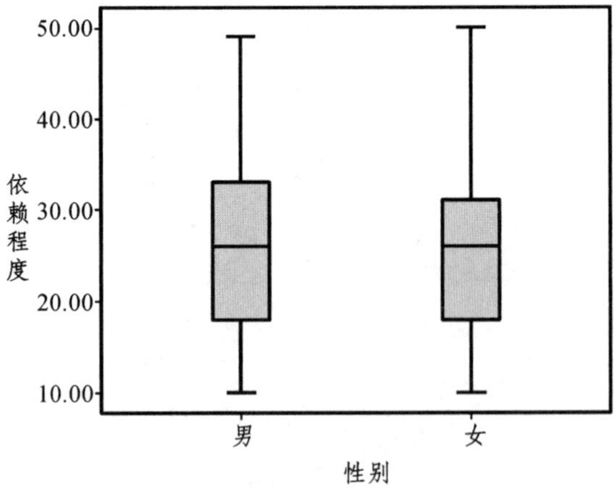

图 4-19 输出结果：箱图

箱图中间的横线代表中位数，有颜色的区域是四分位间距（25%到 75%）。上下两端的水平线代表该变量集数值的最大值（97.5%）和最小值（2.5%）。在箱图中，任何与四分位数值（图中即为方框上下界）的距离超过 1.5 倍四分位间距的都会被定义为异常值，其中离方框上

/下界的距离超过四分位数间距 1.5 倍的为离群值，在图中以“O”表示；超过 3 倍的则为极值，用“*”表示。默认情况下，散点应当标出相应案例号备查。

三、P-P 图和 Q-Q 图

P-P 图和 Q-Q 图主要用来判断正态分布。P-P 图和 Q-Q 图的目的性基本相同，但在原理上有一定区别。

P-P 图的原理是，如果数据为正态，那么数据的累积占比与正态分布累积占比基本一致。分别计算出数据累积比例和假定正态时的数据分布累积比例；以 ·实际数据累积比例为 X 轴，对应正态分布累积比例为 Y 轴，绘制散点图。

具体操作：

依次单击菜单分析→描述统计→P-P 图，弹出对话框，如图 4-20 所示。

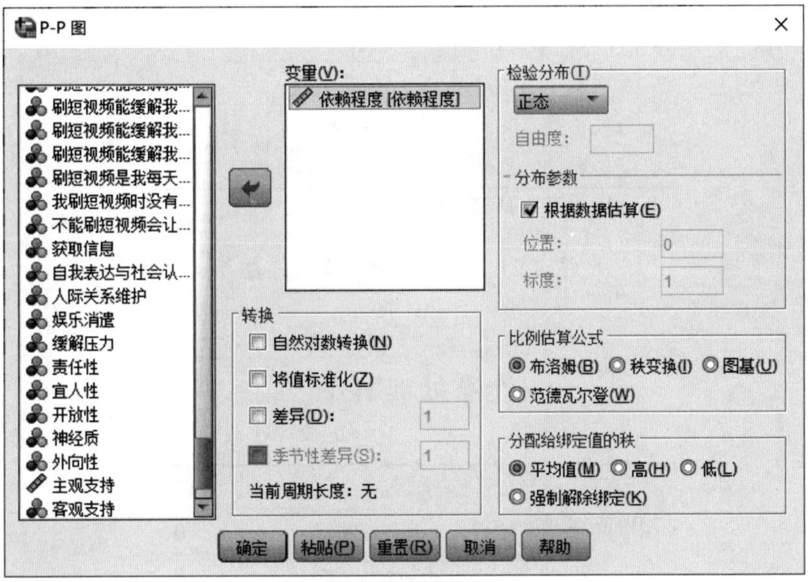

图 4-20 P-P 图对话框

变量选项栏：选择绘制 P-P 图的变量，可以同时选择多个变量。

检验分布选项栏：用于选择待检测的分布类型，其下的下拉式菜单给出了很多统计分布，例如 Beta 分布、x2 分布、指数分布、伽马分布、半正态分布、Logistic 分布、对数正态分布、正态分布等 13 种分布，其下的“自由度”用来设置分布自由度。

分布参数选项栏：用于确定分布参数，可由 SPSS 自动从数据中估计，也可以由用户自定义。

转换选项栏：用于定义数据的转换方式。

比例估算公式选项栏：用于定义计算预期正态概率值的方法。

分配给绑定值的秩选项栏：用于指定对不同的多个变量值的处理方式。

单击确定按钮，P-P 图出现在输出结果中，包括以下几个部分：模型描述，如图 4-21 所示；个案处理摘要，如图 4-22 所示；估算的分布参数，如图 4-22 所示；正态 P-P 图，如图 4-23 所示；去趋势的正态 P-P 图，如图 4-24 所示。

模型描述

模型名称		MOD_1
系列或序列	1	依赖程度
转换		无
非季节性差分		0
季节性差分		0
季节性周期长度		无周期长度
标准化		未应用
分布	类型	正态
	位置	估算
	标度	估算
分数秩估算方法		布洛姆
分配给绑定值的秩		绑定值的平均秩

正在应用来自 MOD_1 的模型指定项

图 4-21 输出结果：模型描述

个案处理摘要

		依赖程度
系列或序列长度		445
图中的缺失值数目	用户缺失值	0
	系统缺失值	0

个案未进行加权。

估算的分布参数

		依赖程度
正态分布	位置	25.6292
	标度	9.31165

个案未进行加权。

图 4-22 输出结果：个案处理摘要和估算的分布参数

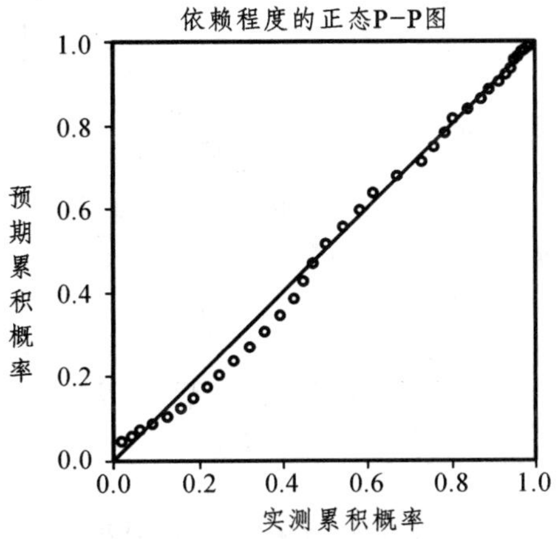

图 4-23 输出结果：正态 P-P 图

在正态 P-P 图中，如若被检验的数据与所指定的正态分布相符合，那么样本数据的点应当大致分布在代表理论分布的对角线上。本例中数据点基本在对角线上，说明数据符合正态分布。

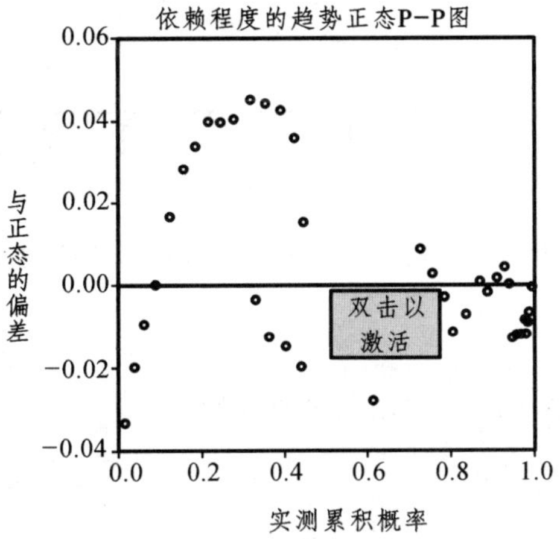

图 4-24 输出结果：去趋势正态 P-P 图

偏差值图应该是围绕直线上下分布的。从去除趋势的常规 P-P 图来看，这些点大多随机落在 0 刻度线周围，因此可以认为依赖程度数据几乎符合正态分布。

Q-Q 图和 P-P 图的定义方式基本一样，二者的区别是 P-P 图比较的是真实数据和待检验分布的累计概率，但是 Q-Q 图比较的是真实数据与待检验分布的分位点数。Q-Q 图和 P-P 图的对话框与图形分析基本相同，在此不再赘述。“依赖程度”的正态 Q-Q 图如图 4-25 所示。

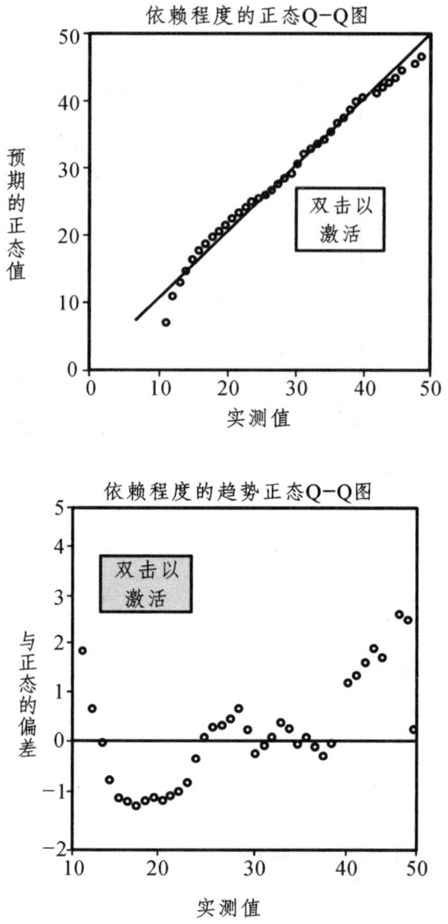

图 4-25 输出结果：正态 Q-Q 图和去趋势 Q-Q 图

● 课后思考及练习题（需参阅相关文献完成）

1. 对上一章后形成的数据文件“中外经济数据.SAV”进行频数与描述分析，并根据结果对中外经济发展进行描述和对比判断。

2. 对上一章后形成的数据文件“中国互联网络发展.SAV”进行频数与描述分析，并根据结果对中国互联网络发展进行描述判断。

第五章
传播学数据的统计图展示

统计图能够以简洁直观的方式展示主要的数据信息，反映事物内在的规律和关联。统计图形是一种用图形方式来描述资料数据和分析结果的方法，如点的位置，线段的升降，直条的长短或面积的大小等。不同图形具有不同的数据要求和使用环境，使用时必须要考虑好各种统计图的功能和特点。SPSS 中绘制统计图形的功能，通过图形菜单实现。它下设的子菜单，有图表构建器、图形画板模板选择器、旧对话框等。从运用的普遍性出发，本章主要介绍旧对话框菜单的使用，此外，统计图形还可以伴随着其他分析过程而输出，例如描述分析过程，回归分析过程，方差分析过程等。

第一节 条形图和三维条形图

条形图是用相同宽度条形的根数代表变量所分组的多少，或者选用变量的个数；用条形的长短或高低反映各组分析指标值的大小，或者变量特征值的大小。条形图横排称为带形图，纵排又称柱状图。它可以直观揭示或比较变量的频数特征值、在有关综述变量方面的特征值大小，以此发现重要组或类。条形图只能显示 2 个变量，而三维条形图可以同时显示 3 个变量。

一、条形图的类型

依次单击菜单图形→旧对话框→条形图，得到条形图对话框，如图 5-1 所示。

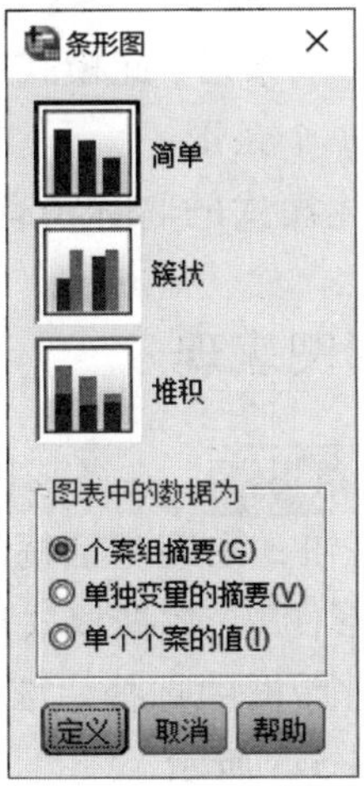

图 5-1　条形图对话框

依次单击菜单图形→旧对话框→三维条形图，得到三维条形图对话框，如图 5-2 所示。

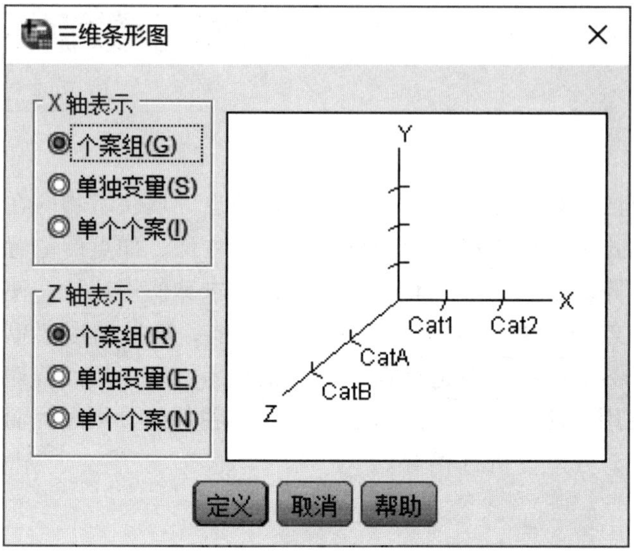

图 5-2 三维条形图对话框

1. 条形图的图式

条形图有三种图式：

简单条形图：通过若干平行且等宽的条形呈现数量对比关系。

簇状条形图：按某一变量的频率特点分组，每组由多根条形表现数量对比关系。

堆积条形图：按某一变量的频率特点分组，每组由单根条形表现数量对比关系。用条形全长代表整体，条内各段长短反映各组成成分在总体中所占比例。

2. 条形图的数据描述模式

条形图的描述模式也有三种：

个案组摘要：每一个个案组生成一个条形；

单独变量的摘要：每个变量生成一个条形，此模式要选择两个及以上相同或不同的变量；

单个个案的值：每一个个案生成一个条形。

在三维条形图对话框中，三种描述模式的名称稍有变化，但功能与上述三项一一对应。

二、个案组摘要模式的条形图表现

依次单击菜单图形→旧对话框→条形图，在条形图对话框中选择“简单条形图”，数据模式选择“个案组摘要”，单击定义按钮，出现对话框，如图 5-3 所示。

在条形图对话框中选择“簇状条形图”，数据模式选择“个案组摘要”，单击定义按钮，出现对话框如图 5-4 所示；在条形图对话框中选择“堆积条形图”，数据模式选择“个案组摘要”，单击定义按钮，出现对话框如图 5-5 所示。

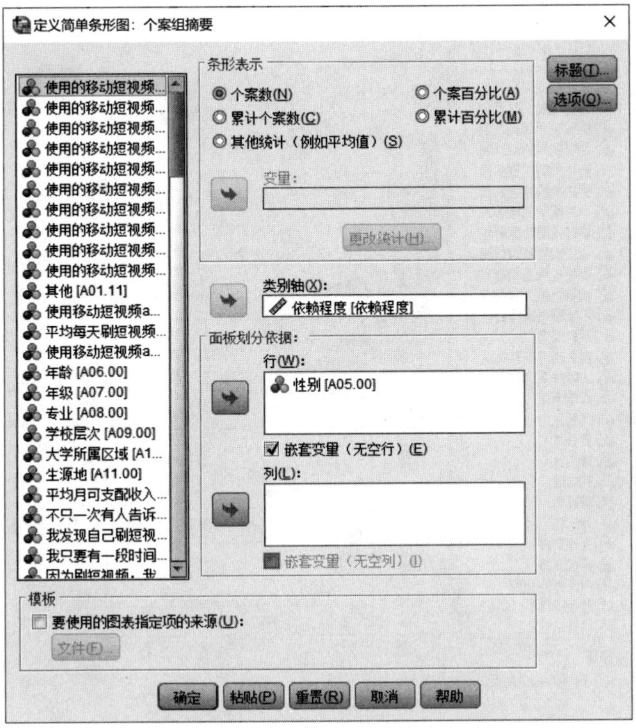

图 5-3　个案组摘要模式下的简单条形图对话框

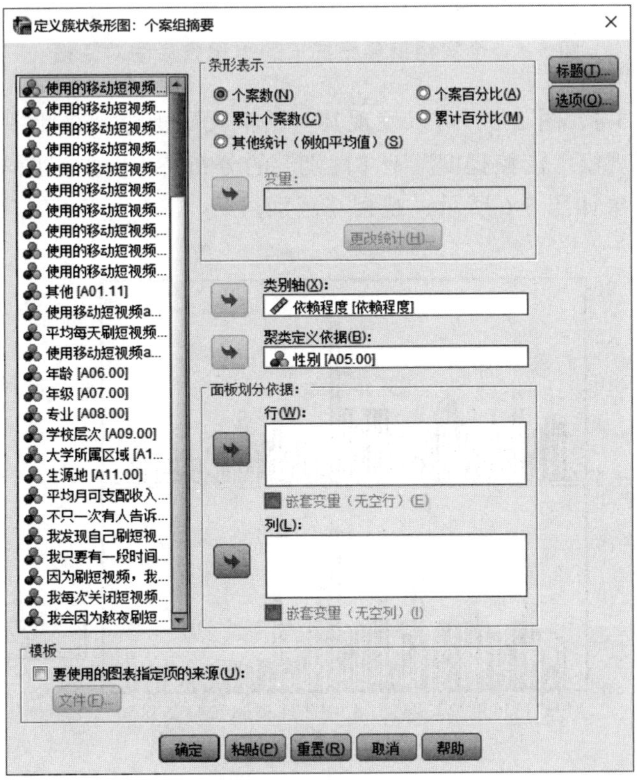

图 5-4　个案组摘要模式下的簇状条形图对话框

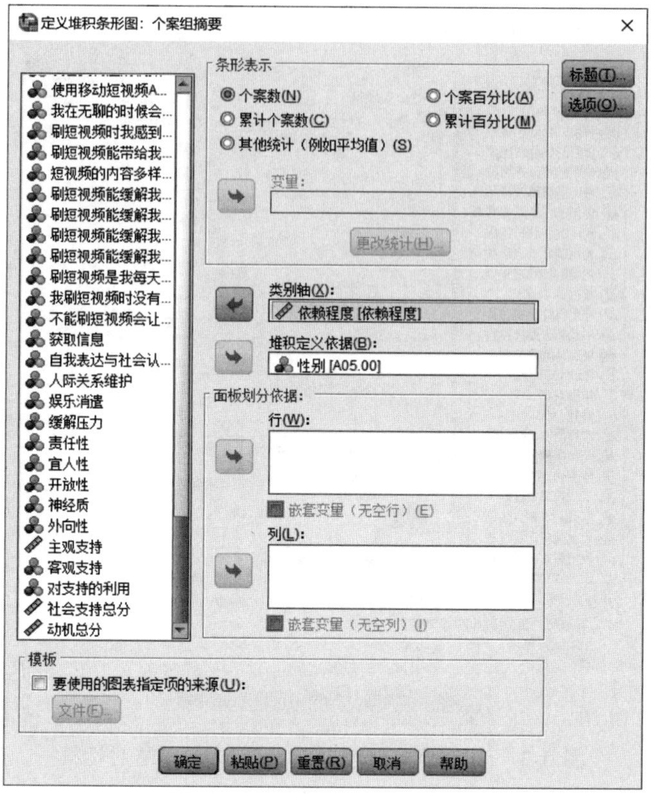

图 5-5　个案组摘要模式下的堆积条形图对话框

观察图 5-3、图 5-4、图 5-5，可以发现其对话框大同小异。在此举例说明三者的区别，采用前章数据，作图观察“依赖程度”上“性别”的分布特点。如三图所示，移入相应变量。单击确定后，输出结果如图 5-6 所示，观察其区别。

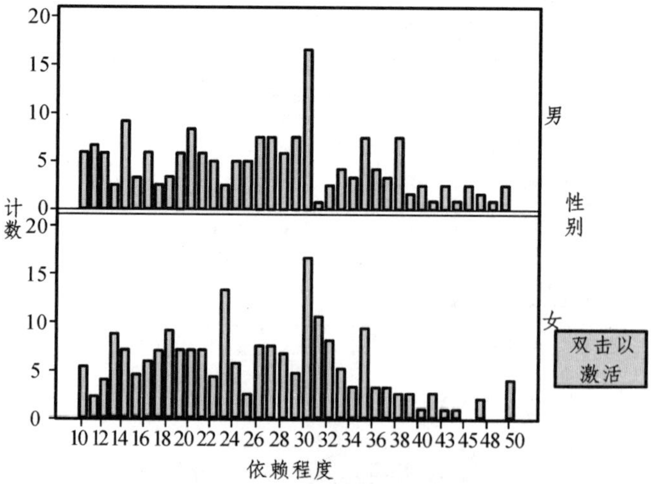

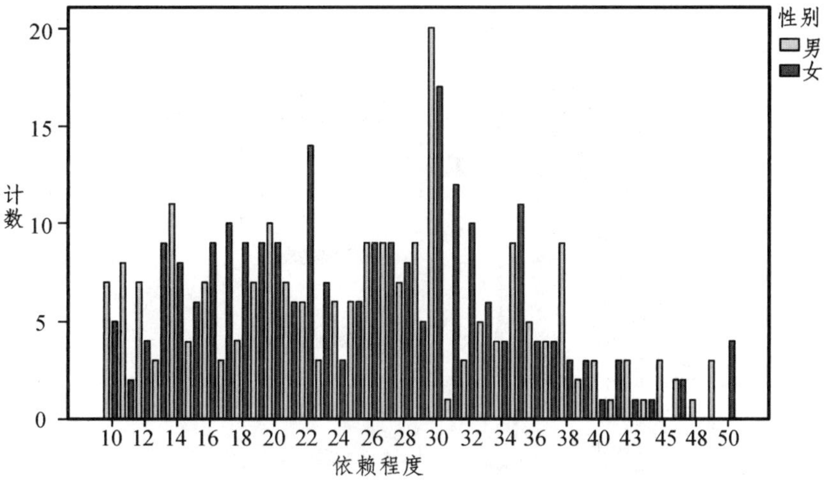

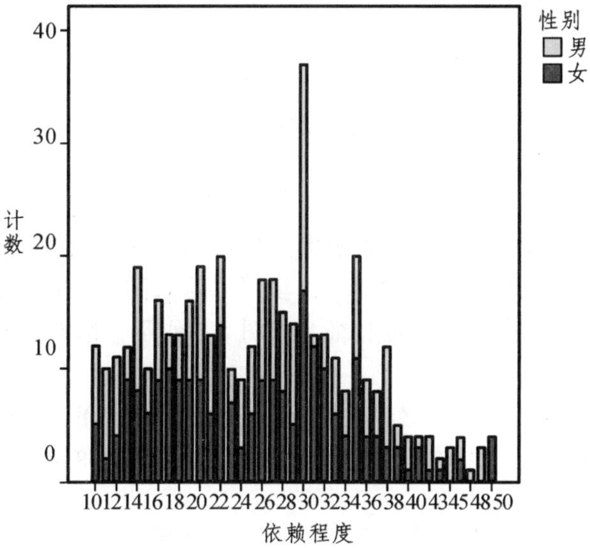

图 5-6 简单、簇状、堆积三种条形图的输出图形

从图 5-6 中可以看出，三种条形图的输出图形意义并无差别，只是为了适应不同的观看展示和研究对比需要而采用了不同的图形组合方式。在了解这一点后，后续部分仅以简单条形图来说明相关命令与操作。

三、单独变量摘要模式的条形图表现

依次单击菜单图形→旧对话框→条形图，在条形图对话框中选择“简单条形图”，数据模式选择“单独变量的摘要”，单击定义按钮，出现对话框。在实例中考察不同“性别”、不同“年级”在“依赖程度”和“社会支持程度”上的平均值特点，输入如图 5-7 所示。

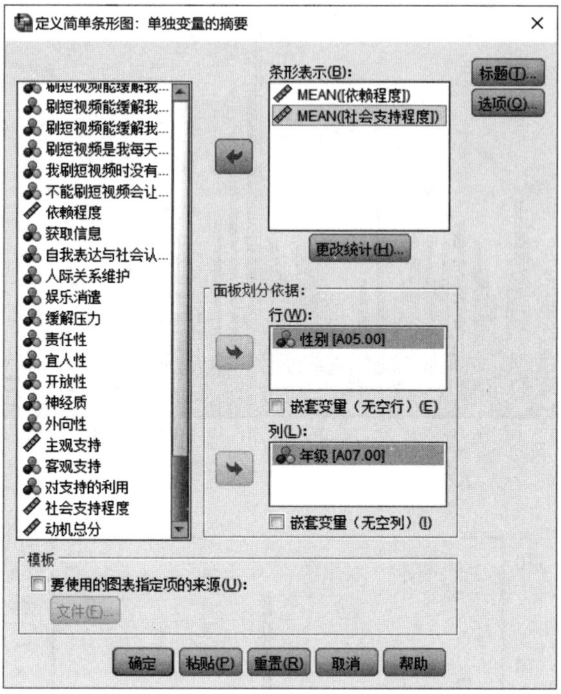

图 5-7 简单条形图：单独变量的摘要对话框

在“条形表示”栏移入需要用条形表示的变量特征，可以点击更改统计切换需要输出的函数特征，如平均值、标准差、百分比等。这里可以输入同一变量的相同或不同函数特征，也可以输入不同变量的相同或不同函数特征。如图 5-7 所示，移入“依赖程度”“社会支持程度”的平均值。

在“面板划分依据”栏，“行”“列”栏处移入分类依据变量。如图 5-7 所示，“行”移入“性别”，“列”移入“年级”，单击确定，得到输出结果如图 5-8 所示。

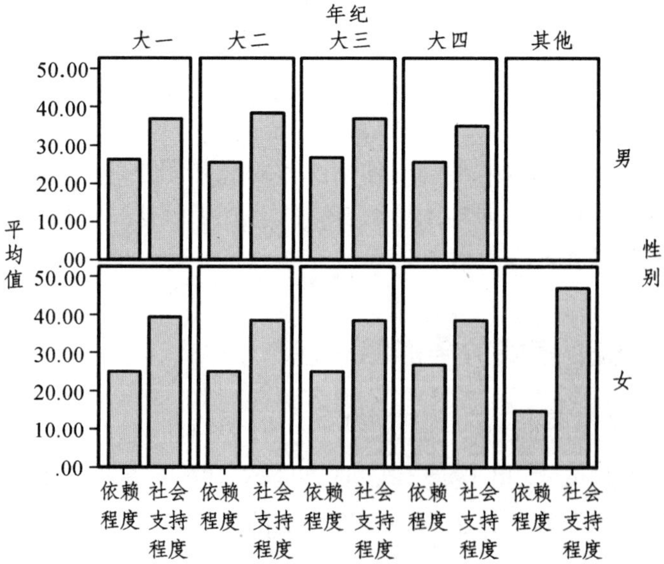

图 5-8 单独变量模式的简单条形图输出结果

四、单个个案值模式的条形图表现

依次单击菜单图形→旧对话框→条形图，在条形图对话框中选择“简单条形图”，数据模式选择“单个个案的值”，单击定义按钮，出现对话框。在实例中考察不同“性别”、不同“年级”在“依赖程度”上的分布特点，输入如图 5-9 所示。

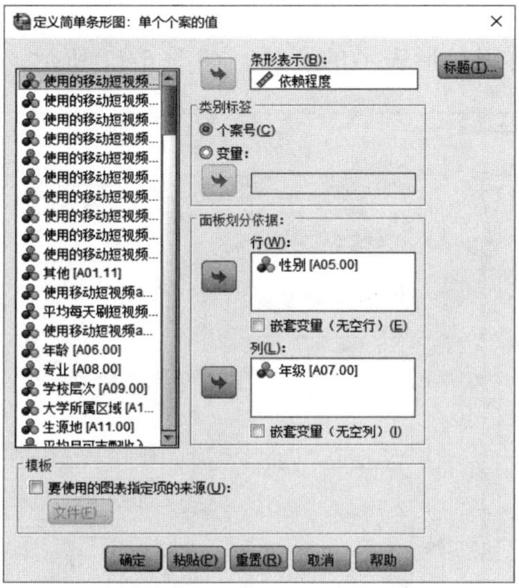

图 5-9　简单条形图：单个个案的值对话框

在“条形表示”栏移入需要用条形表示的变量特征，如图 5-9 所示，移入“依赖程度”。如需移入多个变量，需采用簇状条形图、堆积条形图图式。

在“类别标签”栏可以选用“个案号”或者某个“变量”值来对个案进行标注，这里选择“个案号”。需注意，个案过多或变量值分类过多的情况下，很难在输出图中进行辨别。

在“面板划分依据”栏，“行”“列”栏处移入分类依据变量。如图 5-9 所示，“行”移入“性别”，“列”移入“年级”，单击确定，得到输出结果如图 5-10 所示。

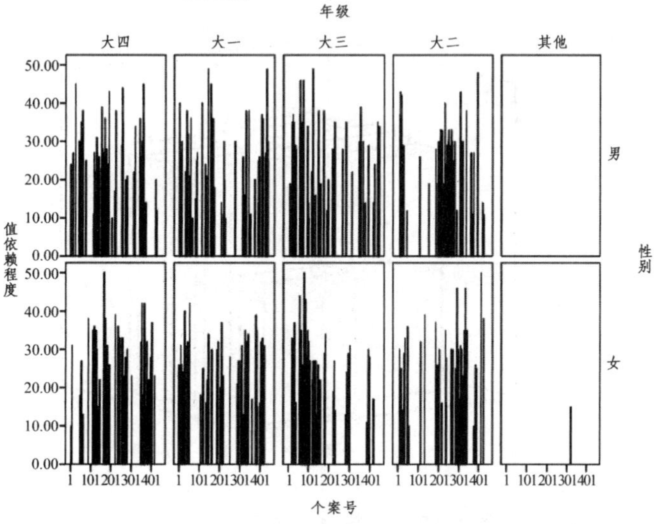

图 5-10　单个个案的值模式的简单条形图输出

五、三维条形图表现

依次单击菜单图形→旧对话框→三维条形图，在三维条形图对话框中“X 轴表示”选择“个案组”，“Z 轴表示”选择“个案组”，单击定义按钮，出现对话框。

在“条形表示”栏下拉菜单中切换需要输出的函数特征，如平均值、标准差、百分比等。如图 5-11 所示，选择“值的平均值”。

在“变量”中移入需要用条形表示的变量，如图 5-11 所示，移入“依赖程度”。

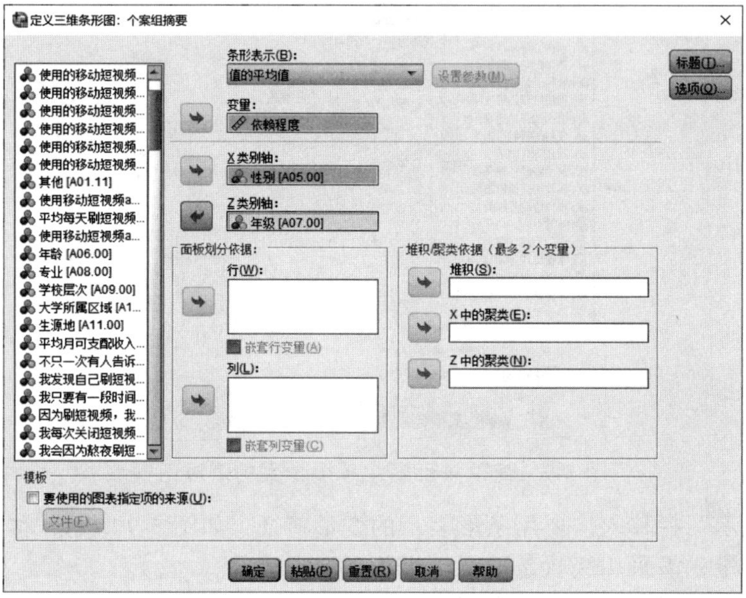

图 5-11 三维条形图：个案组摘要对话框

如图 5-11 所示，“X 类别轴”移入“性别”，“Z 类别轴”移入“年级”，单击确定，得到输出结果如图 5-12 所示。

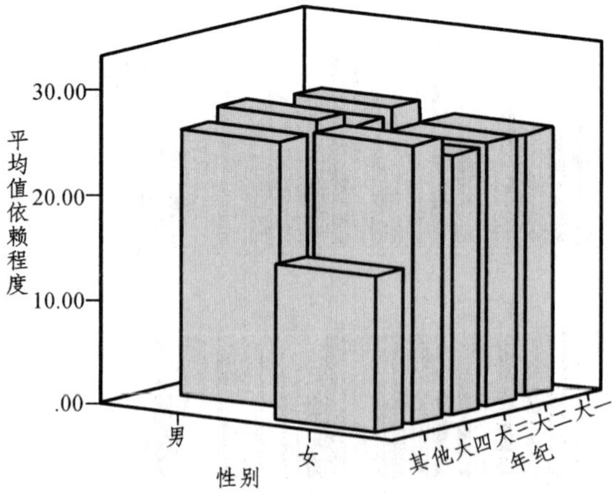

图 5-12 三维条形图输出结果

第二节　折线图、面积图和盘高-盘低图

一、折线图

折线图，又称曲线图，用来反映一个变量随着另一个变量变化的趋势或速度。作为一种统计图，主要是用线段的升降来说明现象变动情况。它主要用来展示现象在时间上的变化趋势、现象的分配情况和两个现象之间的依存关系等。SPSS 中的折线图图式有三种，数据描述模型如线图一样有三种，如图 5-13 所示。

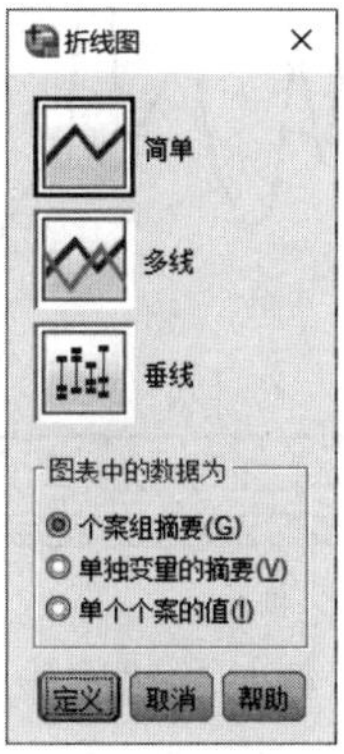

图 5-13　折线图对话框

（一）简单折线图

以下同样以问卷中变量“依赖程度”为例来进行操作说明。依次单击菜单图形→旧对话框→折线图，在对话框中（如图 5-13 所示）选择“简单”，数据描述模式意义已在上一节进行了介绍，此处仅以“个案组摘要”为例进行说明。点击定义按钮，弹出定义对话框，如图 5-14 所示。

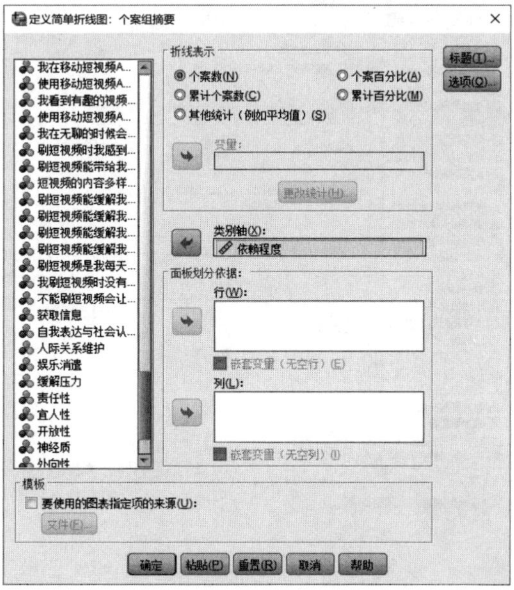

图 5-14　定义简单折线图：个案组摘要对话框

在对话框中，将“依赖程度”移入“类别轴”；可在“折线表示”栏改变折线的代表含义，如个案数、个案百分比、累计百分比等，亦可以点击更改统计，选择其他的函数表示方式；在“面板划分依据”栏可以增加“行”“列”变量，进一步细分，如本章第一节所述。点击确定，输出折线图结果，如图 5-15 所示。

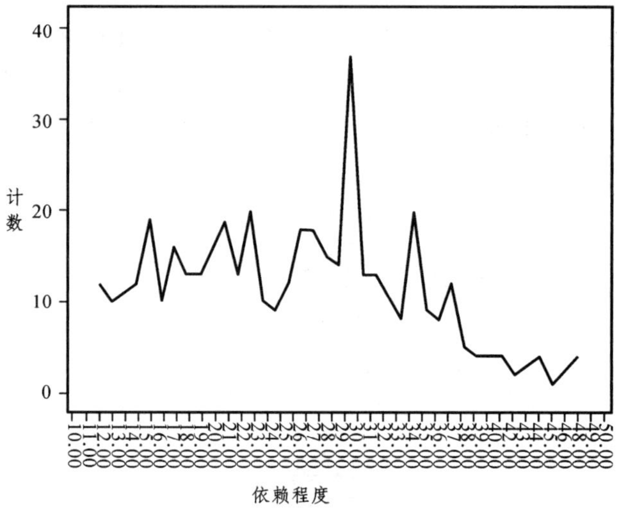

图 5-15 简单折线图输出结果

（二）多线折线图

以问卷中变量为例，用多线图来显示不同“性别”的“依赖程度”情况。依次单击菜单图形→旧对话框→折线图，在对话框中（如图 5-13 所示）选择“多线”，数据描述模式选择“个案组摘要”。点击定义按钮，弹出定义对话框，如图 5-16 所示。

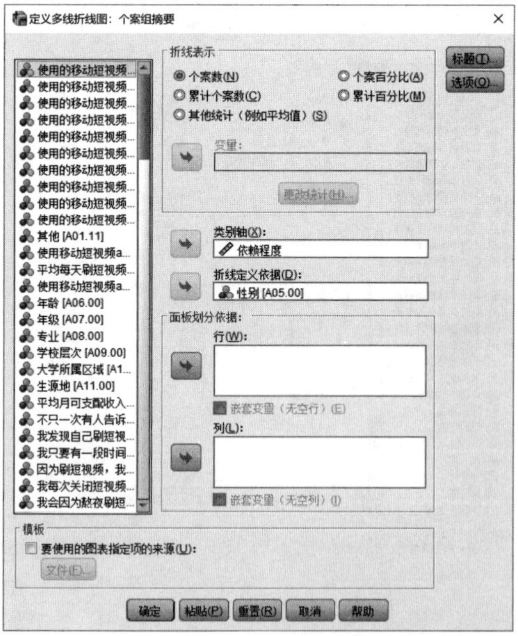

图 5-16 定义多线折线图：个案组摘要对话框

在对话框中，将“依赖程度”移入“类别轴”；“性别”移入“折线定义依据”，即按“性别”来划分多组折线。单击确定，输出折线图结果，如图 5-17 所示。

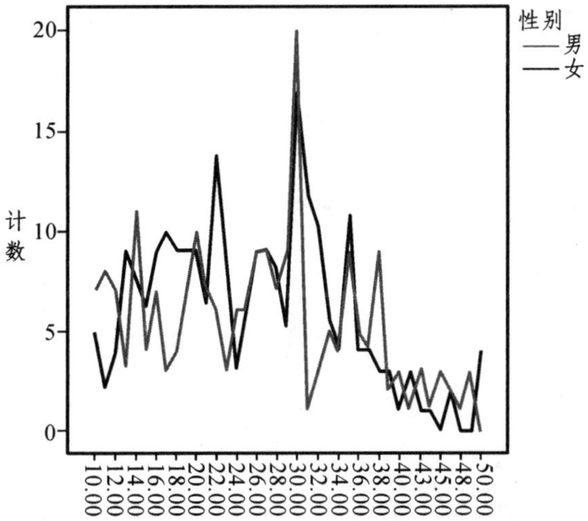

图 5-17　多线折线图输出结果

（三）垂线折线图

同样以问卷中变量为例，用垂线图来显示不同“性别”的“依赖程度”情况。依次单击菜单图形→旧对话框→折线图，在对话框中（如图 5-13 所示）选择“垂线”，数据描述模式选择“个案组摘要”。点击定义按钮，弹出定义对话框，对话框与多线对话框基本相同，命名略有区别。在对话框中，将“依赖程度”移入“类别轴”，将“性别”移入“点定义依据”，即按“性别”来划分垂线上的点，依靠点之间的距离来判断各类区别。单击确定，输出折线图结果，如图 5-18 所示。

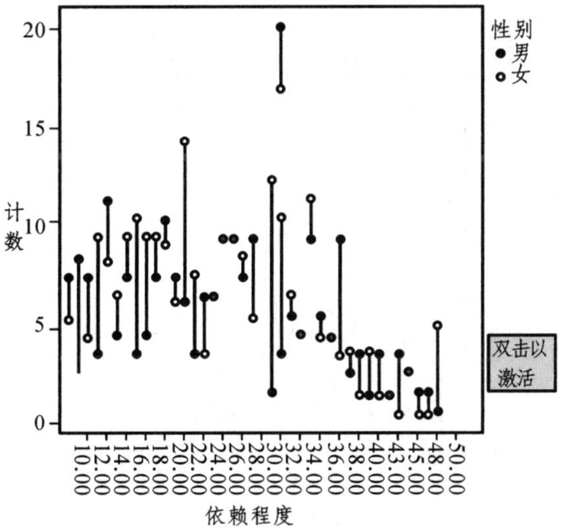

图 5-18　垂线折线图输出结果

二、面积图

面积图是用线段下的阴影面积强调现象变化的统计图。面积图主要有两种：简单面积图和堆积面积图。堆栈面积图可表示现象总体内部结构状况，因此也称为结构曲线图。

简单面积图和简单折线图的对话框与操作方法相似，同样以问卷中变量“依赖程度”为例，来进行操作说明。依次单击菜单图形→旧对话框→面积图，在对话框中选择“简单”，数据描述模式选择“个案组摘要”。点击定义按钮，弹出定义对话框，在对话框中，将“依赖程度”移入“类别轴”。单击确定，输出简单面积图结果，如图 5-19 所示。

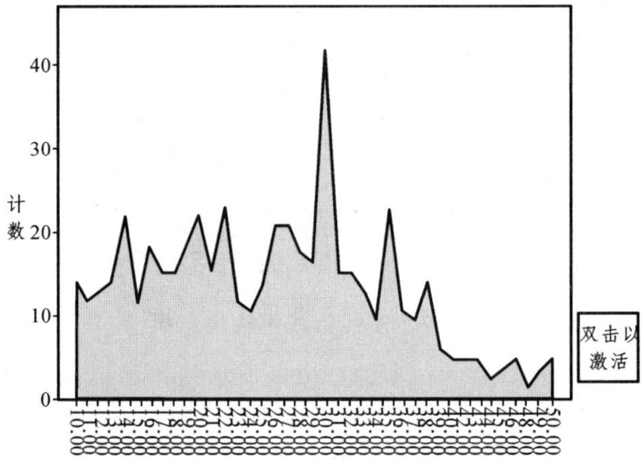

图 5-19　简单面积图输出结果

可以看出简单面积图中的折线与简单折线图相同，区别之处在于出现了折线下的阴影面积，用以表示每种“依赖程度”分值的覆盖面积。

堆积面积图则与多线折线图的对话框和操作方式类似。同样以问卷中变量为例，用堆积面积图来显示不同“性别”的“依赖程度”情况。依次单击菜单图形→旧对话框→面积图，在对话框中选择“堆积”，数据描述模式选择“个案组摘要”。点击定义按钮，弹出定义对话框。在对话框中，将“依赖程度”移入“类别轴”，“性别”移入“区域定义依据”，即按“性别”来划分区域面积。单击确定，输出面积图结果，如图 5-20 所示。

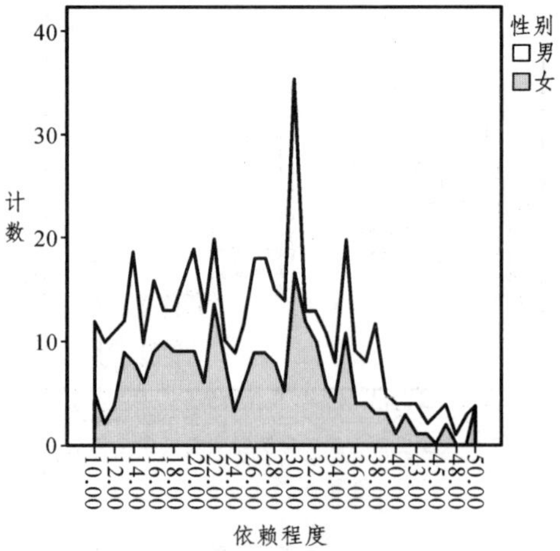

图 5-20　堆积面积图输出结果

三、盘高-盘低图

盘高-盘低图，也称为高低图，是一种说明某些现象在单位时间内变化情况的统计图。它适用于描述每小时、每天、每周内不断波动的市场信息资料。盘高-盘低图可以形象地向人们呈现出单位时间内某变量的最高值、最低值和最终值。它是专为观察股票、期货、外汇等市场波动趋势而设计的。它可以说明某些现象在短时间内的变化，也可以说明它们的长期变化趋势。

SPSS 共提供了 5 种类型的高低图（如图 5-21 所示），即简单盘高-盘低收盘图、简单范围条形图、簇状盘高-盘低收盘图、簇状范围条形图和差别面积图。

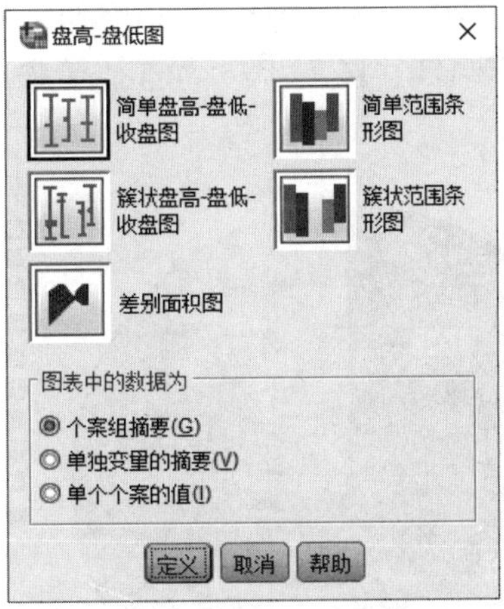

图 5-21 盘高-盘低图对话框

简单盘高-盘低收盘图用小方框表示某段时间内的收盘值，小方框上下的端点表示该段时间内的最大值和最小值；简单范围条形图利用简单条形图表示简单高低极差图中最大值和最小值之间的长度；簇状盘高-盘低收盘图利用不同的简单高低收盘图表示分类变量取不同值时对应的情况；簇状范围条形图用不同的简单高低极差图表示分类变量取不同值时对应的情况；差异面积图利用不同的曲线表示同一段时间内的两种不同情况，并且用阴影填充曲线之间的区域。简单盘高-盘低图如图 5-22 所示。相关操作类似于折线图和面积图，在此不再赘述。

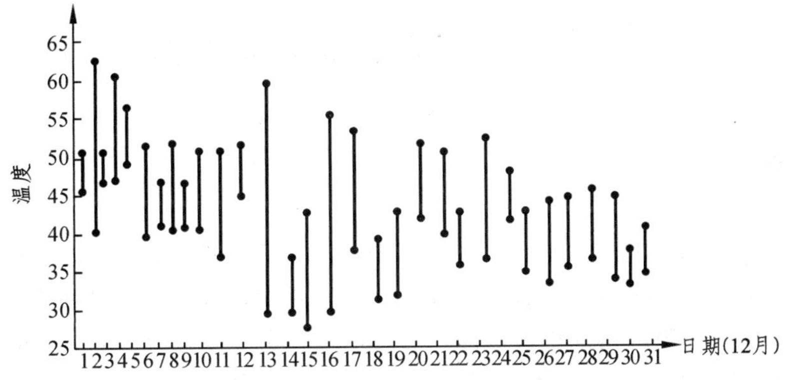

图 5-22 简单盘高-盘低图示例

第三节 饼 图

饼图（sector graph/pie graph）常用于统计学模块。饼图显示一个数据系列中各项的大小与各项总和的比例。饼图中的数据点显示为整个饼图的百分比。

饼图图式仅一种，数据描述模型为前述的三种：个案组摘要、单独变量的摘要、单个个案的值。

同样以问卷中变量为例，用饼图来显示问卷中样本的“专业”分布情况。依次单击菜单图形→旧对话框→饼图，在对话框中选择“个案组摘要”。点击定义按钮，弹出定义对话框。在对话框中，将“专业”移入“分区定义依据”。单击确定，输出饼图结果，如图 5-23 所示。饼图的数字显示（可显示个案数或百分比）、图形显示（字体、颜色、形态等）均可双击图形后进行调整。

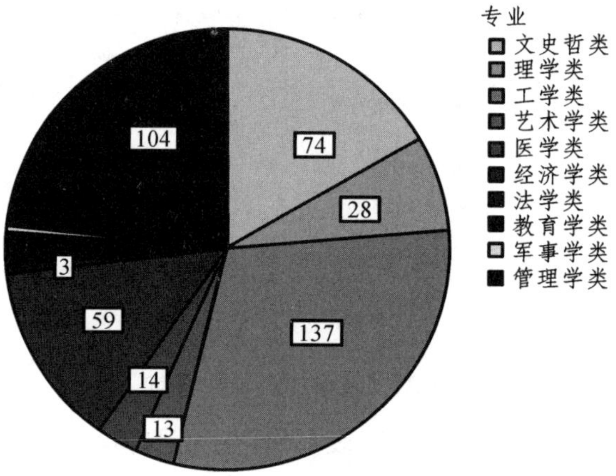

图 5-23 个案组摘要的饼图输出结果

“单独变量的摘要”是将多个变量在一个饼图中进行比较；“单个个案的值”则将变量中每个个案在饼图中呈现出来。以上两种图在传播学里涉及较少，在此不再赘述。

第四节 箱图和误差条形图

一、箱图

箱线图（boxplot），又被称为盒须图、多功能组合图或箱线图，是另一种用作显示数据分散情况资料的统计图，因形状如箱子而得名。它在各种领域也经常被使用，常见于品质管理。其主要用于反映原始数据分布的特征，还可以进行多组数据分布特征的比较。箱线图是美国著名应用统计学家约翰·图根据 1977 年发明的。箱线图中，最上方和最下方的线段分别表示数据的最大值和最小值，其中箱图的上方和下方的线段分别表示第三四分位数和第一四分位数。箱线图顶部和顶部的星号和小圆圈分别是什么，表示样本数据库数据中的极值。在箱线图中，四分位值的直线距离（图中小方框的上下界）大多超过水平四分位距离的 1.5 倍，通常定义为十点值，小方块的距离 box 与上限/下限的直线距离超过水平四分位数距离的 1.5 倍为异常值，图中用“O”表示；3 次以上为极值，用“*”表示。散点对面默认标注了对应的案例编号，方便日后查询。其主要特点如图 5-24 所示。

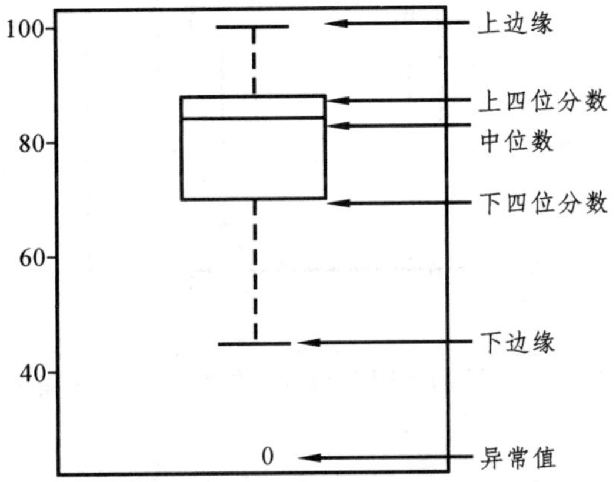

图 5-24　箱图结构示意图

第四章“探索分析”部分已涉及过箱图的部分内容。箱图图式分为两种：简单和簇状。先以问卷中不同“性别”的“责任性”分布情况来介绍简单箱图的操作。依次单击菜单图形→旧对话框→箱图，在对话框中选择“简单”“个案组摘要”。点击定义按钮，弹出定义对话框。在对话框中，将“责任性”移入“变量”，“性别”移入“类别轴”。单击确定，输出简单箱图结果，如图 5-25 所示。

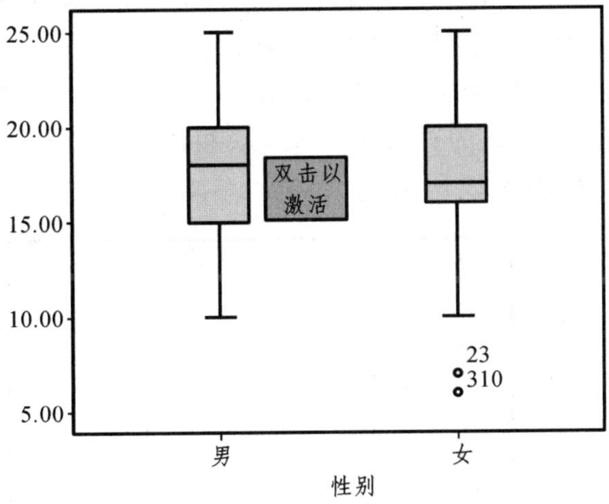

图 5-25　不同性别责任性分布的简单箱图输出结果

从图 5-25 可以看出，男、女的“责任性”分布范围大致相同。但女性责任性中位数低于男性，下四分位数高于男性，且出现两个个案号为“23”和“310”的离群异常值。

对于“簇状箱图”，在上例中增加“年级”变量。打开“簇状箱图”定义对话框后，将“责任性”移入“变量”，“性别”移入“类别轴”，“年级”移入“聚类定义依据”，单击确定，输出簇状箱图结果，如图 5-26 所示。

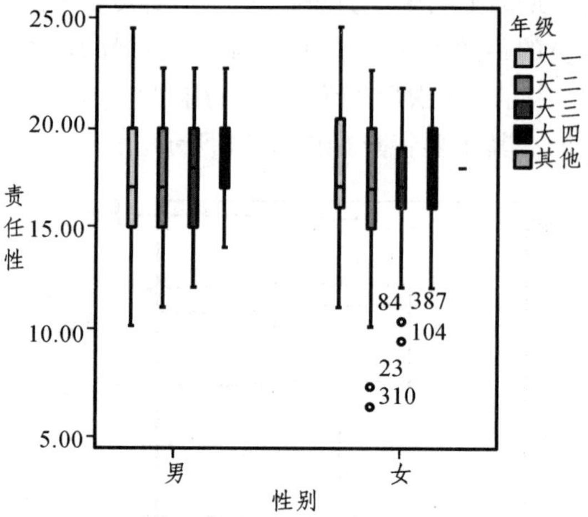

图 5-26　不同性别不同年级的责任性簇状箱图输出结果

二、误差条形图

误差条形图是一种描述数据库数据相对离散性的基本统计图表，可用于从视觉的角度观察样本的分散程度，误差条形图表达均值、标准差或标准的置信区间。误差条形图适用于展示自变量不同分类下，连续或有序分类变量的差异。自变量可以是二分类、有序多分类或无序多分类。误差条形图通常用于展示独立样本 t 检验和最后的单向方差分析。

误差条形图图式分为两种：简单和簇状。同样以问卷中不同“性别”的“责任性”分布情况来介绍简单误差条形图的操作。依次单击菜单图形→旧对话框→误差条形图，在对话框中选择“简单”“个案组摘要”。点击定义按钮，弹出定义对话框。在对话框中，将“责任性”移入“变量”，“性别”移入“类别轴”。“条形表示”可以选择“平均值的置信区间”“平均值的标准误差”或“标准差”，默认的置信度是 95%，可以根据需求进行调整。单击确定，输出简单误差条形图结果，如图 5-27 所示。

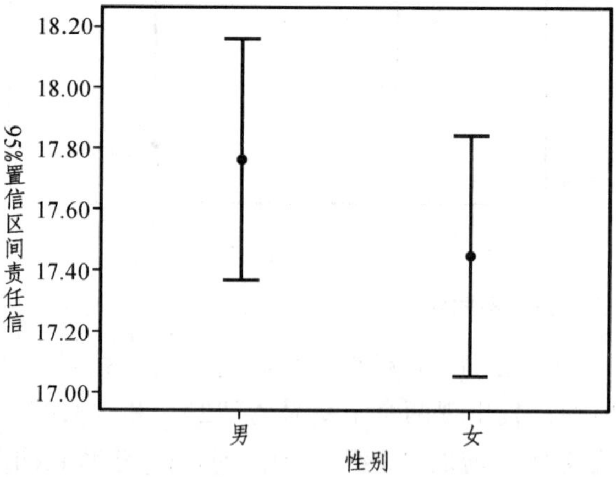

图 5-27　不同性别责任性分布的简单误差条形图输出结果

在误差条形图中，小圆圈表示平均值，原始图形的两端为置信区间、标准差或者标准误差，本例中选择的是平均值的置信区间。如图 5-27 所示，可以看出男性“责任性”的平均值及其置信区间都比女性高。

对于簇状误差条形图，其操作与簇状箱图类似。打开定义对话框后，将“责任性”移入“变量”，“性别”移入“类别轴”，“年级”移入“聚类定义依据”，“条形表示”选择“平均值的置信区间”，单击确定，输出簇状误差条形图结果，如图 5-28 所示。

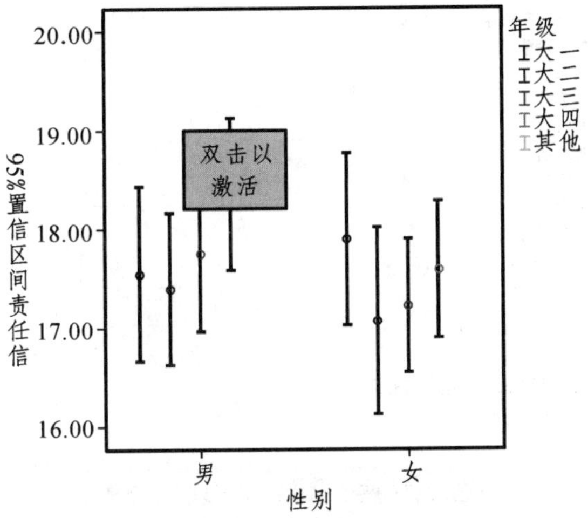

图 5-28 不同性别不同年级的责任性簇状误差条形图输出结果

第五节 散点图/点图

散点图也称作点图，顾名思义就是由一些杂乱无章的点组成的图表。散点图是由其 X 值和 Y 值确定的，通过采用两组数据逐步形成多个坐标点，借助检查坐标位置点的分布，判断两函数的参数是否存在某种关联或总结坐标点的分布模式，所以也叫作 XY 散点图。散点图将序列显示为一组点。值由点在图表中的位置表示。类别由图表中的不同标记表示。散点图通常用于比较跨类别的聚合数据。据此可以选择合适的函数对数据点进行拟合。

SPSS 中的散点图可以分为五种主要类型——简单散点图、矩阵散点图、简单点图、重叠散点图、三维散点图。下面通过实例依次介绍其操作及特点。研究者要判断问卷中个人的“责任性”是否会对短视频“依赖程度”造成影响。

具体步骤：依次单击菜单图形→旧对话框→散点图/点图，在对话框中选择“简单散点图”。点击定义按钮，弹出定义对话框，如图 5-29 所示。

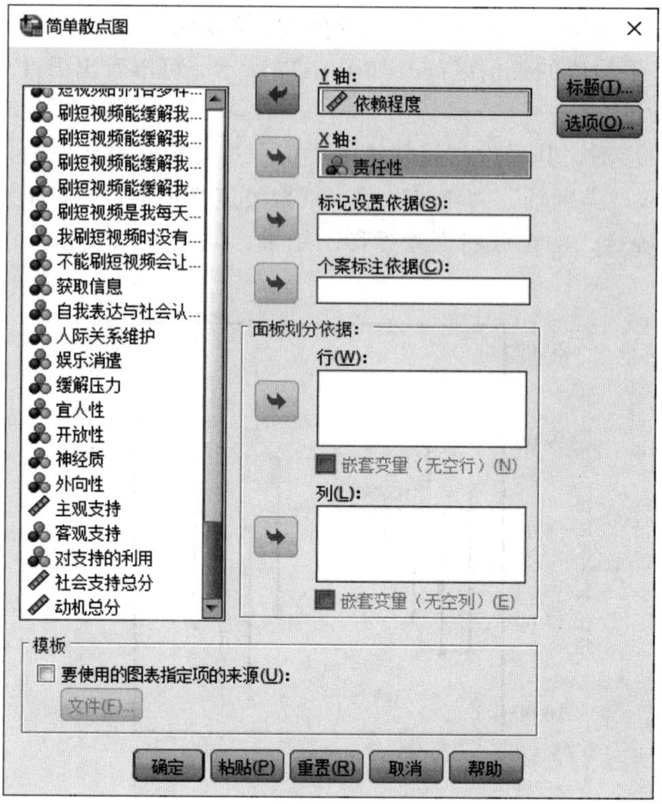

图 5-29　简单散点图对话框

在对话框中，将“责任性”移入“X 轴”，“依赖程度”移入“Y 轴”。单击确定，输出简单散点形图结果，如图 5-30 所示。

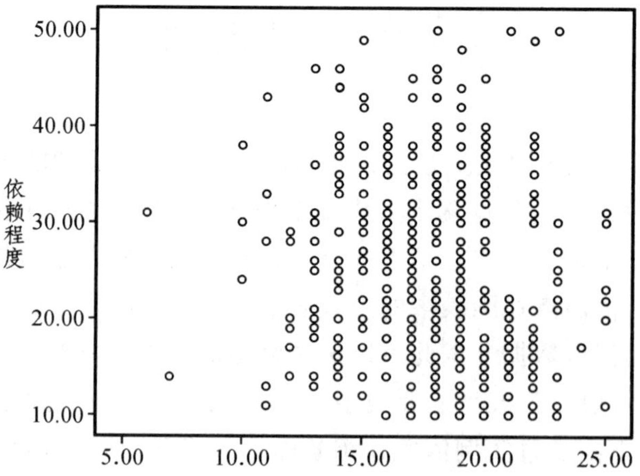

图 5-30 “责任性”和“依赖程度”的简单散点图输出结果

在图 5-30 中，“责任性”和“依赖程度”的散点分布无法看出任何规律，研究者可初步判断这两者之间并无关系。

矩阵散点图是在矩阵中显示多个相关变量的散点图，其输出效果如图 5-31 所示。

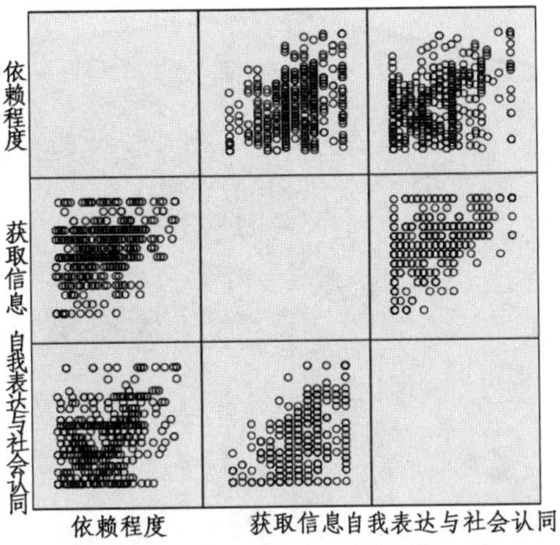

图 5-31 矩阵散点图输出效果

简单点图将每个点代表一个观测量，在图形中显示数值变量中各观测量在 X 轴上分布的图形，其输出效果如图 5-32 所示。

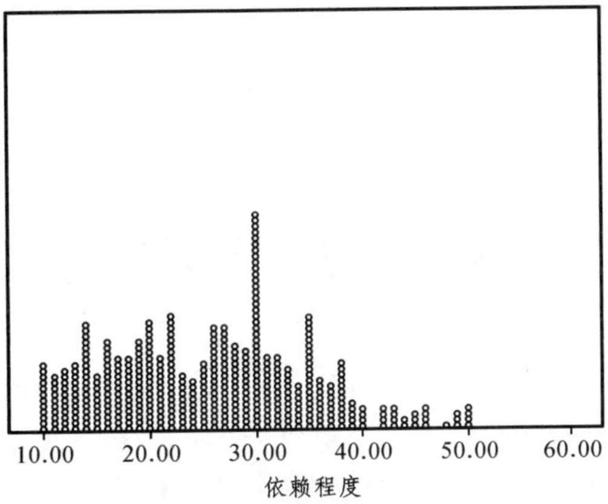

图 5-32 简单点图输出效果

重叠散点图可显示多对相关变量的散点图，其输出效果如图 5-33 所示。

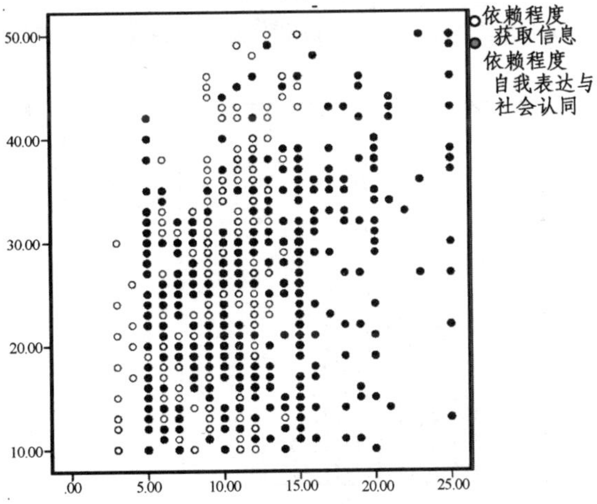

图 5-33 重叠散点图输出效果

三维散点图显示三个变量之间的散点图，其输出效果如图 5-34 所示。

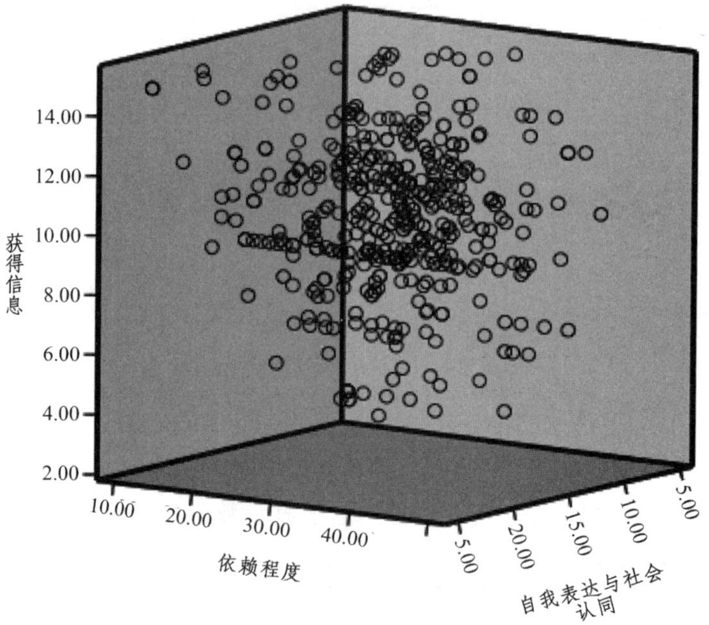

图 5-34 三维散点图输出效果

第六节 直方图

直方图又被称作质量分布图，是一种统计报告图，由一系列高度不尽相同的纵向条纹或线段表示数据分布的情况。一般用横轴表示数据类型，纵轴表示分布情况。

直方图的操作方式很简单，在频率统计中也有相关图形的输出选项。下面通过实例介绍其操作及特点。研究者要显示问卷中个人“依赖程度”的分布情况。

具体步骤：依次单击菜单图形→旧对话框→直方图，弹出定义对话框，在对话框中，将“依赖程度”移入“变量”，勾选“显示正态曲线”。单击确定，输出直方图结果，如图 5-35 所示。

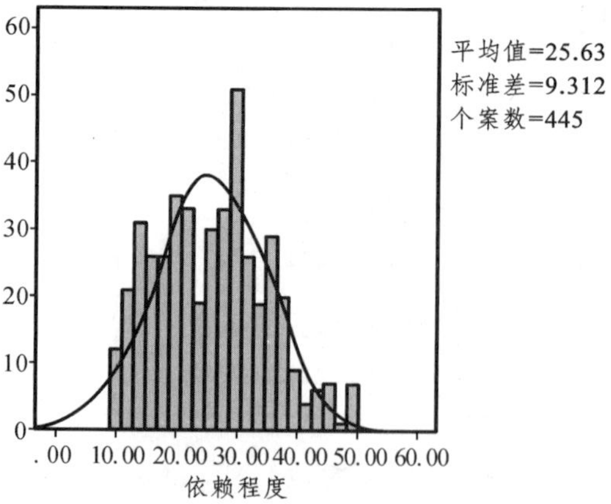

图 5-35 直方图输出结果

● 课后思考及练习题（需参阅相关文献完成）

1. 对上次课后形成的数据文件“中外经济数据.SAV”分别作出条形图、折线图、饼图、箱图、误差条形图、直方图，并根据图形结果对中外经济发展进行分析。

2. 对上次课后形成的数据文件“中国互联网络发展.SAV”分别作出条形图、折线图、饼图、箱图、误差条形图、直方图，并根据图形结果对中国互联网络发展进行分析。

第六章

分布类型的检验

在进行假设检验之前，研究者需要事先考察相应检验方法的适用条件，如数据抽样的随机性、数据指标分布是否服从正态分布等。因此在假设检验前，通常要对数据的分布类型进行检验。分布类型的检验方法通常为小概率反证法。其原理就是：小概率事件的发生概率是极低的。如果在一次抽样研究中真的发生了小概率事件，那么这显然违反了小概率原理，因此就可以按照反证法的思路推翻之前所给出的假设，认为它们实际上是不成立的。其标准步骤是先建立假设，确立检验水准，进行试验，选定检验方法，确定P值，给出推断结论。下面通过具体检验方法的操作来介绍这样的步骤。

第一节　正态分布检验

使用观测数据以判断总体是否服从正态分布的检验称为正态性检验，它是统计判决中重要的一种特殊的拟合优度假设检验。

正态性检验假设为：

H_0（零假设）：总体服从于正态分布；

H_1：总体不服从正态分布。

正态分布的检验方法通常有以下几种有：通过计算偏度系数和峰度系数加以考察；通过绘制直方图、P-P图等图形工具来考察；也可以进行各种假设检验。最常用的就是K-S单样本检验。K-S检验是通过对两个分布之间的差异的分析，判断样本的观察结果是否来自制定分布的总体。计算P值的公式比较复杂，可不必深入进行研究。分析者可以直接使用K-S检验对样本数据进行正态分布的检验，但值得推荐的第一步是对样本数据进行图形描述，图形可以给分析者一个直观的印象：该数据可能服从什么样的分布类型。

以问卷中“依赖程度”的正态分布检验来介绍相关操作。具体步骤：依次单击菜单SPSS中依次单击菜单分析→非参数检验→单样本，弹出对话框如图6-1所示。

在图6-1所示对话框中，在“目标”区，单击运行，SPSS会输出文件中所有能执行检验的变量的正态检验结果，系统默认为K-S检验方法。点击“字段”，在该区域，在“检测字段”栏仅输入“依赖程度”一个变量，单击运行，得到运行结果，如图6-2所示。结果显示，拒绝零假设，即“依赖程度”的分布并不是正态分布。

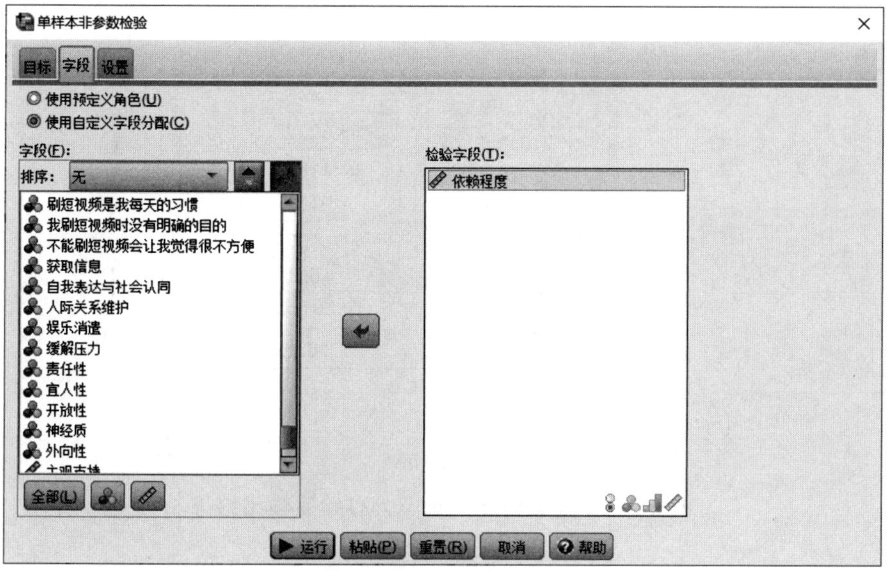

图 6-1 单样本非参数检验对话框

假设检验汇总

	零假设	检验	显著性	决策者
1	依赖程度 的分布为正态分布，平均值为 25.63，标准偏差为 9.312。	单样本 Kolmogorov-Smirnov 检验	.000[1]	拒绝零假设。

显示渐进显著性。 显著性水平为 .05。

[1] 已校正 Lilliefors

图 6-2 “依赖程度”假设检验汇总输出图

需要注意的是，从实用性角度来说，K-S 检验远不如图形工具，这是因为在样本量少的时候 K-S 检验不够敏感，而样本量大时又总是过于敏感。本例就属于敏感过头的情况，实际上在第四章第二节对“依赖程度”绘制直方图（显示正态曲线）和绘制 P-P 图时就可以发现，该数据实际上是基本符合正态分布趋势的，进行后续数据分析时遵循正态分布的分析思路应当不会有任何问题。

另外，SPSS 中依次单击菜单分析→非参数检验→旧对话框→单样本 K-S，同样也可以进行相同检验。将“依赖程度”移入“检验变量列表”，“检验分布”勾选“正态”，单击确定，得到输出结果如图 6-3 所示。在该图中，重点观察“渐近显著性（双尾）”栏，该项<0.05 则认为拒绝零假设，即“依赖程度”不符合正态分布。

单样本柯尔莫戈洛夫-斯米诺夫检验

		依赖程度
个案数		445
正态参数[a,b]	平均值	25.6292
	标准差	9.31165
最极端差值	绝对	.108
	正	.108
	负	-.051
检验统计		.108
渐近显著性（双尾）		.000[c]

a. 检验分布为正态分布。

b. 根据数据计算。

c. 里利氏显著性修正。

图 6-3 “依赖程度”正态分布检验输出结果

第二节 二项分布检验

二项分布是对二分类变量的拟合优度检验，用于考察每个类别中观察值的频数与特定二项分布下的预期频数间是否存在统计学差异。其检验原理实际上和 K-S 检验的原理相同，只是这里使用的是二分变量，是一个离散分布的检验情况。

非参数检验以问卷中“性别”的二项分布检验来介绍相关操作。具体步骤：依次单击菜单分析→非参数检验，在弹出的对话框中“字段”区选择“性别”，单击“设置”，点选“定制检验”，再勾选“比较实测二元概率和假设二元概率（二项检验）”如图 6-4 所示。

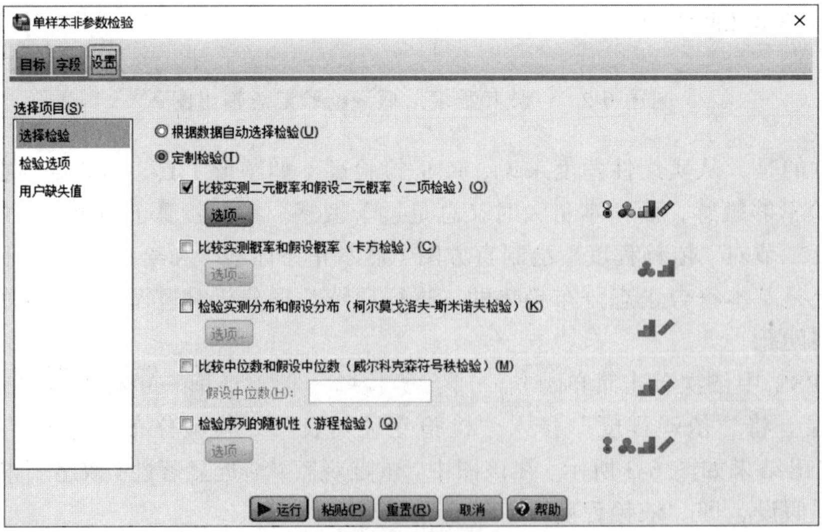

图 6-4 单样本非参数检验的设置对话框

在图 6-4 中，单击运行，得到输出结果如图 6-5 所示。

假设检验汇总

	零假设	检验	显著性	决策者
1	性别 = 男 和 女 所定义的类别的发生概率为 0.5 和 0.5。	单样本 Binomial 检验	.343	保留零假设。

显示渐进显著性。 显著性水平为 .05。

图 6-5 二项检验的输出结果

在图 6-5 中显示，显著性>0.05，保留原假设，即性别中男女的发生概率相同，均为 50%。

第三节 游程检验

游程检验又称为“连贯检验”，是根据样本标志表现排列所形成的游程的多少进行判断的检验方法。游程检验是利用游程的总个数来判断样本随机性的统计检验方法。游程是指总体样本观测值改变的次数，也可以理解为样本序列中连续不变的序列的数目。游程检验的思想：对于一个样本数据来说，游程太多或太少的样本数据绝对不是随机序列。游程检验就是一种利用游程的总数 R 来判断样本随机性的统计检验方法。

SPSS 提供了基于游程个数的检验方法，游程检验只能检验二分变量，对于连续性变量，游程检验过程首先要将变量值进行分类，然后进行检验。

以问卷中“年级”的游程分布检验来介绍相关操作，先将年级重新编码，将一、二年级设置为低年级，赋值为 1；三、四年级设置为高年级，赋值为 2。具体步骤：依次单击菜单分析→非参数检验，在弹出的对话框中“字段”区选择“年级”，单击“设置”，点选“定制检验”，再勾选“检验序列的随机性（游程检验）”。单击运行，得到输出结果如图 6-6 所示。

假设检验汇总

	零假设	检验	显著性	决策者
1	年级新 = (高年级) 和 (低年级) 所定义的值序列为随机序列。	单样本运行检验	.000	拒绝零假设。

显示渐进显著性。 显著性水平为 .05。

图 6-6 游程检验的输出结果

从图 6-6 可以看出，高低年级的分布并不符合随机分布。

● 课后思考及练习题（需参阅相关文献完成）

1. 思考分布类型检验对于传播学数据科学分析的意义。

2. 打开书中所附文件“移动短视频调查问卷.SAV”，选择变量进行正态分布检验、二项分布检验和游程检验。

第七章

量表的信效度检验

在传播学及社会学研究中常需要了解研究对象的意见、态度、看法等，对于这些无法精确测量的状态，通过对于这些状态的某些表征的测量或者通过研究对象的自我主观感受来间接测评，量表就是这种测量中常用的工具。量表是由若干个问题或自我评分指标组成的标准化的测定表格，通常是由多项指标组成的，这些指标可以通过测量研究对象的某些特征而获得定量数据，这些指标可能涉及总目标的不同方面，因此可将这些指标分成若干领域，因此量表的测评结果具有多维性。

例如：研究中需要测量大学生利用短视频 App 进行“自我表达与社会认同”的使用动机情况，该测量由五个自我评分指标构成，分别是：“我用移动短视频 App 记录我的生活，表达我的观点和感受”“我在移动短视频 App 转发有趣、有用的视频”“我在移动短视频 App 参与热门视频的拍摄发布”“我在移动短视频 App 与其他志同道合的用户交流、互动”“我在移动短视频 App 获得了更多的认同和共鸣”。自我评分采用李克特五级量表法，1 = 非常不符合，2 = 符合，3 = 不确定，4 = 符合，5 = 非常符合。

那么，上述测量得到的结果是否具有较高的准确性和可靠性？是否有适用性？从理论的观点来看，要想保证得到信息的质量，在量表使用前研究者要对量表的信度和效度进行评价，用以确定该量表可以稳定且有效地获得研究者想要的内容。

第一节　信度检验

信度主要用来评价测量工具的精确性、稳定性和一致性，表示反复测量的接近程度。信度检验信度（Reliability）即可靠性，主要是指采用同一方法对同一对象进行调查时，问卷显示的调查结果的稳定性和一致性，即测量工具（问卷或量表）能否稳定地测量所测的事物或变量。信度指标多以相关系数表示，常用的信度分析方法有重测信度、分半信度和克隆巴赫 α系数。克隆巴赫 α系数最为常用。

以问卷中“自我表达与社会认同”的使用动机量表来介绍相关操作。具体步骤：依次单击菜单中分析→标度→可靠性分析，弹出对话框如图 7-1 所示。

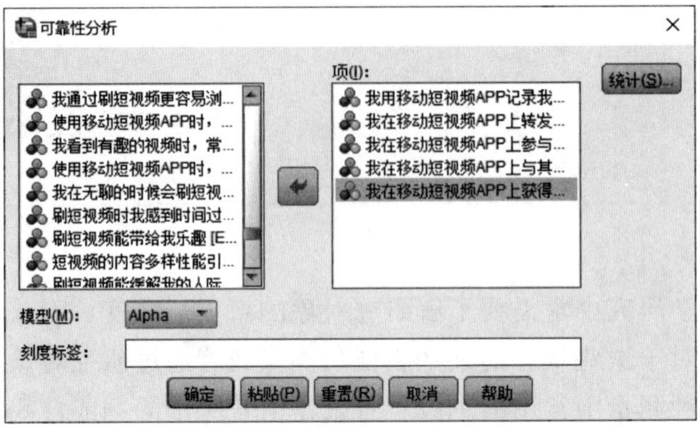

图 7-1 可靠性分析对话框

在对话框中，将“自我表达与社会认同”的 5 个题项移入“项”，单击确定，输出检验结果，如图 7-2 所示。

可靠性统计

克隆巴赫 Alpha	项数
.902	5

图 7-2 可靠性分析输出结果

大多数学者认为：倘若任何测验或量表的信度系数超过了 0.9，则该测验或量表的信度较高；信度系数在 0.8 以上都是能够被接受的；而如果在 0.7 以上，则该量表应进行较大程度的修订，但仍不失其价值；如果低于 0.7，量表就需要被重新设计了。在心理学中通常可以用已有的同类测验作为比较的标准。一般能力与成就测验的信度系数常在 0.90 以上，性格、兴趣、态度等人格测验的信度系数通常在 0.80~0.85 之间。在图 7-2 中，克隆巴赫α系数值为 0.902，则认为该量表信度非常好。

如果 SPSS 测出信度在 0.7 ~ 0.9 之间，可以进行简单的修正以提高信度。在图 7-1 所示对话框中，单击统计按钮，弹出对话框如图 7-3 所示。

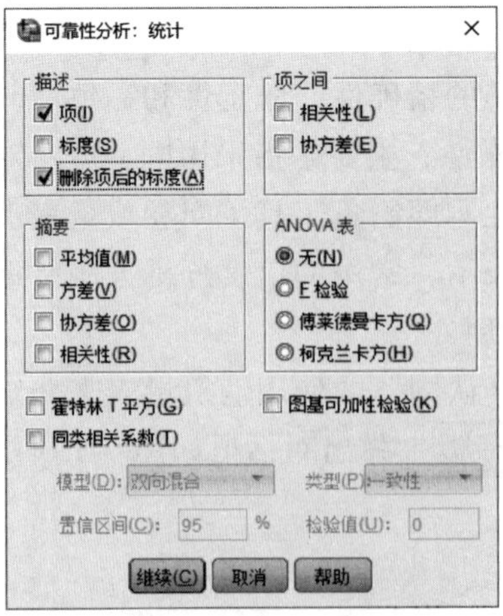

图 7-3 可靠性分析：统计对话框

在该对话框中，在“描述”栏，勾选“项”及“删除项后的标度”。这两个选项可以显示每一项的情况以及删除后对总体信度的影响，以帮助研究者决定修改哪些题项。单击继续，确定后，输出结果，如图 7-4 所示。

项总计统计

	删除项后的标度平均值	删除项后的标度方差	修正后的项与总计相关性	删除项后的克隆巴赫 Alpha
我用移动短视频APP记录我的生活，表达我的观点和感受	9.88	18.402	.747	.882
我在移动短视频APP上转发有趣、有用的视频	9.74	18.120	.721	.888
我在移动短视频APP上参与热门视频的拍摄和发布	10.16	18.097	.796	.871
我在移动短视频APP上与其他志同道合的用户交流、互动	9.98	18.290	.772	.876
我在移动短视频APP上获得了更多的认同和共鸣	9.83	18.795	.742	.883

图 7-4　删除项后的克隆巴赫α系数输出结果

在图 7-4 中的最后一列显示每一个题项被删除后的克隆巴赫α系数值，可以看出任何一个题项的删除都会带来克隆巴赫α系数值的降低，因而不用对任何题项进行修改。

第二节　效度检验

效度及评价方法效度是测量结果是否有效，即测量工具或工具能精确地测量出待测事物的范围，也可以说实测结果和待测查事物之间是否相符或相符。效度系数指对一定测量结果、有效性程度进行描述的数量指标。常用相关系数表示。效度是与测量目的相对的概念。主观心理测量不能做到百分百精确。

量表的效度检验通常采用结构效度，结构效度也称建构效度或建构效度，指对测量结果所反映的一定结构对测值的相应度。SPSS 进行结构效度分析时，使用的方法为因子分析。其主要作用是从量表变量（题项）中抽取某些公因子，每个公因子都与某组具体变量有较高的相关性，它们即代表量表的基本结构。运用因子分析可检验量表能否测出研究者在量表设计中所假定的某一个结构，同时也可检验该量表结构归类的合理性

同样以“自我表达与社会认同”量表的效度检验为例。具体步骤：依次单击菜单中分析→降维→因子，弹出对话框如图 7-5 所示。

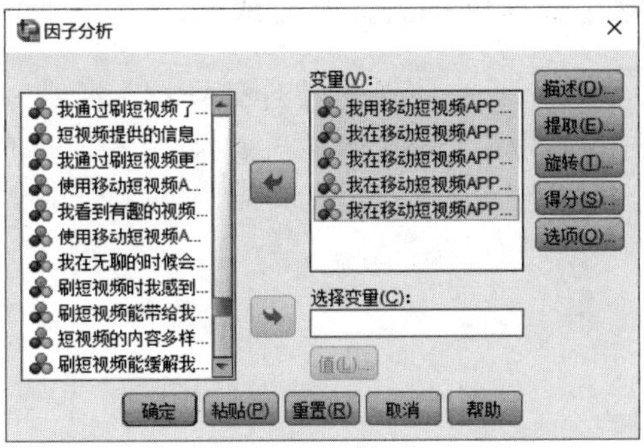

图 7-5　因子分析的对话框

按图 7-5 所示，将“自我表达与社会认同”量表的五个题项移入变量，单击描述按钮，弹出对话框如图 7-6 所示。

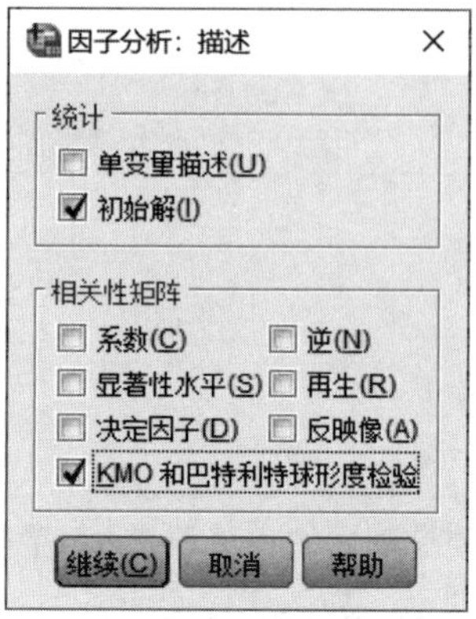

图 7-6 因子分析：描述对话框

在这个对话框里，勾选一个“KMO 及巴特利特的球形度测试”。因子分析检验要求题项间有很强的相关性，表现为 KMO 值和巴特利特球形检验值 2 项检验指标。其中，KMO 值用于比较题项间简单相关和偏相关系数，取值在 0 到 1 之间，其标准为：大于 0.9，非常适合；0.7~0.9 是合适的；0.6~0.7 比较合适；0.5~0.6 比较合适；0.5 下面舍弃。巴特利特球形检验值是用来检验题项之间相关系数的显著性，若显著（即 sig.<0.05）则宜进行因子分析。点击继续进行、确定按钮，如图 7-7 中的结果。

KMO 和巴特利特检验

KMO 取样适切性量数。		.863
巴特利特球形度检验	近似卡方	1,354.536
	自由度	10
	显著性	.000

图 7-7 KMO 和巴特利特球形度检验输出结果

在输出结果中，KMO = 0.863，巴特利特球形检验显著性小于 0.05，说明该量表结构效度较好，适合进行因子分析。

● **课后思考及练习题（需参阅相关文献完成）**

1. 思考信效度检验对于传播学数据分析的重要性和必要性。

2. 打开书中所附文件“移动短视频调查问卷.SAV”，选择变量进行信度检验和效度检验。

第八章

变量的统计推断检验方法

第一节 名义变量的统计推断——列联表与卡方检验

卡方检验是用途十分广泛的一种假设检验方法，它属于非参数检验的范畴，主要是比较两个及两个以上样本率（构成比）以及两个名义变量的关联性分析。卡方检验就是用于统计样本的实际观测值与理论推断值之间的偏离程度，实际观测值与理论推断值之间的偏离程度决定卡方值的大小，如果卡方值越大，二者之间的偏差程度就越大；反之，二者之间的偏差就越小；若两个值完全相等，卡方值就为 0，表明理论值完全符合。

对于名义变量这类数据总体，应该用非参数检验对它们进行分析，而列联表分析就非参数检验中的一种。列联表是指一个频率（频数）对应两个变量的表，其中一个变量主要用于对行进行分类，而另一个变量用于对列进行分类。在实际分析当中，除了需要对单个变量的数据分布情况进行分析外，还需要掌握多个变量在不同取值情况下的数据分布情况，从而进一步深入分析变量之间的相互影响和关系，这种分析被称为列联表分析。列联表分析经常用来分析问卷调查的数据，可以较好地反映出两个因素之间有无关联性和两个因素与现象之间的相关关系。

本节分析问卷中“平均每天刷短视频的时间”的“性别”分布为例，学习在 SPSS 中如何实现名义变量的列联表分析。

具体步骤：单击分析菜单，选择描述统计，此时右侧弹出子菜单，从中选择交叉表，则弹出交叉表对话框，如图 8-1 所示。在对话框的行变量中选择“平均每天刷短视频的时间”的名义变量，列变量中选择“性别变量”。下方的“层”框则用于选入层变量，SPSS 中允许进行多达 10 层的嵌套，同时行、列、层变量也可以同时选择多个名义变量。左下角可以指定“显示簇状条形图”来呈现数据，当列联表太大时，也可以“排除表”输出。

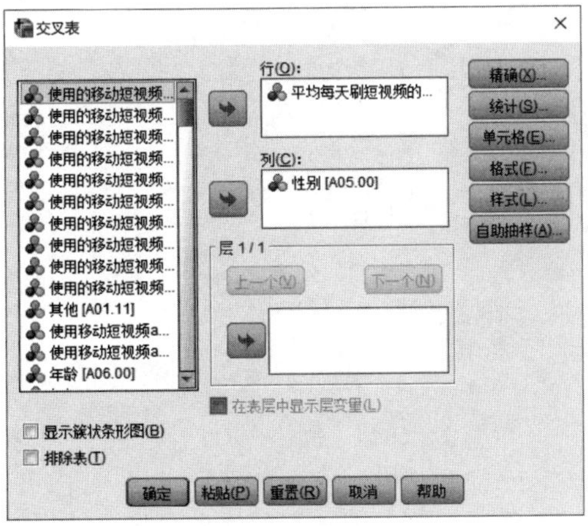

图 8-1 列联表（交叉表）

继续点击确定按钮，在输出对话框出现“平均每天刷短视频的时间 * 性别交叉表”分析结果如图 8-2 所示。

交叉表

个案处理摘要

	个案					
	有效		缺失		总计	
	N	百分比	N	百分比	N	百分比
平均每天刷短视频的时间 * 性别	445	100.0%	0	0.0%	445	100.0%

平均每天刷短视频的时间 * 性别 交叉表

计数

		性别		
		男	女	总计
平均每天刷短视频的时间	30分钟及以下	52	48	100
	31-60分钟	63	86	149
	61-90分钟	50	44	94
	91-120分钟	19	19	38
	大于2小时，小于等于3小时	20	22	42
	大于3小时，小于等于4小时	6	7	13
	4小时以上	2	7	9
总计		212	233	445

图 8-2 列联表（交叉表）输出结果图

根据收集的样本数据，产生二维或多维交叉列联表。列联表是两个或两个以上的变量交叉分组后形成的频数分布。它由表头、行、列、排序、计算和求百分比等部分构成。SPSS 列联表分析程序能对两个或多个分类变量进行联合描述，可生产二维甚至 n 维的列联表，行、列汇总指标。为了更好地呈现频率分布结果，列联表（交叉表）对话框中，点击单元格按钮，在“单元格显示”中选择“百分比”中“行”“列”“总计”，可以计算显示相应的行、列和合计百分比。其部分输出结果如图 8-3 所示。

平均每天刷短视频的时间 * 性别 交叉表

			性别		
			男	女	总计
平均每天刷短视频的时间	30分钟及以下	计数	52	48	100
		占 平均每天刷短视频的时间 的百分比	52.0%	48.0%	100.0%
		占 性别 的百分比	24.5%	20.6%	22.5%
		占总计的百分比	11.7%	10.8%	22.5%
	31-60分钟	计数	63	86	149
		占 平均每天刷短视频的时间 的百分比	42.3%	57.7%	100.0%
		占 性别 的百分比	29.7%	36.9%	33.5%
		占总计的百分比	14.2%	19.3%	33.5%
	61-90分钟	计数	50	44	94
		占 平均每天刷短视频的时间 的百分比	53.2%	46.8%	100.0%
		占 性别 的百分比	23.6%	18.9%	21.1%
		占总计的百分比	11.2%	9.9%	21.1%

图 8-3 带行、列、总计百分比的列联表输出结果

在列联表的基础上，对两两变量间是否存在关联性进行检验。列联表的频率分析结果不能够直接用来确定行变量和列变量之间的关系及关系的强弱。要获得变量之间的关联性信息，不仅要靠描述统计的数据，还需借助一些变量间相关程度的统计量和一些非参数检验方法。SPSS 提供了数种适用于不同类型数据的相关系数的表达式。这些相关性检验的零假设都是：行和列变量之间相互独立，不存在显著的相关关系。根据 SPSS 检验后得出的相伴概率判断是否存在相关关系，如果相伴概率值 $P \leqslant 0.05$，那么拒绝零假设，行列变量之间彼此相关；如果相伴概率值 $P>0.05$，那么接受原假设，行列变量之间彼此独立。在列联表对话框中点击统计按钮，可以看到如图 8-4 所示的多种非参数检验方法选择。本节仅选择卡方检验来进行说明。当两个变量均为定类数据时，比较其差异性时选用卡方检验。最好是大样本数据。SPSS 中默认使用皮尔逊卡方，要求总样本量 $\geqslant 40$，所有期望值的频率 $\geqslant 5$。

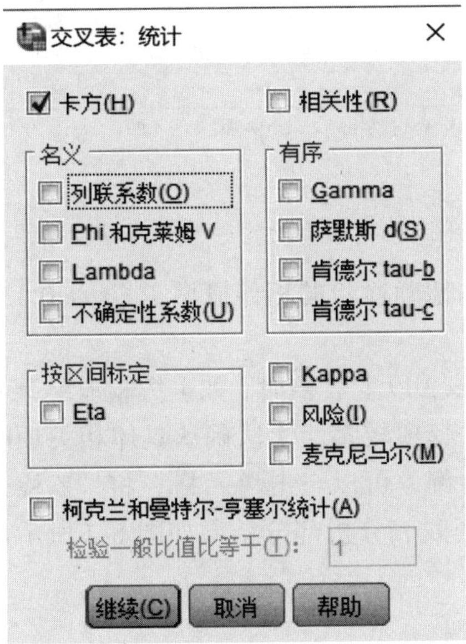

图 8-4 列联交叉表：统计对话框

继续依次点击继续→确定按钮，在输出对话框出现“卡方检验”表，如图 8-5 所示。

卡方检验

	值	自由度	渐进显著性（双侧）
皮尔逊卡方	6.066[a]	6	.416
似然比(L)	6.231	6	.398
线性关联	.381	1	.537
有效个案数	445		

a. 2 个单元格 (14.3%) 的期望计数小于 5。最小期望计数为 4.29。

图 8-5 卡方检验结果

从卡方检验结果表格可知，卡方检验的皮尔逊卡方相伴概率 p 值（渐进显著值）为 0.416，其他各种方法的相伴概率 p 值也都大于 0.05，接受原假设，行列变量之间彼此独立，即“平均每天刷短视频的时间”和“性别”之间是独立的，不存在相关性。由于“平均每天刷短视频的时间”中“大于 3 小时，小于等于 4 小时”和“4 小时以上”的期望计数小于 5，为了保证分析结果，要选择精确分析方法。在列联表对话框页面选择精确按钮，选择“精确”，继续依次点击继续→确定按钮，输出卡方检验结果如图 8-6 所示。

卡方检验

	值	自由度	渐进显著性（双侧）	精确显著性（双侧）	精确显著性（单侧）	点概率
皮尔逊卡方	6.066[a]	6	.416	.421		
似然比(L)	6.231	6	.398	.414		
费希尔精确检验	6.004			.424		
线性关联	.381[b]	1	.537	.541	.280	.021
有效个案数	445					

a. 2 个单元格 (14.3%) 的期望计数小于 5。最小期望计数为 4.29。

b. 标准化统计为 .617。

图 8-6　精确检验后的卡方检验结果

由结果可以看出，费希尔精确检验的相伴概率 P 值为 0.424，大于 0.05，接受原假设，行列变量之间彼此独立。

扩展方法：当列联表为 3×3 以上表格时，如卡方检验结果拒绝原假设，则意味变量之间存在相关性。但由于变量的选择项较多，无法确认具体相关项时，问卷中“平均每天刷短视频的时间”的“年级”分布为例，可以点击单元格，将“Z 检验”中的选项勾选。继续依次点击继续→确定按钮，输出列联表分析部分结果如图 8-7 所示。

平均每天刷短视频的时间 * 年级 交叉表

			年级					
			大一	大二	大三	大四	其他	总计
平均每天刷短视频的时间	30分钟及以下	计数	31_a	23_a	20_a	26_a	0_a	100
		占 平均每天刷短视频的时间 的百分比	31.0%	23.0%	20.0%	26.0%	0.0%	100.0%
		占 年级 的百分比	27.7%	20.9%	18.2%	23.2%	0.0%	22.5%
		占总计的百分比	7.0%	5.2%	4.5%	5.8%	0.0%	22.5%
	31-60分钟	计数	26_a	35_a	43_a	44_a	1_a	149
		占 平均每天刷短视频的时间 的百分比	17.4%	23.5%	28.9%	29.5%	0.7%	100.0%
		占 年级 的百分比	23.2%	31.8%	39.1%	39.3%	100.0%	33.5%
		占总计的百分比	5.8%	7.9%	9.7%	9.9%	0.2%	33.5%

图 8-7　增加 Z 检验后的列联表输出结果

由图可见，在计数中，不同年级的频率值后面出现了字母“a”。如果每个频数下标注的字母相同，则意味着在 0.05 级别，不同类别之间无显著差异。因此，在图 4-10 中，各年级在“30 分钟以下”“31-60 分钟”两个类别无明显差异。需要说明的是，如果“大一”下标字母为“a”，“大二”下标字母为“b”两个类别下标字母不同，则意味着有明显差异；如果“大一”下标字母为“a，b”，“大二”下标字母为“b，c”，两个类别下标字母有一个相同，则意味着无明显差异，必须是下标字母完全不同，才意味着存在明显差异。

第二节 顺序变量的统计推断——独立样本的非参数检验

非参数检验是在总体方差未被得知或知之甚少的情况下，利用样本数据对总体分布形态等进行推断的方法。由于该方法在推断过程中并不涉及有关总体分布的参数，故此称为非参数检验。第六章对于分布类型的检测方法就属于非参数检验。

非参数检验主要适用于以下这些情况：研究样本来自总体的具体分布未知；已知总体分布与检验所要求的条件不符；数据的测量尺度是名义和顺序尺度；数据不满足正态性、方差齐性等适用条件。

独立样本是指如果两个样本是从两个总体中独立抽取的，即一个样本中的元素与另一个样本中的元素相互独立的样本。在实际使用中，样本如果是来自两个群体的，或者想判断是否来自两个群体（即采用假设检验），应当被当作独立样本。

在传播学具体研究中，研究分组通常会分为实验组和参照组两组，在有些情况下，也会增加多个参照组，因此在 SPSS 的非参数分析中会有两样本和多样本的选择区分。

本节分析问卷中“社会支持总分”“依赖程度”“开放性”的“年龄”（顺序变量）分布为例，学习在 SPSS 中如何实现顺序变量的独立样本非参数分析。具体步骤：单击分析菜单，选择非参数检验，此时右侧弹出子菜单，从中选择独立样本，则弹出非参数检验独立样本对话框，如图 8-8 所示。

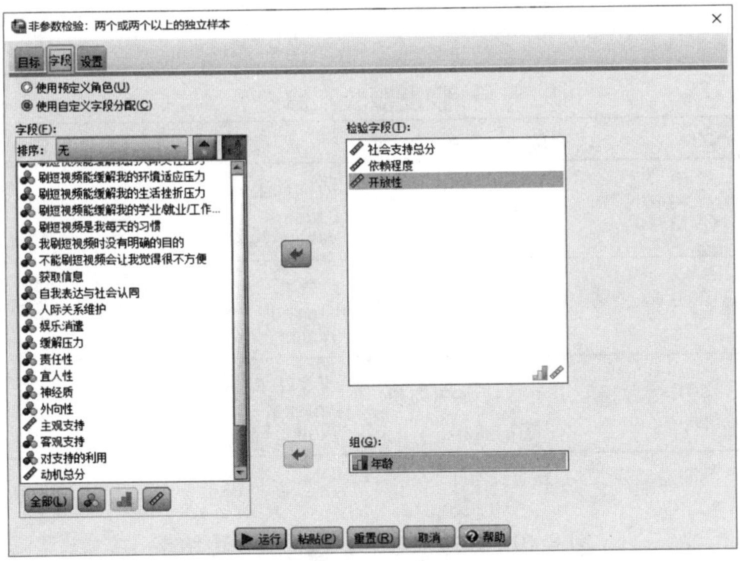

图 8-8 非参数检验：独立样本对话框

在图 8-8 中，点击字段；在“检测字段”移入“社会支持总分”“依赖程度”和“开放性”（可只移入一个或多个变量）；“组”中移入“年龄”（须为顺序变量）。单击设置，切换至设置面板，如图 8-9 所示。

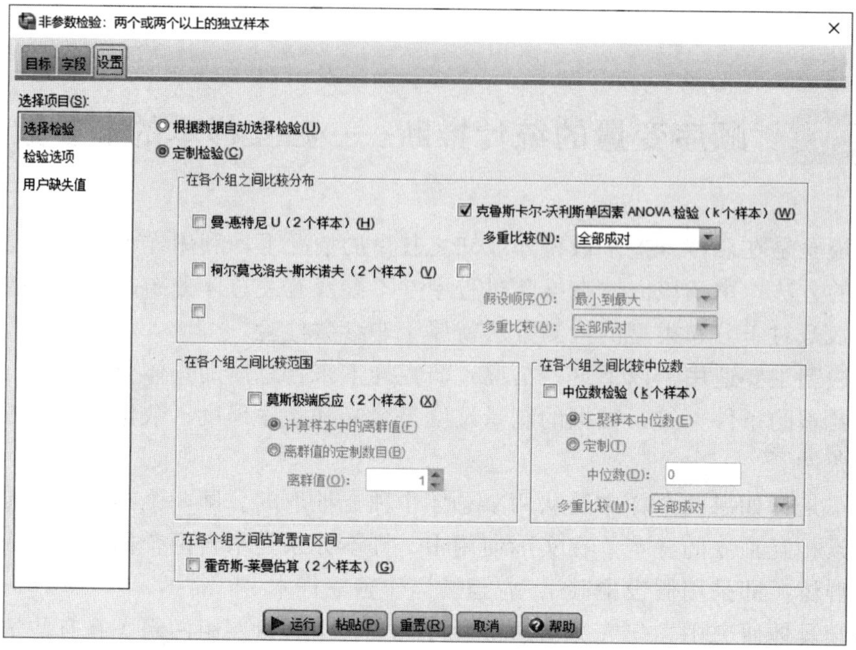

图 8-9　非参数检验：独立样本的设置对话框

在设置面板，点选“定制检验”，在这里需根据顺序变量的情况进行选择。本例中“年龄”是多个年龄段的顺序变量，有多个分组，因此只能选择“K 个样本”的选项，可以比较分布，也可以比较中位数。本例中选择“在各个组之间比较分布”，如图 8-9 所示。“2 个样本”的变量还可以选择比较范围、估算置信区间。点击运行→确定，弹出非参数检验输出结果，如图 8-10 所示。

假设检验汇总

	零假设	检验	显著性	决策者
1	在 年龄 类别上，社会支持总分 的分布相同。	独立样本 Kruskal-Wallis 检验	.253	保留零假设。
2	在 年龄 类别上，依赖程度 的分布相同。	独立样本 Kruskal-Wallis 检验	.612	保留零假设。
3	在 年龄 类别上，开放性 的分布相同。	独立样本 Kruskal-Wallis 检验	.519	保留零假设。

显示渐进显著性。 显著性水平为 .05。

图 8-10　独立样本非参数检验输出结果

如图 8-10 所示，根据“年龄”分组，“社会支持总分”“依赖程度”“开放性”三个变量分布的非参数检验显著性都大于 0.05，保留原假设，即分布都相同。双击图 8-10 中的每一行，可以打开模型查看器，可以看到这一行分析的箱图和一些统计参数，来取得进一步信息，图 8-11 显示了“年龄”和“社会支持总分”的模型查看图。

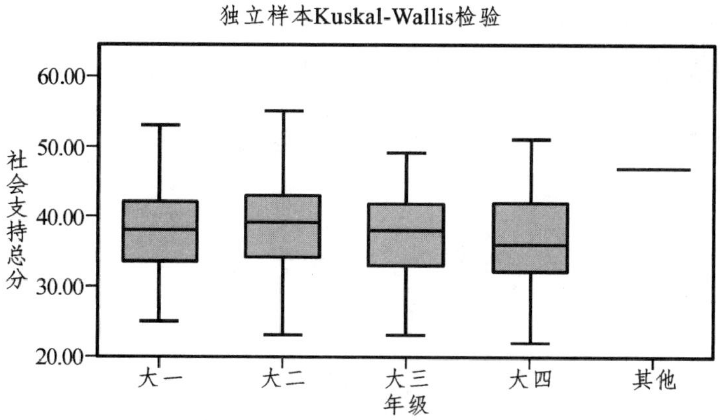

总计 N	445
检验统计	7.022
自由度	4
渐进显著性（2-sided 检验）	.135

1. 检验统计将针对绑定值进行调整。
2. 由于总体检验未检测出样本间存在显著差异，因此未执行多重比较。

图 8-11　独立样本非参数检验的模型查看图

第三节　顺序变量的统计推断——相关样本的非参数检验

相关样本指的是一个样本中的数据与另一个样本中的数据相互对应。相关样本有两种情况：同一研究对象在不同情况下取得的数据，如同一班级学生期中和期末的数学成绩；研究对象按某些特征或条件配对，然后分别把每对中的两个研究对象随机分配到不同处理组取得的数据。

本节以“媒介效果（顺序）.sav”中的数据为例，进行讲解。本例中为 12 名大学生在观看短视频前后对某问题的态度评测得分（5 分值，分别代表“相当反对”“有些反对”“无所谓”“有些赞同”“相当赞同”）为数据，分别记录了前后测结果。通过 SPSS 相关样本非参数检测来验证该短视频是否存在显著效果。

具体步骤：单击分析菜单，选择非参数检验，此时右侧弹出子菜单，从中选择相关样本，则弹出非参数检验相关样本对话框，如图 8-12 所示。

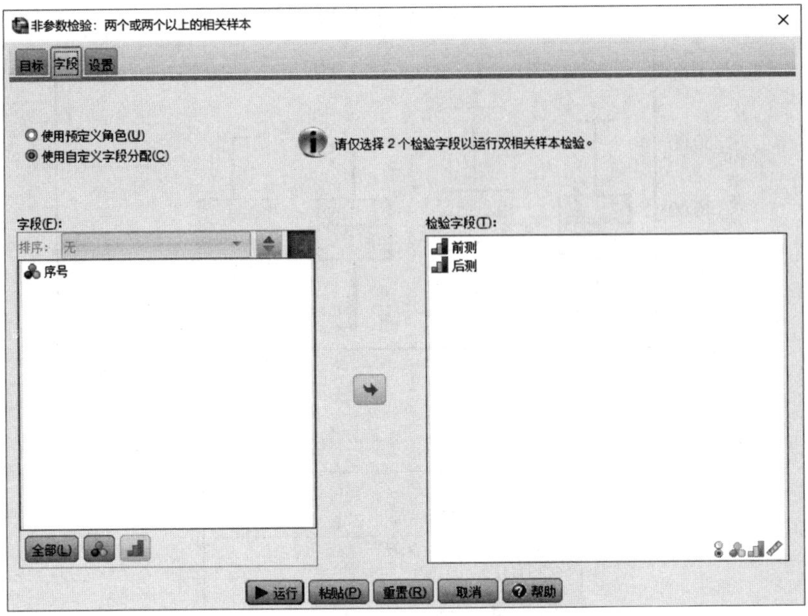

图 8-12 相关样本的非参数检验对话框

在图 8-12 中，点击“字段”；在“检测字段”移入“前测”和“后测”（多组变量可同时移入）。单击“设置”，切换至设置面板，如图 8-13 所示。

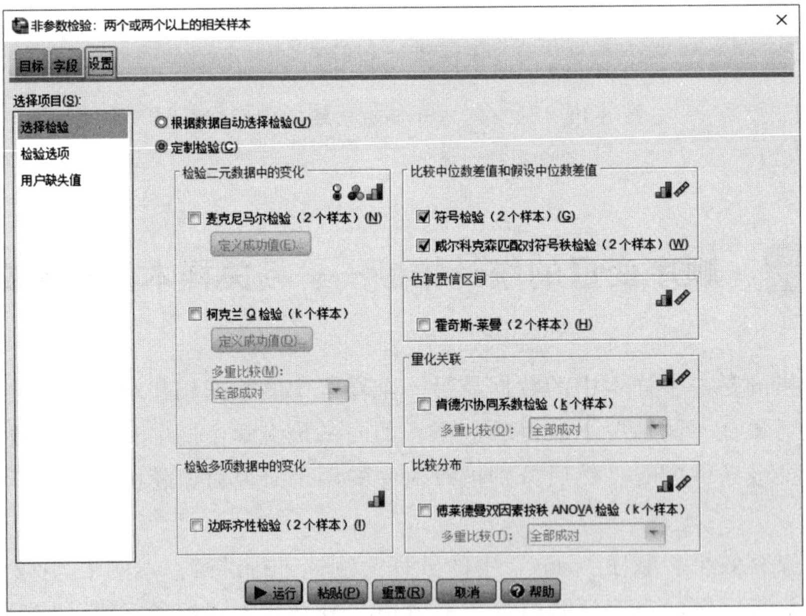

图 8-13 相关样本的非参数检验“设置”对话框

在设置面板，点选“定制检验”，在这里需根据变量的情况进行选择。本例中是“前测”和“后测”进行比较，因此只能选择“2 个样本”的选项，本例中选择“比较中位数差值和假设中位数差值”的两个选项，如图 8-13 所示。点击运行、确定，弹出非参数检验输出结果，如图 8-14 所示。

假设检验汇总

	零假设	检验	显著性	决策者
1	前测 和 后测 的中位数之差等于 0。	相关样本符号检验	.021[1]	拒绝零假设。
2	前测 和 后测 的中位数之差等于 0。	相关样本 Wilcoxon 符号秩检验	.012	拒绝零假设。

显示渐进显著性。 显著性水平为 .05。

[1]对此检验显示准确显著性。

图 8-14 相关样本非参数检验输出结果

由于勾选了两种检测方法，输出结果也出现了两行结果。两个结果显著性都小于 0.05，拒绝原假设，即前后测存在着明显差异。单击第一行，出现相关模型查看图，如图 8-15 所示。

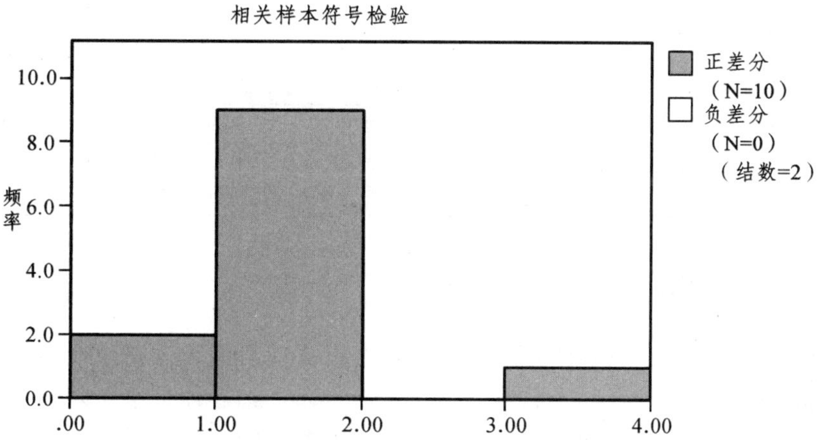

总计 N	12
检验统计	10.000
标准误差	1.581
标准化检验统计量	2.846
渐进显著性（2-sided 检验）	.004
精确显著性水平（2-sided 检验）	.002

1. 由于个案数不超过 25 个，因此精确 p 值根据二项分布进行计算。

图 8-15 相关样本非参数检验的模型查看图

第四节 连续变量的统计推断——t 检验和单因素方差检验

t 检验又称学生 t 检验（Student t-test）是统计推断中被广泛使用的一种检验方法，主要用于样本含量较小（例如 n<30），样本统计量服从正态分布，但总体标准差σ未知的情况。t 检验是用 t 分布理论来推论差异发生的概率，从而比较两个平均数的差异是否显著。

t 检验的前提是要求样本服从正态分布或近似正态分布，不然可以利用一些变换（取对数、开根号、倒数等等）试图将其转化为服从正态分布式数据，如果还是不满足正态分布，只能利用非参数检验方法。不过当样本量大于 30 的时候，可以认为数据近似正态分布。t 检验常见的 3 种检验方式：单样本 t 检验、独立样本 t 检验、成对样本 t 检验，其主要功能和区别如表 8-1 所示。

表 8-1　t 检验类型及功能特点表

方法类型	功能	说明	数据类型
单样本 t 检验	检验差异关系	检验样本 X 与总体的差异	X（连续）
独立样本 t 检验	检验差异关系	检验 X 在 Y（两组对比）上的差异关系。如成绩的性别差异	X（连续） Y（名义）
成对样本 t 检验	检验差异关系	检验两组样本 X 和 Y 的差异	X Y（连续）
单因素方差检验	检验差异关系	检验 X 在 Y（多组对比）上的差异关系。如成绩的地域差异	X（连续） Y（名义）

一、单样本 t 检验

单样本均值检验用于检验总体方差未知、正态数据或近似正态的单样本的平均数与已知的总体平均数的差异是否显著。当总体分布是正态分布，如总体标准差未知且样本容量小于 30，那么样本平均数与总体平均数的离差统计量（离差也叫差量，是单项数值与平均值之间的差）呈 t 分布。

实例应用：问卷中的“社会支持”情况是否存在着显著差异。

单样本 t 检验具体步骤：单击分析菜单，选择比较平均值，此时右侧弹出子菜单，从中选择单样本 t 检验，则弹出单样本 t 检验对话框，如图 8-16 所示。

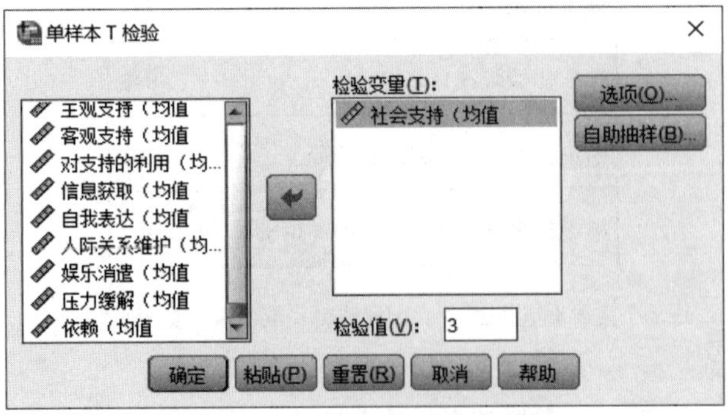

图 8-16　单样本 t 检验对话框

在图 8-16 所示对话框中，将“社会支持”移入“检验变量”栏，“检验值”中输入“3”（社会支持计分，从 1 到 5 代表社会支持的程度增加）。单击确定，得到检验输出结果，如图 8-17 所示。

单样本统计

	个案数	平均值	标准差	标准误差平均值
社会支持（均值	445	2.8556	.57967	.02748

单样本检验

	检验值 = 3					
					差值 95% 置信区间	
	t	自由度	显著性（双尾）	平均值差值	下限	上限
社会支持（均值	-5.254	444	.000	-.14438	-.1984	-.0904

图 8-17　单样本 t 检验输出结果

在输出结果中，统计结果主要由两部分构成。第一部分是单样本统计，输出该变量的个案数、平均值、标准差和标准误差平均值。第二部分是单样本 t 检验结果，样本显著性<0.05，拒绝零假设，即“社会支持”的样本均值与检验值“3”存在明显差异。这种差异有 95%的可能是在 – 0.1984 到 – 0.0904 之间。

二、独立样本 t 检验

用于检验两组独立的正态数据或近似正态的样本的均值是否相等，这里可根据总体方差是否相等分类讨论。

实例应用：问卷中的“社会支持”在男女中是否存在着显著差异。

独立样本 t 检验具体步骤：单击分析菜单，选择比较平均值，此时右侧弹出子菜单，从中选择独立样本 t 检验，则弹出独立样本 t 检验对话框，如图 8-18 所示。独立样本 t 检验需要先确定输入变量为正态分布或近似正态。“社会支持”的非参数检验结果为非正态，但是其直方图正态曲线接近正态，样本数也较多，因而可以进行独立样本 t 检验。

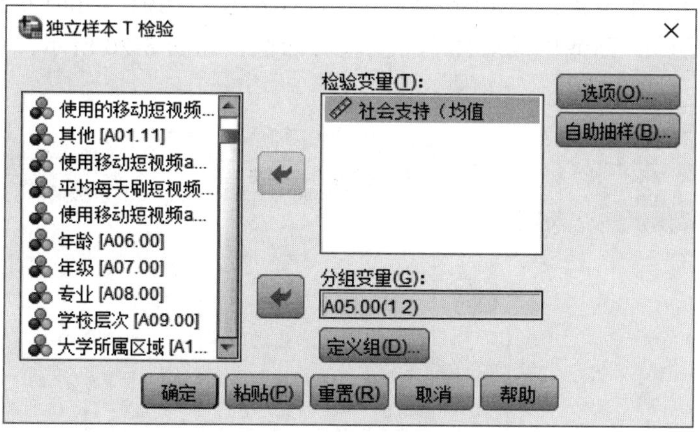

图 8-18　独立样本 t 检验对话框

在上图所示对话框中，将“社会支持”移入“检验变量”栏，对于“分组变量”输入“性别”（这里会通过定义组来确定参加比较的两组数据，本例中只有男女两组，输入“1”“2”即可）。单击确定，得到检验输出结果，如图 8-19 所示。

组统计

	性别	个案数	平均值	标准差	标准误差平均值
社会支持（均值	男	212	2.7583	.59502	.04087
	女	233	2.9442	.55184	.03615

独立样本检验

		莱文方差等同性检验		平均值等同性 t 检验						
									差值 95% 置信区间	
		F	显著性	t	自由度	显著性（双尾）	平均值差值	标准误差差值	下限	上限
社会支持（均值	假定等方差	3.493	.062	-3.420	443	.001	-.18595	.05437	-.29280	-.07910
	不假定等方差			-3.408	430.621	.001	-.18595	.05456	-.29319	-.07871

图 8-19 独立样本 t 检验输出结果

在输出结果中，统计结果主要由两部分构成。

第一部分是组统计，输出两组的个案数、平均值、标准差和标准误差平均值。

第二部分是独立样本 t 检验结果，该表也分为两部分：首先是莱文方差等同性检验，也叫 F 检验，或方差齐性检验。在假定等方差的条件下，F = 3.493，sig. = 0.062（显著性），大于 0.05，可以认为两组数据的方差是相等的，t 检验结果看该行数据。如果不相等，t 检验结果则看第二行数据。其次，针对平均值等同性 t 检验，样本显著性<0.05，拒绝零假设，即“社会支持”的男女样本均值存在明显差异。这种差异有 95%的可能是在 – 0.29280 到 – 0.07910 之间。

三、成对样本 t 检验

用于检验 一对成对的样本的均值的差是否等于某一个值。

实例应用：以“媒介效果.sav”中的数据为例进行讲解。本例中为 12 名大学生在观看短视频前后对某问题的态度评测得分（百分制连续变量）为数据，分别记录了前后测结果，以下通过 SPSS 成对样本 t 检测来验证该短视频是否存在显著效果。

成对样本 t 检验具体步骤：单击分析菜单，选择比较平均值，此时右侧弹出子菜单，从中选择成对样本 t 检验，则弹出成对样本 t 检验对话框，如图 8-20 所示。

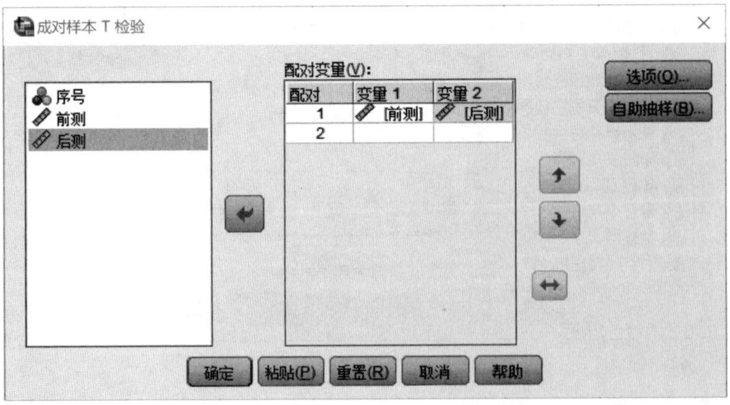

图 8-20 成对样本 t 检验对话框

在图 8-20 所示对话框中，将“前测”“后测”移入“配对变量”栏，注意设置在同一配对组。单击确定，得到检验输出结果，如图 8-21 所示。

配对样本统计

		平均值	个案数	标准差	标准误差平均值
配对 1	前测	59.5833	12	8.38243	2.41980
	后测	66.2500	12	8.82275	2.54691

配对样本相关性

		个案数	相关性	显著性
配对 1	前测 & 后测	12	.899	.000

配对样本检验

		配对差值					t	自由度	显著性（双尾）
					差值 95% 置信区间				
		平均值	标准差	标准误差平均值	下限	上限			
配对 1	前测 - 后测	-6.66667	3.89249	1.12367	-9.13984	-4.19349	-5.933	11	.000

图 8-21 成对样本 t 检验输出结果

在输出结果中，统计结果主要由三部分构成。

第一部分是对样本统计进行配对，输出两组的个案数、平均值、标准差和标准误差平均值。

第二部分是配对样本相关性，用于测量配对样本之间的匹配性，相关性越高，说明匹配性越高。本例中显著性<0.05，说明前后测显著相关，且相关系数为 0.899，为极强相关，前后测匹配性高。

第三部分是对样本 t 检验结果进行配对，样本显著性<0.05，拒绝零假设，即“前测”“后测”均值之间存在明显差异。这种差异有 95%的可能是在－9.13984 到－4.19349 之间。

四、单因素方差检验

单因素方差分析（one-way ANOVA）也被称为 F 检验，是通过对数据变异的分析来推断两个或多个样本均数所代表的总体均数是否有差别的一种统计推断方法。简单来说，就是用于检验同一个影响因素的不同水平对因量是否有影响的一种方法。

实例应用：问卷中的“社会支持”在不同年龄组中是否存在着显著差异。

单因素方差检验具体步骤：单击分析菜单，选择比较平均值，此时右侧弹出子菜单，从中选择单因素 ANOVA 检验，则弹出单因素 ANOVA 检验对话框，如图 8-22 所示。

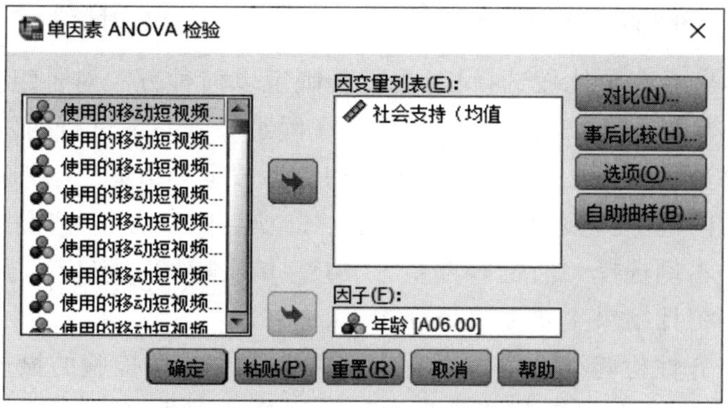

图 8-22 单因素 ANOVA 检验对话框

在图 8-22 所示对话框中，将“社会支持”移入“因变量列表”栏，“因子”中输入“年龄[A06.00]”。点击选项，弹出对话框，选择“方差齐性检验”，如图 8-23 所示。

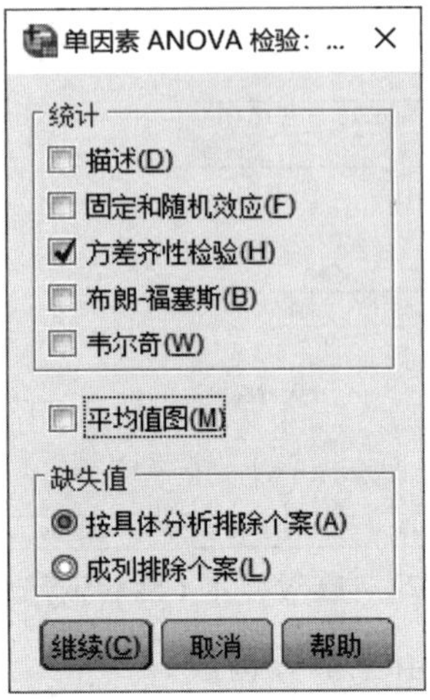

图 8-23 单因素 ANOVA 检验：选项对话框

点击事后比较，弹出对话框如图 8-24 所示。

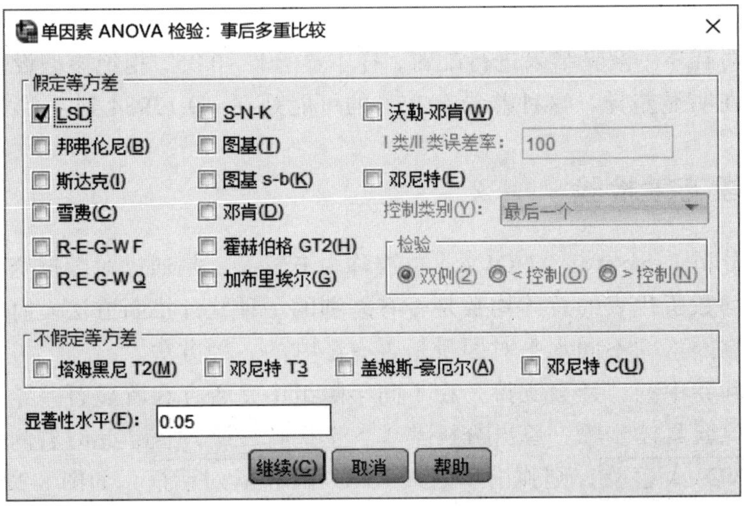

图 8-24 单因素 ANOVA 检验：事后多重比较对话框

在图 8-24 中，为事后多重比较选择栏，也就是确定以何种方法对各组差异进行两两比较。比较方法分为“假定等方差”（该选项组主要用于在假定等方差下进行两两范围检验和成对多重比较，共有 14 种检验方法，LSD 较为常用）和“不假定等方差”（该选项组主要用于在不假定等方差下进行两两范围检验和成对多重比较，选项组中含有 4 种检验方法，盖姆斯-豪厄尔较为常用）两种。本例选择“假定等方差”LSD。单击继续→确定，得到检验输出结果。

在输出结果中，统计结果主要由三部分构成。

第一部分是方差齐性检验，从中可以看出，莱文方差齐性检验的显著性为 0.295，大于 0.05，接受零假设，因此可以认为样本数据之间的方差是齐性的，如图 8-25 所示。

方差齐性检验

社会支持（均值

莱文统计	自由度 1	自由度 2	显著性
1.240	3	441	.295

图 8-25 单因素 ANOVA 检验方差齐性检验结果

第二部分是 ANOVA 检验结果，如图 8-26 所示。从中可以看出，组间平方和是 0.992、组内平方和是 148.200，其中组间平方和的 F 值为 0.984，显著性是 0.400，大于显著水平 0.05，接受零假设，因此认为年龄段的差异对社会支持没有显著的影响。

ANOVA

社会支持（均值

	平方和	自由度	均方	F	显著性
组间	.992	3	.331	.984	.400
组内	148.200	441	.336		
总计	149.192	444			

图 8-26 单因素 ANOVA 检验结果

第三部分是事后两两比较结果，如图 8-27 所示。从“显著性”一列可以看出，各年龄段两两比较的显著性都大于 0.05，接受零假设，即认为各年龄段均不存在差异。事后比较是 ANOVA 最实用的部分，如存在差异，可以很容易地发现具体的分组差异。

多重比较

因变量：社会支持（均值

LSD

(I) 年龄	(J) 年龄	平均值差值 (I-J)	标准误差	显著性	95% 置信区间 下限	95% 置信区间 上限
17岁及以下	18-21岁	-.23143	.23879	.333	-.7007	.2379
	22-25岁	-.16605	.24359	.496	-.6448	.3127
	26-29岁	.04167	.33469	.901	-.6161	.6995
18-21岁	17岁及以下	.23143	.23879	.333	-.2379	.7007
	22-25岁	.06538	.06587	.322	-.0641	.1948
	26-29岁	.27309	.23879	.253	-.1962	.7424
22-25岁	17岁及以下	.16605	.24359	.496	-.3127	.6448
	18-21岁	-.06538	.06587	.322	-.1948	.0641
	26-29岁	.20771	.24359	.394	-.2710	.6865
26-29岁	17岁及以下	-.04167	.33469	.901	-.6995	.6161
	18-21岁	-.27309	.23879	.253	-.7424	.1962
	22-25岁	-.20771	.24359	.394	-.6865	.2710

图 8-27 单因素 ANOVA 检验事后比较结果

● 课后思考及练习题（需参阅相关文献完成）

1. 打开书中所附文件“移动短视频调查问卷.SAV”，选择“平均每天刷短视频的时间 ”和年龄变量（转化为年龄段）进行交叉列联表检验（扩展使用 Z 检验），并对结果进行判断并分析其原因。

2. 打开书中所附文件“移动短视频调查问卷.SAV”，对“主观支持”“客观支持”“责任性”的“年龄”（顺序变量）分布进行非参数检验，并对结果进行判断并分析其原因。

3. 打开书中所附文件“媒介效果（顺序）.SAV”，对 12 名大学生在观看短视频前后对某问题的态度评测得分进行非参数检验，并对结果进行判断并分析其原因。

4. 打开书中所附文件“移动短视频调查问卷.SAV”，判断“主观支持”在不同年龄段中是否存在着显著差异（单因素方差分析）。

第九章

相关分析

相关分析是一种常用的统计方法，用于研究客观事物相互间密切程度。其过程就是分析对总体中确实具有联系的标志，核心是对总体中具有因果关系标志的分析。为了确定相关变量之间的关系，第一步应该先收集一些数据，这些数据应该是成对的。两个变量之间的相关程度通过相关系数 r 来表示。相关系数 r 的值在 –1 和 1 之间，但可以是此范围内的任何值。正相关时，r 值在 0 和 1 之间，散点图是斜向上的，这时一个变量增加，另一个变量也增加；负相关时，r 值在 –1 和 0 之间，散点图是斜向下的，此时一个变量增加，另一个变量将减少。r 的绝对值越接近 1，两变量的关联程度越强，r 的绝对值越接近 0，两变量的关联程度越弱。

根据相关关系形态对相关关系进行分类，可以分为线性相关和非线性相关两类。在直角坐标系里，两个变量的观测值分布大致在一条直线上，那么这两个变量之间的相关关系就是线性关系；如果在直角指标系内，两个变量的观测值分布是一条曲线，那么它们之间的相关关系是非线性相关。

第一节　双变量相关分析

线性相关分析主要用于研究两个变量间线性关系的强弱和方向。基本步骤：首先画散点图，观察两个变量是否有规律变化；其次，根据变量类型或正态性检验，选择合适的相关系数公式（两个定距或定比变量，用皮尔逊 Pearson 相关系数；两个定序或定类变量，用斯皮尔曼 Spearman 等级相关系数和肯德尔 Kendall 等级相关系数）；再次，计算相关系数，评估相关程度；第四，进行显著性检验，如果 $P<0.05$，表示存在显著相关性；最后，给出结论。

现分析问卷中大学生使用短视频 App 的“依赖程度”和“动机”两个变量之间的相关性。

如前所述，绘制“依赖程度”和“动机”两个变量的散点图，如图 9-1 所示。

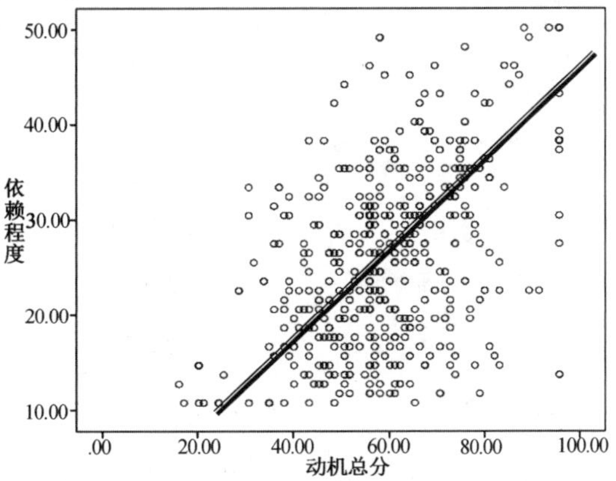

图 9-1　“依赖程度”和“动机”的散点图

在图 9-1 中，粗看可能觉得“依赖程度”和“动机”之间不存在关系，但是仔细观察，可以发现数据点大致分布在图中直线两侧，可以尝试进行相关分析。研究者在预判断中需要注意的是：从变量代表的实际意义和理论假设出发来判断相关的可能，既不要胡乱拉扯（会增大工作量，其结果也没有实际意义），也不要轻易放过（传播学中的现实数据并不完美，很难有教科书式的经典图形）。

点击分析→相关→双变量，进入“双变量相关性”对话框，如图 9-2 所示。

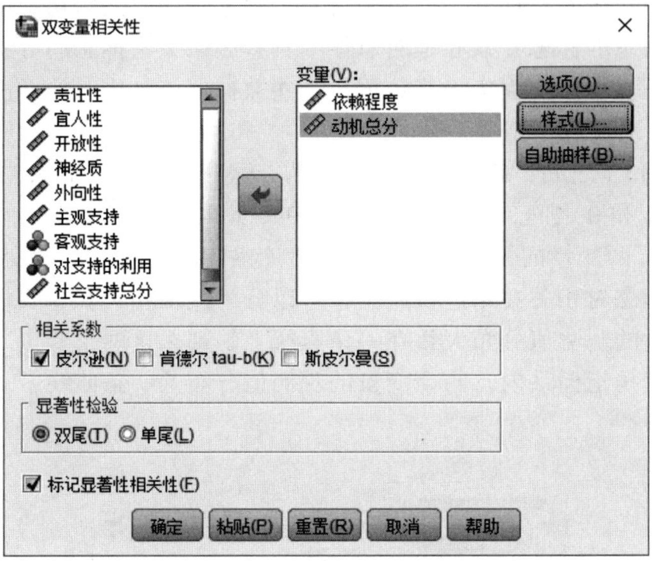

图 9-2　双变量相关性对话框

在对话框中，将“依赖程度”和“动机”两变量移入“变量”栏；由于两变量都为连续变量，“相关系数”勾选皮尔逊（皮尔逊系数分析要求两个变量的总体都呈正态分布或接近正态分布，至少是单峰对称分布，当然样本并不一定要正态）；其他选项选择“默认”。单击确定，得到输出结果，如图 9-3 所示。

相关性

		依赖程度	动机总分
依赖程度	皮尔逊相关性	1	.447**
	显著性（双尾）		.000
	个案数	445	445
动机总分	皮尔逊相关性	.447**	1
	显著性（双尾）	.000	
	个案数	445	445

**. 在 0.01 级别（双尾），相关性显著。

图 9-3　双变量相关分析输出结果

在输出结果中，可以看到“依赖程度”和“动机”的皮尔逊相关系数为 0.447，显著性检验<0.01（双尾检验），即拒绝原假设，认为“依赖程度”和“动机”相关性显著，相关性强度低。一般来说，两变量的相关性强度是由相关性系数来判断的，当相关性系数绝对值 $|r|=1$ 时，绝对相关；当 $1>|r|>0.8$，高度相关；$0.8>|r|>0.5$，中度相关；$0.5>|r|>0.3$，低相关；$0.3>|r|>0$，弱相关；$r=0$，零相关。

第二节 偏相关分析

相关分析主要用于分析两个事物之间的关系情况，分析两个变量间线性关系的程度和方向。在现实分析当中，往往会因为第三个变量的作用，导致相关系数不能够真正反映两个变量间的线性相关程度。当存在可能会影响两变量之间的相关性的因素时，就需要使用偏相关分析。

偏相关分析的任务就是在研究两个变量之间的线性相关关系时控制可能对其产生影响的变量，即当两个变量同时与第三个变量相关时，将第三个变量的影响剔除，只分析另外两个变量之间相关程度的过程。实际生活中有许多这样的关系，例如可以在控制社会效应、地域差异、销售能力等因素的情况下，研究促销费用与商品销售之间的关系等。

现分析问卷中大学生使用短视频 App 的“依赖程度”“神经质”人格和“社会支持”三个变量之间的相关关系。

首先按上一节的相关分析方法输出三者之间的相关分析结果，如图 9-4 所示。

相关性

		依赖程度	社会支持总分	神经质
依赖程度	皮尔逊相关性	1	-.123**	.303**
	显著性（双尾）		.010	.000
	个案数	445	445	445
社会支持总分	皮尔逊相关性	-.123**	1	-.191**
	显著性（双尾）	.010		.000
	个案数	445	445	445
神经质	皮尔逊相关性	.303**	-.191**	1
	显著性（双尾）	.000	.000	
	个案数	445	445	445

**. 在 0.01 级别（双尾），相关性显著。

图 9-4 “依赖程度”“神经质”和“社会支持”三者相关分析结果

从图 9-4 可以看出，“依赖程度”“神经质”和“社会支持”三个变量之间都存在相关关系。接下来，控制“社会支持”，按偏相关分析的方法来分析“依赖程度”“神经质”二者的相关关系。

依次点击分析→相关→偏相关，进入“偏相关性”对话框，如图 9-5 所示。

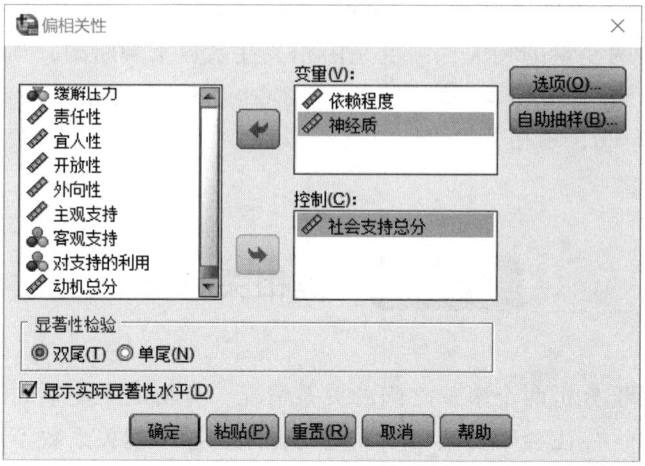

图 9-5 偏相关分析对话框

将“依赖程度”“神经质”移入变量栏，“控制”栏移入“社会支持”，单击确定，输出结果如图 9-6 所示。

相关性

控制变量			依赖程度	神经质
社会支持总分	依赖程度	相关性	1.000	.287
		显著性（双尾）	.	.000
		自由度	0	442
	神经质	相关性	.287	1.000
		显著性（双尾）	.000	.
		自由度	442	0

图 9-6 偏相关分析输出结果

在输出结果中，可以看到“依赖程度”和“神经质”的相关系数 R = 0.287，显著性检验 <0.01，显著相关。在控制了“社会支持”变量后，“依赖程度”和“神经质”的相关系数 R = 0.287 小于简单相关分析中“依赖程度”和“神经质”的相关系数 r = 0.303。因此，“社会支持”变量在“依赖程度”和“神经质”两变量的相关关系中有增强作用，“社会支持”变量有可能是中介调节变量。有关中介变量与调节变量的判定与分析将在回归分析中加以介绍。

● 课后思考及练习题（需参阅相关文献完成）

1. 打开书中所附文件“移动短视频调查问卷.SAV”，作出“依赖程度”和“主观支持”的散点图。

2. 打开书中所附文件“移动短视频调查问卷.SAV”，对“依赖程度”和“主观支持”进行相关分析，并对第 1 题与第 2 题的结果进行比较判断并分析其原因。

3. 打开书中所附文件“移动短视频调查问卷.SAV”，判断“依赖程度”“责任性”和“社会支持”三个变量之间的相关关系，并判定是否存在偏相关关系。

第十章
回归分析

回归分析（regression analysis）是一种建模技术，可以预测因变量和自变量之间的关系。该技术能够建立模型，研究变量之间的密切程度和结构状态，以便进行有效的预测分析和发现因果关系。在统计学中，回归分析是一种确定两种或两种以上变量之间相互依赖关系的方法。

第一节 线性回归

在数理统计中，有一种利用回归分析来探究定量关系的统计分析方法，称为线性回归。该方法广泛应用于建模，能够确定连续的因变量与连续或离散的自变量之间的依赖关系。另外，回归线的性质是线性的。

一元线性回归在回归分析中仅涉及一个自变量和一个因变量，且它们之间的关系可用一条直线近似表示。该方法的表达式为 $y = ax + b$，其中 y 是因变量，x 是自变量，b 为误差服从均值为 0 的正态分布的常数项。该分析使用最佳的拟合直线（即回归线）建立因变量和自变量之间的关系。当回归分析包括两个或更多自变量，并且因变量与自变量之间存在线性关系时，则称其为多元线性回归。多元线性回归可通过 y = a + b1*x1 + b2*x2 + e 公式表示，其中 a 为截距，b 为斜率，e 为误差项。通过多元线性回归可以预测目标变量的值，该值是由预测变量 s 决定的。

一、操作程序

一元和多元线性回归都在“线性回归”中实现，现分析问卷中大学生使用短视频 App 的“获取信息”“自我表达和社会认同”“人际关系维护”“娱乐消遣”“缓解压力”和“动机总分”之间的回归关系。

首先按图形分析中散点图的绘制方法，做出“缓解压力”和“动机总分”的散点图，如图 10-1 所示。

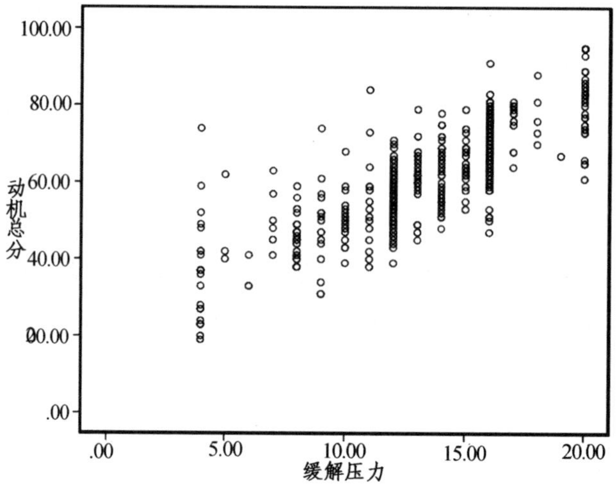

图 10-1 “缓解压力”和“动机总分”的散点图

从上图中可以看出，“缓解压力”和“动机总分”存在明显的线性关系，以“缓解压力”为自变量建立线性回归方程是可能的。对其他要引入模型的变量“自我表达和社会认同”“人际关系维护”“娱乐消遣”“缓解压力”，都应该做出散点图，来帮助判断，在此不做赘述。该例中有多个自变量，适用多元线性回归方法。

依次点击分析→回归→线性，进入“线性回归”对话框，如图 10-2 所示。在对话框中，将“动机总分”移入“因变量栏”，“获取信息”“自我表达和社会认同”“人际关系维护”“娱乐消遣”“缓解压力”移入“自变量”栏。“方法”栏选择“步进”即逐步回归的方法。

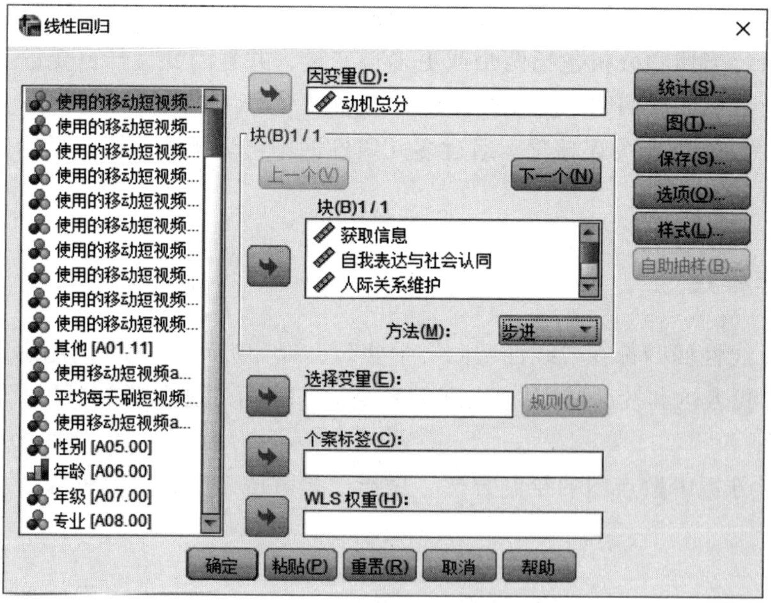

图 10-2 线性回归对话框

单击统计按钮，打开如图 10-3 所示的对话框。选择估算值和模型拟合输出各种常用统计量；在“残差”栏勾选“个案诊断”要求进行离群值判别，并在“离群值”的参数框中输入

3，设置观测量标准差大于等于 3 为离群值；单击继续按钮返回。

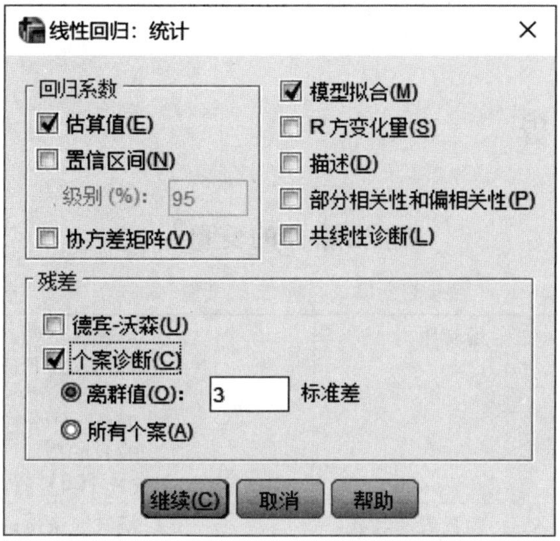

图 10-3　线性回归：统计对话框

单击保存按钮，打开图 10-4 所示的对话框。“距离”栏中勾选“马氏距离”“库克距离”“杠杆值”；“影响统计”栏中勾选“标准化 DfBata”“标准化 DfFit”“协方差比率”，这些统计量将保存在数据视图中，用来确定影响点，单击继续按钮返回。

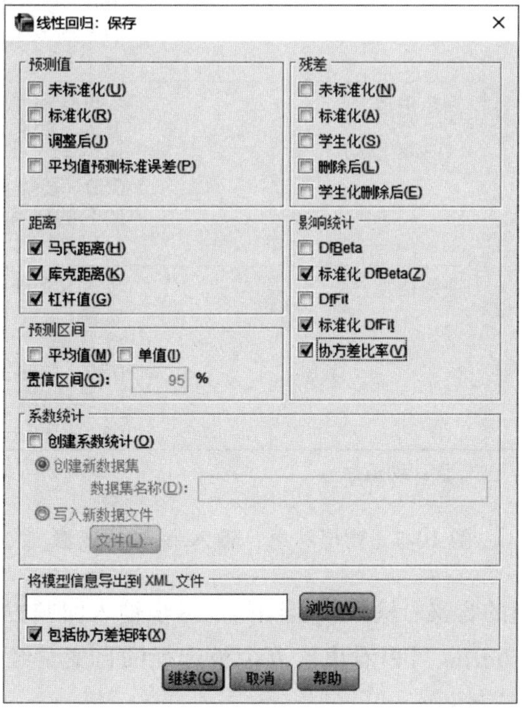

图 10-4　线性回归：保存对话框

为了检测模型的直线性和方差的齐性，作散点图。单击图按钮，在对话框中，将变量*ZPRED（标准化预测值）和*ZRESID（标准化残差）分别移入 X、Y 框中。单击继续按钮返回。单击确定按钮，以得到输出结果。

二、输出结果分析

输入/除去的变量[a]

模型	输入的变量	除去的变量	方法
1	缓解压力	.	步进（条件：要输入的 F 的概率 <= .050，要除去的 F 的概率 >= .100）。
2	自我表达与社会认同	.	步进（条件：要输入的 F 的概率 <= .050，要除去的 F 的概率 >= .100）。
3	人际关系维护	.	步进（条件：要输入的 F 的概率 <= .050，要除去的 F 的概率 >= .100）。
4	娱乐消遣	.	步进（条件：要输入的 F 的概率 <= .050，要除去的 F 的概率 >= .100）。
5	获取信息	.	步进（条件：要输入的 F 的概率 <= .050，要除去的 F 的概率 >= .100）。

a. 因变量：动机总分

图 10-5 输出结果：输入/除去的变量

图 10-5 自左至右各列的含义：输入模型编号、每步输入回归方程的自变量、从方程中被除去的自变量、具体判断方法。可以看出，五个被选择的自变量经过逐步回归过程都进入了回归方程，没有被剔除的变量。

模型摘要[f]

模型	R	R 方	调整后 R 方	标准估算的误差
1	.804[a]	.647	.646	8.28002
2	.925[b]	.855	.855	5.30725
3	.969[c]	.938	.938	3.46623
4	.988[d]	.976	.976	2.17071
5	1.000[e]	1.000	1.000	.00000

a. 预测变量：(常量), 缓解压力

b. 预测变量：(常量), 缓解压力, 自我表达与社会认同

c. 预测变量：(常量), 缓解压力, 自我表达与社会认同, 人际关系维护

d. 预测变量：(常量), 缓解压力, 自我表达与社会认同, 人际关系维护, 娱乐消遣

e. 预测变量：(常量), 缓解压力, 自我表达与社会认同, 人际关系维护, 娱乐消遣, 获取信息

f. 因变量：动机总分

图 10-6 输出结果：模型摘要

图 10-6 自左至右为回归方程模型编号、回归方程的复相关系数 R、R 方、调整后的 R 方、标准估算的误差。一般随着模型中变量个数的增加，R 方的值也在不断增加，调整后的 R 方值能较确切地反映拟合优度，因此一般从调整后的 R 方值看拟合优度。R 方为判定系数，一般认为需要大于 60%。用于判定线性方程拟合优度的重要指标，体现了回归模型解释因变量变异的能力，越接近 1 越好。从结果中可以看出值为 1，初步判断模型拟合效果极好（本例为示范例，动机总分本来就由几个变量合计得到。实际操作中很难达到）。除非需要，自变量数量不应太多，多余的自变量会给解释回归方程造成困难。包含多余自变量的模型不但不会改善预测值，反而有可能增加标准误差。

ANOVA[a]

模型		平方和	自由度	均方	F	显著性
1	回归	55,595.785	1	55,595.785	810.922	.000[b]
	残差	30,371.510	443	68.559		
	总计	85,967.294	444			
2	回归	73,517.503	2	36,758.752	1,305.031	.000[c]
	残差	12,449.791	442	28.167		
	总计	85,967.294	444			
3	回归	80,668.801	3	26,889.600	2,238.054	.000[d]
	残差	5,298.493	441	12.015		
	总计	85,967.294	444			
4	回归	83,894.016	4	20,973.504	4,451.087	.000[e]
	残差	2,073.278	440	4.712		
	总计	85,967.294	444			
5	回归	85,967.294	5	17,193.459	4.135E+16	.000[f]
	残差	.000	439	.000		
	总计	85,967.294	444			

a. 因变量：动机总分

b. 预测变量：(常量), 缓解压力

c. 预测变量：(常量), 缓解压力, 自我表达与社会认同

d. 预测变量：(常量), 缓解压力, 自我表达与社会认同, 人际关系维护

e. 预测变量：(常量), 缓解压力, 自我表达与社会认同, 人际关系维护, 娱乐消遣

f. 预测变量：(常量), 缓解压力, 自我表达与社会认同, 人际关系维护, 娱乐消遣, 获取信息

图 10-7 输出结果：ANOVA 方差分析

图 10-7 的 ANOVA 方差分析表表明回归拟合过程中每一步的方差分析结果。方差分析结果表明，当回归方程包含不同的自变量时，其显著性概率均小于 0.001，即拒绝回归系数均为 0 的原假设。因此，最终的回归方程应该包括这五个自变量，且方程拟合效果较好。

系数[a]

模型		未标准化系数 B	标准误差	标准化系数 Beta	t	显著性
1	(常量)	22.908	1.375		16.661	.000
	缓解压力	2.891	.102	.804	28.477	.000
2	(常量)	16.817	.914		18.404	.000
	缓解压力	2.080	.073	.579	28.670	.000
	自我表达与社会认同	1.340	.053	.509	25.224	.000
3	(常量)	10.472	.651		16.085	.000
	缓解压力	1.699	.050	.473	34.053	.000
	自我表达与社会认同	1.021	.037	.388	27.561	.000
	人际关系维护	1.548	.063	.347	24.397	.000
4	(常量)	2.900	.500		5.801	.000
	缓解压力	1.180	.037	.328	31.878	.000
	自我表达与社会认同	1.152	.024	.438	48.525	.000
	人际关系维护	1.149	.043	.258	26.988	.000
	娱乐消遣	1.099	.042	.265	26.162	.000
5	(常量)	.000	.000		.000	1.000
	缓解压力	1.000	.000	.278	88591561.49	.000
	自我表达与社会认同	1.000	.000	.380	135626988.1	.000
	人际关系维护	1.000	.000	.224	78012615.48	.000
	娱乐消遣	1.000	.000	.241	79665753.84	.000
	获取信息	1.000	.000	.201	70613641.57	.000

a. 因变量：动机总分

图 10-8 输出结果：回归方程系数

图 10-8 显示每一步回归过程的系数及检验结果。B 是偏回归系数，即控制了其他变量后得到的，回归方程中每个系数不一定显著，但至少要有一个显著。Beta 是标准化回归系数，可比性强，是对所有变量按统一方法标准化后拟合的回归方程中标准化变量系数。t 值应大于 2 或小于 – 2，可确定具有较好预测效果的变量；sig.作为显著性概率，用于假设检验；在五步回归中，变量和常数项的检验 p 值均小于 0.05。

回归方程中包含（常量）和各自变量的系数。

模型 1：动机总分 = 22.908 + 2.891 缓解压力，方程常量项和自变量 t 检验的显著水平值均小于 0.001，拒绝常数项和回归系数为 0 的假设。方程成立。

模型 2：动机总分 = 16.817 + 2.080 缓解压力 + 1.340 自我表达和社会认同。方程常量项和两个自变量 t 检验的显著水平值均小于 0.001，拒绝常数项和回归系数为 0 的假设。方程成立。

……

排除的变量[a]

模型		输入 Beta	t	显著性	偏相关	共线性统计 容差
1	获取信息	.447[b]	17.525	.000	.640	.724
	自我表达与社会认同	.509[b]	25.224	.000	.768	.804
	人际关系维护	.485[b]	22.105	.000	.725	.788
	娱乐消遣	.314[b]	9.610	.000	.416	.618
2	获取信息	.294[c]	16.348	.000	.614	.633
	人际关系维护	.347[c]	24.397	.000	.758	.691
	娱乐消遣	.363[c]	23.586	.000	.747	.614
3	获取信息	.226[d]	21.058	.000	.708	.604
	娱乐消遣	.265[d]	26.162	.000	.780	.535
4	获取信息	.201[e]	70642188.75	.000	1.000	.596

a. 因变量：动机总分

b. 模型中的预测变量：(常量), 缓解压力

c. 模型中的预测变量：(常量), 缓解压力, 自我表达与社会认同

d. 模型中的预测变量：(常量), 缓解压力, 自我表达与社会认同, 人际关系维护

e. 模型中的预测变量：(常量), 缓解压力, 自我表达与社会认同, 人际关系维护, 娱乐消遣

图 10-9 输出结果：排除的变量

图 10-9 为排除的变量表，显示每一步回归过程中不在方程中的变量信息。第一步是方程中已经有了一个变量“缓解压力”，外面有四个变量。如果每一个外面的变量单独进入模型，形成两个自变量模型的统计量及检验结果，以及模型中两个自变量间的共线性统计容差诊断。图中自变量“自我表达与社会认同”的 Beta 绝对值最大，t 检验的显著性小于 0.001，拒绝回归系数为 0 的假设，其共线性统计容差接近于 1，说明它与第 1 个进入模型的自变量“缓解压力”不具共线性（共线性是指多个变量可能高相关，造成了模型方程的不稳定），所以自变量“自我表达与社会认同”第二个进入模型。其他每步的分析与此相同。

残差统计[a]

	最小值	最大值	平均值	标准偏差	个案数
预测值	19.0000	95.0000	60.4337	13.91474	445
标准预测值	-2.978	2.484	.000	1.000	445
预测值的标准误差	.000	.000	.000	.000	445
调整后预测值	19.0000	95.0000	60.4337	13.91474	445
残差	.00000	.00000	.00000	.00000	445
标准残差	.000	.000	.000	.000	445
学生化残差	.000	.000	.000	.000	445
剔除残差	.00000	.00000	.00000	.00000	445
学生化剔除残差	.000	.000	.000	.000	445
马氏距离(D)	.371	28.767	4.989	3.978	445
库克距离	.000	.000	.000	.000	445
居中杠杆值	.001	.065	.011	.009	445

a. 因变量：动机总分

图 10-10 输出结果：残差统计

图 10-10 和数据视图中新出现的变量配合可查找影响点。图 10-10 中的“马氏距离”“库克距离”“居中杠杆值”统计值都可以帮助判断是否含有影响点。以马氏距离为例，数据视图中的样本与平均值差异范围越大，越有可能是影响点。

	MAH_1	COO_1	LEV_1
10	2.69533	.00000	.00607
11	2.42689	.00000	.00547
12	15.80797	.00000	.03560
13	2.27272	.00000	.00512
14	2.58638	.00000	.00583
15	8.91551	.00000	.02008
16	6.66195	.00000	.01500
17	3.96602	.00000	.00893
18	2.11244	.00000	.00476
19	4.05140	.00000	.00912
20	2.18232	.00000	.00492
21	8.14578	.00000	.01835
22	1.82464	.00000	.00411
23	13.71816	.00000	.03090
24	.61282	.00000	.00138

图 10-11　数据视图马氏距离值部分截图

在数据视图中任意截取一段含有马氏距离输出变量 MAH_1 的样本，如图 10-11 所示，图中第 12 号、23 号数据都有可能是影响点。当然，对影响点的判断应该基于多个指标来比较判断才能得出最终结论。

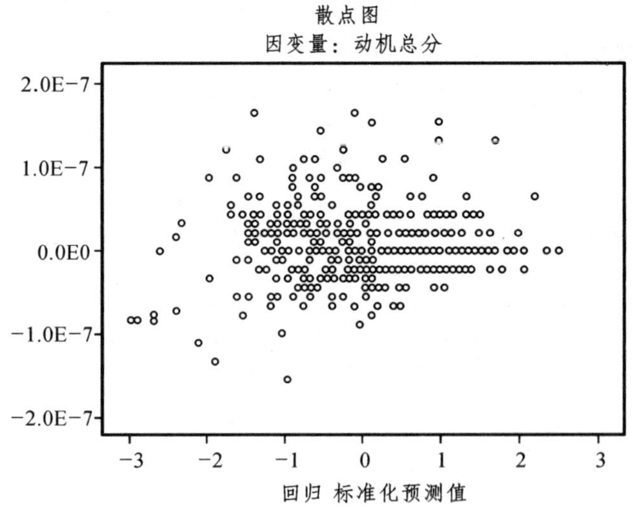

图 10-12　输出结果：回归标准化残差与标准化预测值的散点图

图 10-12 为“动机总分”的标准化残差与标准化预测值的散点图，可以看出，绝大部分观测值随机落在绝对值 2 的坐标范围内，残差与预测值没有明显可见的关系，所以回归方程满足线性和方差齐性的假设且拟合度较好。

第二节 曲线估算

一、曲线估算简述及程序操作

在实际工作中，变量之间的关系未必都是不是线性的，可能是曲线关系，这就需要使用曲线回归或非线性回归方法来建立模型。曲线回归方程通常由自变量的多项式表达式构成，建模过程中需要根据数据的特性进行适当的变换，如对数变换、平方根变换等，倘若变换后的数据呈现线性模型，然后进行回归分析。如果变换后仍得不到线性模型，则可以用曲线估算/拟合（Curve Fitting）的方法选择适当的曲线类型来估算观测数据，并用估算的曲线方程分析两变量间的关系。在实际操作中，通常以最小二乘法分析曲线关系资料在数量变化上的特征和规律，称为曲线回归分析或非线性回归分析。从曲线角度看，线性回归可看成是曲率为 0 的曲线回归。

SPSS 软件中的曲线回归是利用“曲线估算”功能来实现的。在“曲线估算”中，包括“线性”回归，有以下 10 种常见的曲线模型，如图 10-13 所示：

图 10-13　SPSS 中的曲线模型

图 10-13 中 10 种曲线模型对应的回归方程如下：

序号	模型名	回归方程
1	二次曲线	$y=\beta_0+\beta_1x+\beta_2x^2$
2	复合曲线	$y=\beta_0\beta_1^x$
3	增长曲线	$y=e^{\beta_0+\beta_1x}$
4	对数曲线	$y=\beta_0+\beta_1\ln(x)$
5	三次曲线	$y=\beta_0+\beta_1x+\beta_2x^2+\beta_3x^3$
6	S 曲线	$y=e^{\beta_0+\beta_1/x}$
7	指数曲线	$y=\beta_0e^{\beta_1x}$
8	逆函数	$y=\beta_0+\beta_1/x$
9	幂函数	$y=\beta_0(x^{\beta_1})$
10	逻辑函数	$y=\frac{1}{1/\mu+\beta_0\beta_1^x}$

图 10-14　曲线模型的回归方程

下面以2009年中国汽车工业协会和中国汽车技术研究中心公布的984款车型的油耗数据为例，分析油耗与汽车排量之间的回归关系。

依前文所述，绘制“市郊燃料消耗量”和“排量”的散点图，如图 10-15 所示。观察图形，无法判断两变量的线性或非线性关系。

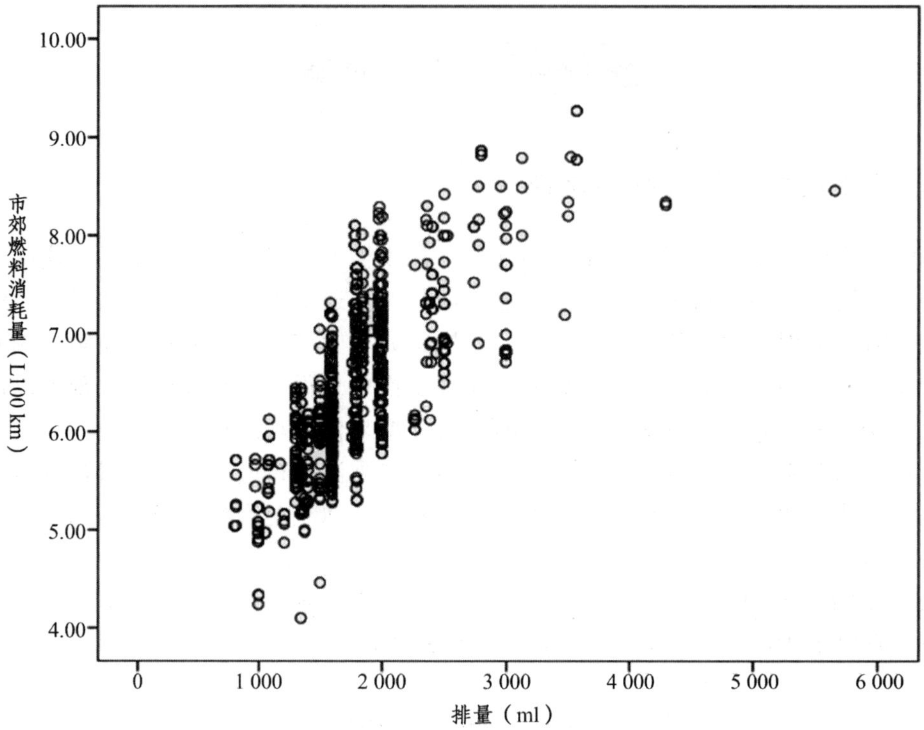

图 10-15 “市郊燃料消耗量”和“排量”的散点图

依次点击分析→回归→曲线估算，进入“曲线估算”对话框，如图 10-16 所示。在对话框中，将“市郊燃料消耗量”移入“因变量栏”，“排量”移入“独立”栏。为了通过例子说明模型，在“方法”栏中选择所有模型；勾选“在方程中包括常量”“模型绘图”“显示 ANOVA 表”，要求输出方差分析的结果和模型图形。点击确定，得到输出结果。

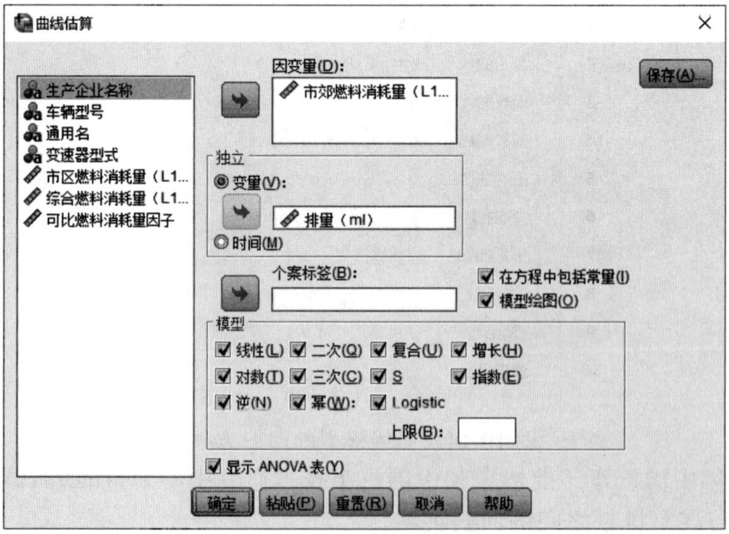

图 10-16 曲线估算对话框

二、输出结果分析

模型描述列出因变量与自变量，以及曲线估计的方程等曲线估计参数，如图 10-17 所示。

模型描述

模型名称		MOD_3
因变量	1	市郊燃料消耗量（L100km）
方程	1	线性
	2	对数
	3	逆
	4	二次
	5	三次
	6	复合[a]
	7	幂[a]
	8	S[a]
	9	增长[a]
	10	指数[a]
	11	Logistic[a]
自变量		排量（ml）
常量		包括
值用于在图中标注观测值的变量		未指定
有关在方程中输入项的容差		.0001

a. 此模型要求所有非缺失值均为正。

图 10-17 输出结果：模型描述

个案处理摘要说明参与分析的总个案数、排除、预测及新创建的个案，如图 10-18 所示。本例中特殊情况需要说明。

个案处理摘要

	个案数
总个案数	984
排除个案数[a]	0
预测的个案	0
新创建的个案	0

a. 在分析中，将排除那些在任何变量中具有缺失值的个案。

图 10-18 输出结果：个案处理摘要

变量处理摘要说明因变量和自变量值的各种情况，如图 10-19 所示。本例中特殊情况需要说明。

变量处理摘要

		变量	
		因变量	自变量
		市郊燃料消耗量（L100km）	排量（ml）
正值的数目		984	984
零的数目		0	0
负值的数目		0	0
缺失值的数目	用户缺失值	0	0
	系统缺失值	0	0

图 10-19 输出结果：变量处理摘要

接下来，SPSS 输出结果依次呈现各种曲线估算模型的摘要、ANOVA 分析、系数表。下面以数函数为例来进行说明，其他模型内容相同。

模型摘要列出模型的复相关系数 R、R 方、调整后的 R 方及估算的标准误差，如图 10-20 所示。本例中 R 方为判定系数，也是用于判定方程拟合优度的非常重要的指标，体现了回归模型解释因变量变异的能力，越接近 1 越好。该模型的 R 方为 0.508，即自变量对因变量的解释率为 50.8%。

模型摘要

R	R 方	调整后 R 方	估算标准误差
.713	.508	.508	.552

自变量为 排量（ml）。

图 10-20 输出结果：模型摘要

ANOVA 为方差分析结果，对数模型的 F 值为 927.777，显著性（sig.）<0.001，说明对数模型的回归方程有统计意义，如图 10-21 所示。

ANOVA

	平方和	自由度	均方	F	显著性
回归	6.988	1	6.988	927.777	.000
残差	7.397	982	.008		
总计	14.385	983			

自变量为 排量（ml）。

图 10-21 输出结果：ANOVA 方差分析

系数表中显示回归系数 B、标准化回归系数 Beta 及其检验结果，显著性均小于 0.001，如图 10-22 所示，由此得到对数模型的回归方程：$Y = -11.200 + 2.362 \times \ln(x)$。

系数

	未标准化系数		标准化系数		
	B	标准误差	Beta	t	显著性
ln(排量（ml）)	2.362	.074	.713	31.861	.000
(常量)	-11.200	.553		-20.264	.000

图 10-22 输出结果：对数模型的系数

在输出结果的最后是各种模型的图形，如图 10-23 所示，似乎对数、二次、三次、幂的估算都还不错。图形只是对模型的取舍起辅助作用，最终的模型判定还是要通过对统计计量的分析和研究进行。

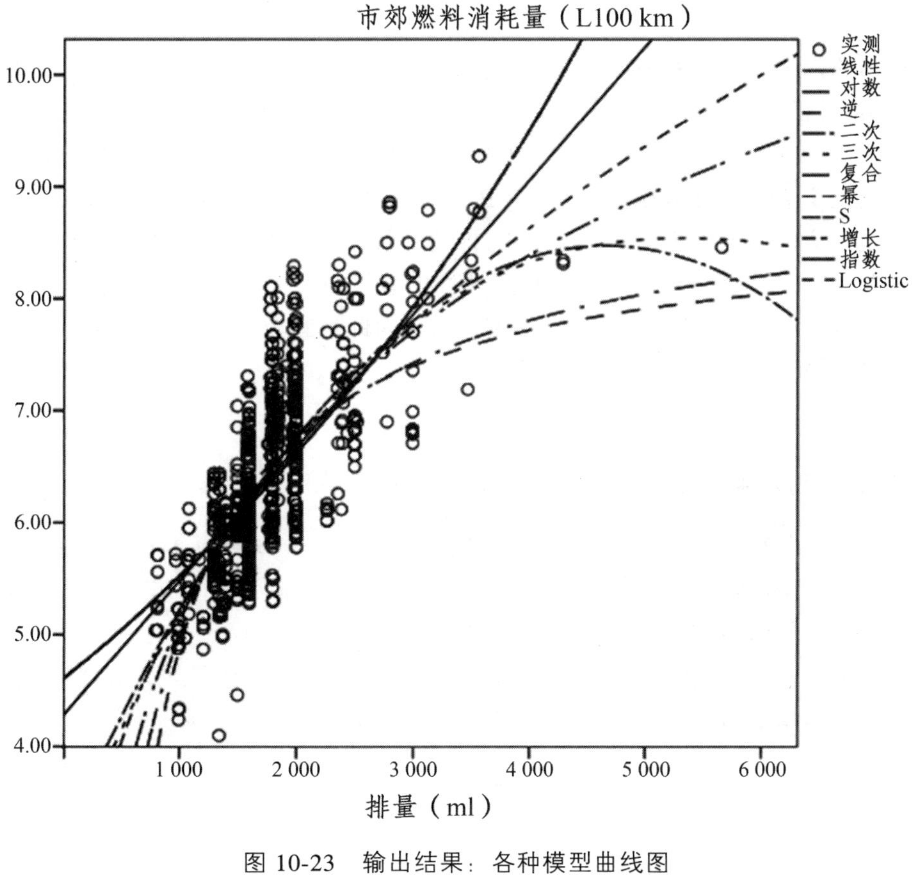

图 10-23 输出结果：各种模型曲线图

比较所有模型的修正 R 方值，如图 10-24 所示（在“曲线估算”的对话框，如果不选择 ANOVA，在输出结果中不会一一呈现各个模型的参数估计情况，而是会出现一个总表）。

模型摘要和参数估算值

因变量：市郊燃料消耗量（L100km）

方程	模型摘要					参数估算值			
	R 方	F	自由度 1	自由度 2	显著性	常量	b1	b2	b3
线性	.484	919.298	1	982	.000	4.284	.001		
对数	.508	1,015.110	1	982	.000	-11.200	2.362		
逆	.471	875.782	1	982	.000	8.670	-3804.511		
二次	.512	514.401	2	981	.000	3.199	.002	.000	
三次	.512	343.126	3	980	.000	2.940	.003	.000	.000
复合	.470	871.640	1	982	.000	4.609	1.000		
幂	.509	1,019.269	1	982	.000	.423	.364		
S	.486	927.777	1	982	.000	2.203	-594.064		
增长	.470	871.640	1	982	.000	1.528	.000		
指数	.470	871.640	1	982	.000	4.609	.000		
Logistic	.470	871.640	1	982	.000	.217	1.000		

自变量为排量（ml）。

图 10-24 输出结果：各种模型摘要和参数估算值

对于模型的判定，首先观察显著性（sig.值是 t 统计量对应的概率值，所以 t 和 sig.两者是等效的。sig.值要求小于给定的显著性水平，一般是 0.05、0.01 等，sig.越接近于 0 越好），所有模型 sig.均 <0.01，估算均具有统计性；其次比较 R 方值（衡量方程拟合优度，R 方越大越好，一般大于 0.5 即可以接受），选择 R 方值最大的二次和三次曲线，R 方 $=0.512$，但是二次、三次曲线的二次、三次系数均为 0，即为线性函数，因此选择幂函数 R 方值 $=0.509$；最后比较方差分析的 F 值（F 值检验方程显著性的统计量，是平均的回归平方和与平均剩余平方和之比，越大越好），幂函数 F 值 $=1019.269$，因此选择幂函数。最后得到幂函数的回归方程：$Y=0.423*X^{0.364}$。

● 课后思考及练习题（需参阅相关文献完成）

1. 打开书中所附文件“移动短视频调查问卷.SAV”，分析问卷中大学生使用短视频 App 的“获取信息”“自我表达和社会认同”“人际关系维护”“娱乐消遣”“缓解压力”和“主观动机”之间的回归关系。

2. 打开书中所附文件“2009 中汽协汽车数据.SAV”，绘制“市区燃料消耗量”和“排量”的散点图，并对其进行曲线估算并分析其结果。

第十一章
量表的因子分析

第一节 因子分析的概念与实例说明

在问卷中，为了测量一些抽象概念（如研究对象的行为和态度），往往会引入一些量表。这些量表是研究者在理论的指导下，参考一些相关经典量表设计而来。这些量表是否能 达到研究者的预期，量表内容与结构是否能够进行准确测量都需要验证和修改。为了验证研究者的设计是否能够测量潜在特质，并明晰潜在特质的内在结构，因子分析（factor analysis）是将具有相似特点的测量分数决策此背后概念的统计技术。

因子分析是一种用于从变量群中提取共性因子的统计技术，早在 20 世纪初就被英国心理学家 C.E.斯皮尔曼提出。他发现学生的各科成绩之间存在一定的相关性。因此，他推想是否存在某些潜在的共性因子，或称某些一般智力条件影响着学生的学习成绩。因子分析是多元统计技术的其中一个分支，其主要目的是精简和分析数据集，不断提高数据分析质量和可靠性。它是通过研究众多变量之间的内部依赖关系，探究观测数据的基本结构，并用少数假想变量（公共因子）来代表这些基本结构。这些假想变量能够反映原来众多观测变量的主要信息，并解释这些观测变量之间的相互关系。这些假想变量称为基础变量或因子（factors）。因子分析旨在以最少的信息丢失将众多的观测变量浓缩为少数几个因子。

本节中应用的实例为短视频 App 的使用动机测量。目前国内外关于移动短视频 App 使用动机尚未制订出成熟的量表，笔者在互联网、手机、社交网络媒体等使用动机量表的基础上，针对移动短视频 App 的特征制订了如下的移动短视频 App 使用动机量表（见表 11-1），并采用李克特五级量表法进行计分。

表 11-1　移动短视频 App 使用动机量表

使用动机	操作化测量	参考来源
信息获取	我通过刷短视频了解社会或组织的最新消息	刘振声（2013）
	短视频提供的信息可作为我日常生活的参考	
	我通过刷短视频获取对我有用的信息	
自我表达与社会认同	我用移动短视频 App 记录我的生活，表达我的观点和感受	刘振声（2013）
	我在移动短视频 App 转发有趣、有用的视频	
	我在移动短视频 App 参与热门视频的拍摄发布	
	我在移动短视频 App 与其他志同道合的用户交流、互动	
	我在移动短视频 App 获得了更多的认同和共鸣	

续表

使用动机	操作化测量	参考来源
人际关系维护	使用移动短视频 App 时，我会关注好友	Chua, Goh 等(2012)，刘振声（2013）
	我看到有趣的视频时常常分享或@相关朋友	
	使用移动短视频 App 时，我会对好友视频内容点赞、评论互动	
娱乐消遣	我在无聊的时候会刷短视频	Papacharissi，Rubin（2000）；Turel，Serenko（2012）；Chua，Goh 等（2012）
	刷短视频时我感到时间过得很快	
	刷短视频能带给我乐趣	
	短视频中的内容多样性能引起我的好奇心	
压力缓解	刷短视频能缓解我的人际交往压力	Venkatesh，Davis（2000）；陈安心（2019）
	刷短视频能缓解我的环境适应压力	
	刷短视频能缓解我的生活挫折压力	
	刷短视频能缓解我的学习、工作、就业压力	

第二节 探索性因子分析

探索性因子分析（exploratory factor analysis；简称 EFA）简单来说，研究者事先对观测数据背后存在多少个因子、因子如何抽取、因子的内容以及变量的分类等一无所知，未有任何事前的假定，而由因子分析的过程来决定。这种类型的应用称为探索性因子分析，因子分析的大部分应用都属于这种类型。探索性因子分析法是一项用来找出多元观测变量的本质结构并进行处理降维的技术。因而，EFA 能够将具有错综复杂关系的变量综合为少数几个核心因子。

上一节表 11-1 量表是一个研究者自行设计的评量动机的工具，现以 455 名大学生的施测结果，来进行探索式的因素分析，检验该量表中的 19 题的动机量表是否具有多重的因素结构。

一、操作程序

步骤 1：点击分析→降维→因子，进入“因子分析”对话框，如图 11-1 所示。

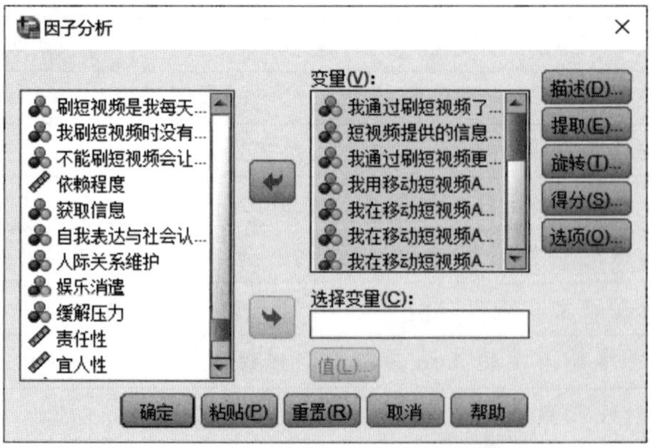

图 11-1 因子分析对话框

选择量表中的 19 个问题移入“变量”栏。点击描述，弹出因子分析：描述对话框，如图 11-2 所示。在该对话框，移入所需的统计量。如“单变量描述”可以得到各题的描述统计参数，如平均值、标准差等；“KMO 和巴特利特球形度检验”在信效度分析部分已做过介绍。

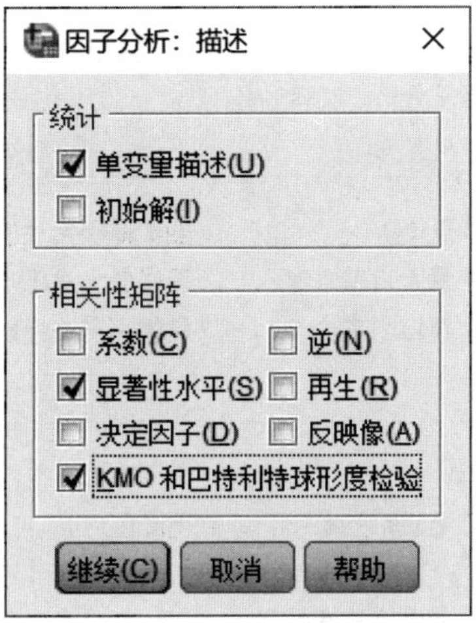

图 11-2 因子分析：描述对话框

主对话框点击提取，弹出因子分析：提取对话框，如图 11-3 所示。在该对话框，选定因子分析的方法，该例中选择“主成分”分析法（设法将原来变量重新组合成一组新的互相无关的几个综合变量，同时根据实际需要从中取出几个较少的综合变量尽可能多地反映原来变量的信息的统计方法）；“分析”栏点选“相关性矩阵”（默认项）；“输出”栏勾选“未旋转因子解”（显示未经旋转的因子提取结果）、“碎石图”（要求显示按特征值大小排列因子，以特征值大小、因子数为两个坐标轴绘制碎石图。该图有助于确定保留多少个因子。典型的碎石图会有一个明显的拐点，在该点之前是与大因子有关的陡峭的折线，之后是与小因子有关的缓坡折线）。“提取”栏选择“因子的固定数目”为“5”，理论表中已经将因子数确定为 5，如果不清楚，可以选择“基于特征值”，从结果中进行判断。

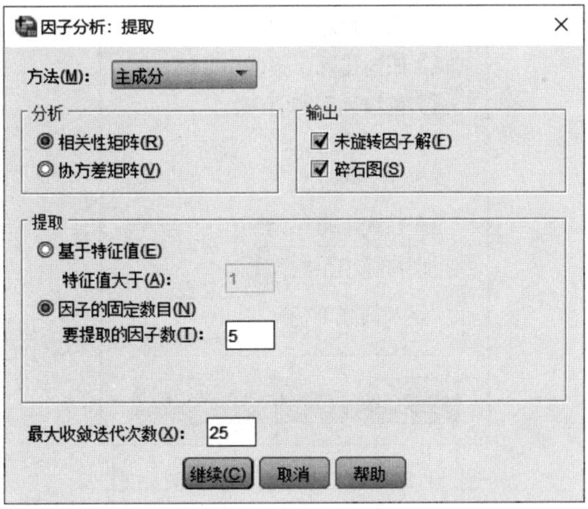

图 11-3 因子分析：提取对话框

主对话框点击旋转，弹出因子分析：旋转对话框，如图 11-4 所示。在该对话框，选定因子分析的旋转方法。该处点选“最大方差法”（正交旋转，假设因子之间都无相关，可以简化对因子的解释）；输出勾选“旋转后的解”“载荷图”（此图将给出以两两因子为坐标轴的各变量载荷散点图）。

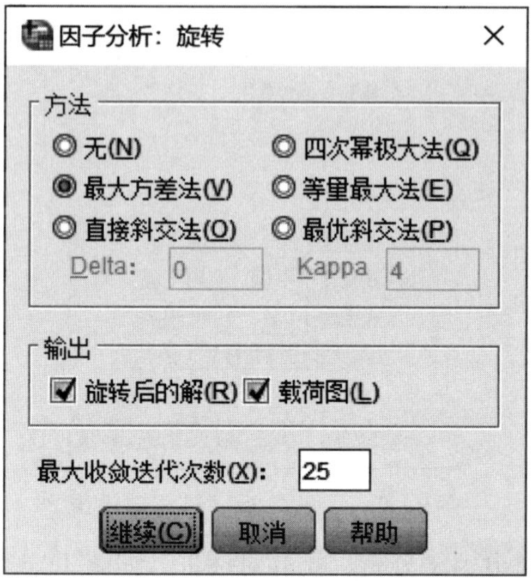

图 11-4　因子分析：旋转对话框

主对话框点击选项，弹出因子分析：选项对话框，如图 11-5 所示。在该对话框，选定因子负荷值呈现的方式与次序。“缺失值”处理按系统默认“成列排除个案”；“系数显示格式”勾选“按大小排序”（要求题项按因子负荷量大小排列）；“排除小系数”，输入 0.1（不显示因子负荷量小于 0.1 的题项）。

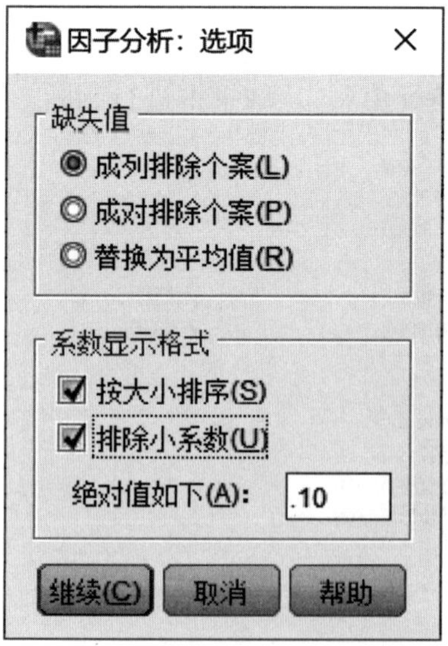

图 11-5　因子分析：选项对话框

点击继续→确定，输出结果。

二、输出结果

输出结果共分为 10 部分，第 1 部分为描述统计，列出 19 个题项得分的平均值、标准偏差、个案数。题项较多，图 11-6 仅显示部分作为示例。

描述统计	平均值	标准偏差	分析个案数
我通过刷短视频了解到社会或组织的最新消息	3.57	1.091	445
短视频提供的信息可以作为我日常生活的参考	3.27	1.079	445
我通过刷短视频更容易浏览到有用的信息	3.24	1.041	445
我用移动短视频App记录我的生活，表达我的观点和感受	2.52	1.249	445
我在移动短视频App上转发有趣、有用的视频	2.66	1.321	445
我在移动短视频App上参与热门视频的拍摄和发布	2.23	1.234	445
我在移动短视频App上与其他志同道合的用户交流、互动	2.42	1.234	445
我在移动短视频App上获得了更多的认同和共鸣	2.57	1.202	445
使用移动短视频App时，我会关注好友	3.04	1.249	445

图 11-6 因子分析：描述统计输出结果示例

第 2 部分为 KMO 和巴特利特球形度检验结果，列出 19 个题项的 KMO 检验结果为 0.906，巴特利特球形度检验显著性小于 0.05，极适合进行因子分析，如图 11-7 所示。

KMO 和巴特利特检验		
KMO 取样适切性量数。		.906
巴特利特球形度检验	近似卡方	5,655.356
	自由度	171
	显著性	.000

图 11-7 因子分析：KMO 和巴特利特球形度检验结果

第 3 部分为相关性矩阵结果，列出 19 个题项之间的相关性检验结果，其结果显示题项之间相关性均为 0.000，均无相关。如图 11-8 显示部分实例。

相关性矩阵

		我通过刷短视频了解到社会或组织的最新消息	短视频提供的信息可以作为我日常生活的参考	我通过刷短视频更容易浏览到有用的信息	我用移动短视频App记录我的生活，表达我的观点和感受	我在移动短视频App上转发有趣、有用的视频	我在移动短视频App上参与热门视频的拍摄和发布
显著性（单尾）	我通过刷短视频了解到社会或组织的最新消息		.000	.000	.000	.000	.000
	短视频提供的信息可以作为我日常生活的参考	.000		.000	.000	.000	.000
	我通过刷短视频更容易浏览到有用的信息	.000	.000		.000	.000	.000
	我用移动短视频App记录我的生活，表达我的观点和感受	.000	.000	.000		.000	.000
	我在移动短视频App上转发有趣、有用的视频	.000	.000	.000	.000		.000
	我在移动短视频App上参与热门视频的拍摄和发布	.000	.000	.000	.000	.000	
	我在移动短视频App上与其他志同道合的用户交流、互动	.000	.000	.000	.000	.000	.000
	我在移动短视频App上获得了更多的认同和共鸣	.000	.000	.000	.000	.000	.000
	使用移动短视频App时，我会关注好友	.000	.000	.000	.000	.000	.000
	我看到有趣的视频时，常@或分享给相关朋友	.000	.000	.000	.000	.000	.000

图 11-8　因子分析：相关性矩阵部分结果

第 4 部分为碎石图结果，线条陡峭表示有特殊因素值得提取，线条平缓说明无特殊因素值得提取。碎石图从第 6 个因子起开始平缓，提取前 5 个因子，有一定的代表度，如图 11-9 所示。

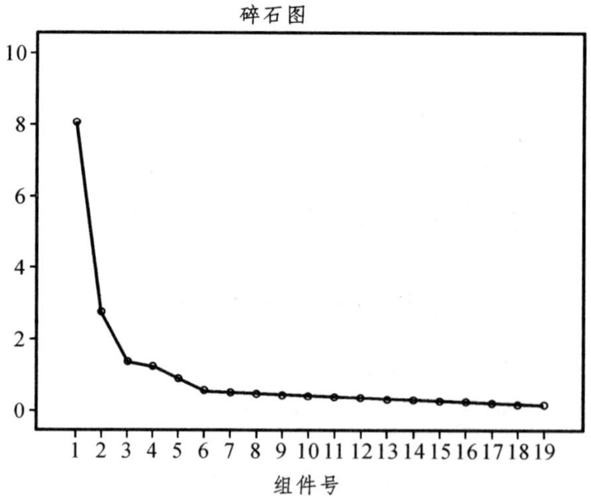

图 11-9　因子分析：碎石图结果

第 5 部分为成分矩阵结果（未旋转前的因子负荷矩阵，相关系数比较接近，等待继续旋转），如图 11-10 所示。

成分矩阵[a]

	成分				
	1	2	3	4	5
刷短视频能缓解我的环境适应压力	.784	-.243	-.352		-.141
刷短视频能缓解我的人际交往压力	.760	-.153	-.358		-.231
刷短视频能缓解我的生活挫折压力	.740	-.219	-.423	.138	-.244
刷短视频能带给我乐趣	.706	-.471	.114	.122	.302
我通过刷短视频更容易浏览到有用的信息	.703	.171	-.144	-.441	
刷短视频能缓解我的学业/就业/工作压力	.693	-.244	-.383	.124	-.169
短视频提供的信息可以作为我日常生活的参考	.683	.122		-.568	
我在移动短视频App上获得了更多的认同和共鸣	.679	.474			.120
短视频的内容多样性能引起我的好奇心	.640	-.471		.137	.285
使用移动短视频App时，我会关注好友	.636	.125	.322		-.314
使用移动短视频App时，我会对好友的视频内容点赞、评论互动	.636		.507	.107	-.315
我在移动短视频App上转发有趣、有用的视频	.630	.476		.219	
我在无聊的时候会刷短视频	.628	-.500	.134		.188
我用移动短视频App记录我的生活，表达我的观点和感受	.607	.547		.111	.204
我在移动短视频App上与其他志同道合的用户交流、互动	.594	.563		.249	.130
我在移动短视频App上参与热门视频的拍摄和发布	.581	.631		.174	.130
刷短视频时我感到时间过得很快	.506	-.589	.184	.144	.278
我看到有趣的视频时，常@或分享给相关朋友	.537		.547	.155	-.333
我通过刷短视频了解到社会或组织的最新消息	.580		.128	-.652	

提取方法：主成分分析法。

a. 提取了 5 个成分。

图 11-10 因子分析：成分矩阵结果

第 6 部分为公因子方差结果，公因子方差表示原始变量被公因子（主成分）解释的比例，是成分矩阵中每一行中每个载荷值的平方和。提取一栏表示提取之后，如果选择了提取所有主成分，那么这里也会是 1，因为所有主成分加起来自然能够解释每个原始变量的全部。反过来说，如果只选择提取部分主成分，这里的数就会小于 1，1 与公因子方差的差值称为特殊方差，表示变量中无法被当前主成分解释的部分。如图 12-11 所示。

公因子方差

	提取
我通过刷短视频了解到社会或组织的最新消息	.782
短视频提供的信息可以作为我日常生活的参考	.810
我通过刷短视频更容易浏览到有用的信息	.739
我用移动短视频App记录我的生活，表达我的观点和感受	.723
我在移动短视频App上转发有趣、有用的视频	.684
我在移动短视频App上参与热门视频的拍摄和发布	.783
我在移动短视频App上与其他志同道合的用户交流、互动	.752
我在移动短视频App上获得了更多的认同和共鸣	.708
使用移动短视频App时，我会关注好友	.629
我看到有趣的视频时，常@或分享给相关朋友	.728
使用移动短视频App时，我会对好友的视频内容点赞、评论互动	.774
我在无聊的时候会刷短视频	.697
刷短视频时我感到时间过得很快	.734
刷短视频能带给我乐趣	.839
短视频的内容多样性能引起我的好奇心	.741
刷短视频能缓解我的人际交往压力	.781
刷短视频能缓解我的环境适应压力	.821
刷短视频能缓解我的生活挫折压力	.853
刷短视频能缓解我的学业/就业/工作压力	.730

提取方法：主成分分析法。

图 11-11 因子分析：公因子结果

第 7 部分为总方差解释结果，总方差就是看因子对于变量解释的贡献率（可以理解为究竟需要多少因子才能把变量表达为 100%）。这张表中显示 5 个因子将变量表达到了 75.305%。该指标越高越好，不同的研究领域要求不同，传播学中一般要求达到 70%以上。如图 11-12 所示。

总方差解释

成分	提取载荷平方和			旋转载荷平方和		
	总计	方差百分比	累积 %	总计	方差百分比	累积 %
1	8.089	42.573	42.573	3.813	20.070	20.070
2	2.763	14.542	57.115	3.129	16.468	36.538
3	1.363	7.171	64.286	3.081	16.217	52.755
4	1.233	6.489	70.775	2.293	12.067	64.823
5	.861	4.530	75.305	1.992	10.482	75.305

提取方法：主成分分析法。

图 11-12 因子分析：总方差解释结果

第 8 部分为旋转后的成分矩阵结果，如图 11-13 所示。旋转后的成分矩阵结果分析是因子分析非常重要的一个步骤。通过观察图 11-13 发现所有题项在所在行中的载荷值都存在至少有 1 个大于 0.5 的，所以这 19 个题项都有用，不用删除。观察每个题项在 5 个因子中的载荷情况（绝对值），判断该题项应该属于哪个因子。如第一行“我在移动短视频 App 上参与热门视频的拍摄和发布”在第 1 因子中的载荷最高，为 0.857，该题项应该放入第 1 因子。依此类推，前 5 题都因归于第 1 因子。后面的每个题项也按此规律，放入对应的因子。至此，19 道题全部归于 5 个因子。题项归因之后，研究者的重要问题就变成了如何对这个因子进行解释（题项可能重新归类，产生了变化），这才是传播学研究的专业意义所在。

旋转后的成分矩阵[a]

	成分				
	1	2	3	4	5
我在移动短视频App上参与热门视频的拍摄和发布	.857	.128		.134	.112
我在移动短视频App上与其他志同道合的用户交流、互动	.839	.176			.112
我用移动短视频App记录我的生活，表达我的观点和感受	.811			.204	.110
我在移动短视频App上转发有趣、有用的视频	.764	.146			.245
我在移动短视频App上获得了更多的认同和共鸣	.757	.219		.250	.133
刷短视频能缓解我的生活挫折压力	.194	.848	.258	.109	.133
刷短视频能缓解我的人际交往压力	.212	.774	.222	.250	.161
刷短视频能缓解我的环境适应压力	.203	.772	.352	.210	.126
刷短视频能缓解我的学业/就业/工作压力	.169	.767	.301	.108	
刷短视频能带给我乐趣	.141	.283	.830	.153	.163
刷短视频时我感到时间过得很快		.176	.820		.161
短视频的内容多样性能引起我的好奇心	.107	.272	.789	.112	.140
我在无聊的时候会刷短视频		.270	.726	.236	.203
我通过刷短视频了解到社会或组织的最新消息	.112		.195	.832	.174
短视频提供的信息可以作为我日常生活的参考	.279	.193	.168	.803	.148
我通过刷短视频更容易浏览到有用的信息	.353	.353		.688	
我看到有趣的视频时，常@或分享给相关朋友	.149		.257		.793
使用移动短视频App时，我会对好友的视频内容点赞、评论互动	.231	.144	.259	.140	.783
使用移动短视频App时，我会关注好友	.289	.208		.316	.628

提取方法：主成分分析法。
旋转方法：凯撒正态化最大方差法。
a. 旋转在 6 次迭代后已收敛。

图 11-13 因子分析：旋转后的成分矩阵结果

第 9 部分为成分转换矩阵结果，如图 11-14 所示。成分转换矩阵用以计算各因子负荷量的参数，说明旋转的方向和角度大小。

成分转换矩阵

成分	1	2	3	4	5
1	.510	.515	.447	.391	.349
2	.738	-.246	-.622	.088	-.017
3	-.021	-.678	.229	.036	.697
4	.318	.129	.194	-.911	.118
5	.306	-.445	.569	.086	-.615

提取方法：主成分分析法。
旋转方法：凯撒正态化最大方差法。

图 11-14　因子分析：成分转换矩阵结果

第 10 部分为旋转后的空间中的组件图结果，如图 11-15 所示。旋转后的空间中的组件图是立体的图示 从原点出发看各个因子与各个变量（以变量名显示）的相关程度。

旋转后的空间中的组件图

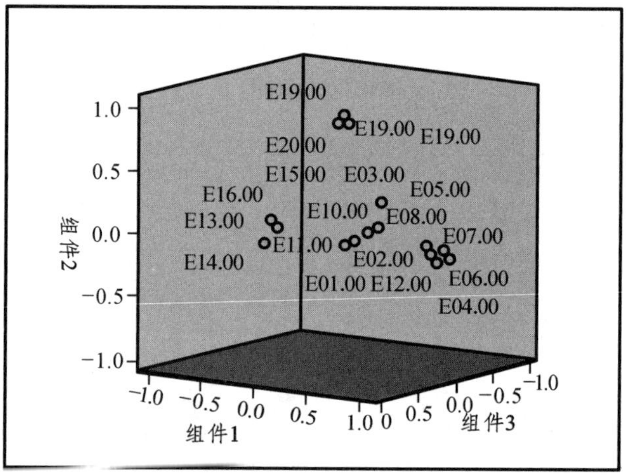

图 11-15　因子分析：旋转后的空间中的组件图结果

第三节　验证性因子分析

一、验证性因子分析方法简述

验证性因子分析（CFA）是对调查数据进行的一种统计分析。它测试一个因子与相对应的测度项之间的关系是否符合研究者所设计的理论关系。验证性因子分析往往通过结构方程建模来测试。在结构方程模型之中，潜在变量的概念与内涵是基于理论的推导，且潜在变量与观察变量的关系是在资料搜集完成之前即事先提出的假设性概念。然后，透过实际所搜集的数据，分析比对假设模型与观察到的数据之间的差异性，决定研究者对于潜在变量所提出的假设性看法是否恰当。以此种模式进行的因素分析称为验证性因素分析，也即是一种先验性、事前的潜在变量定义模式。[①]在实际科研中，验证性因子分析的过程也就是测度模型的检验过程。可以进行测度模型及包括因子之间关系的结构方程建模并拟合的统计软件有很多，比如 LISREL、AMOS、EQS、MPLUS 等。在最近开发的 SPSSAU 即 SPSS 线上分析软件中，提供了验证性因子分析的方法。以下内容来自 SPSSAU 的介绍，有所删减。[②]

验证性因子分析的步骤大致可分为四步，分别是：模型构建（即将因子与测量项对应关系放置规范；在进行验证性因子分析前一般需要进行探索性因子分析，清理掉对应关系出现严重偏差的测量项）、删除不合理测量项[如果因子与测量项间的对应关系出现严重偏差，此时可考虑删除某测量项；也或者某测量项与因子间的载荷系数值过低（比如小于 0.5），说明该测量项与因子间关系较弱，需要删除掉该测量项]、模型 MI（修正指数）指标修正（如果说模型拟合指标不佳，可考虑进行模型 MI 指标修正）、最终模型分析。

SPSSAU 共输出六个表格[③]，各表格对应解释说明如表 11-2 所示：

表 11-2　SPSSAU 验证性因子分析输出

表格	功能用途	指标等
CFA 分析基本汇总	每个因子对应测量项数汇总	因子对应测量项个数
因子载荷系数	聚合（收敛）效度使用，标准化载荷系数值大于 0.7 说明具有聚合效度	非标准化、标准化载荷系数值等
模型 AVE 和 CR 指标结果	聚合（收敛）效度使用指标，区分效度使用指标	AVE 和 CR 指标值
模型拟合指标	模型拟合情况，共同方法偏差使用等	卡方自由度，RMSEA，RMR，CFI，NFI 等
因子和分析项-MI 指标	查看因子与测量项关系强弱，用于辅助判断和分析测量项是否应删除	MI 指标
因子协方差	查看因子之间的关系强弱，辅助判断模型构建情况	因子协方差

二、AMOS 验证性因子分析方法模型构建过程

SPSSAU 中验证性因子分析需要付费在网上进行操作，普及性不广。本节以 AMOS 软件中的相关操作为例来进行说明。之所以选择 AMOS，有以下原因：首先，AMOS 也是 SPSS 系列产品，两者数据可以通用；其次，AMOS 以图像操作界面为主，与 SEM 理论模式图相适应；最后，AMOS 的操作与解读更为简单，更适合文科类学科学习使用。

① 邱皓政，林碧芳. 万千心理——结构方程模型的原理与应用[M]. 2 版. 北京：中国轻工业出版社，2009：3.
② https://www.jianshu.com/p/844f600f03c2
③ https://www.jianshu.com/p/844f600f03c2

AMOS 具体操作过程：

打开 AMOS26.0 软件，其界面如图 11-16 所示：

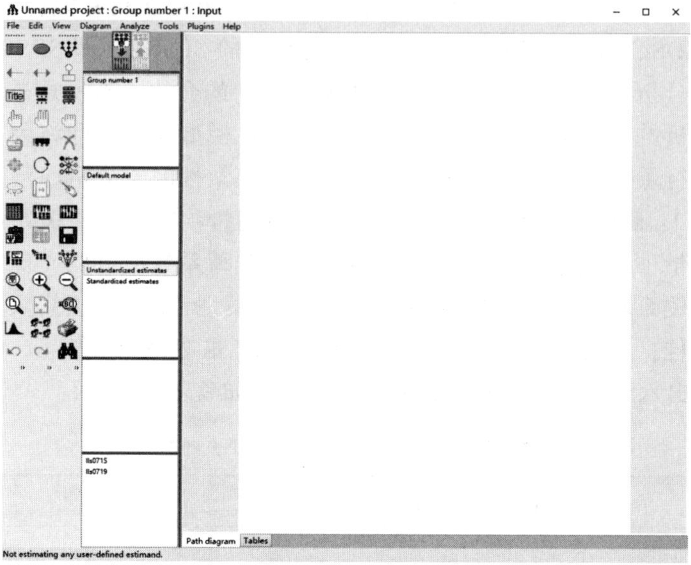

图 11-16　AMOS 软件主界面图

根据需要可以调整主界面中画面的大小。具体操作如下：View→Interface Properties，在弹出菜单的“Paper Size”的下拉菜单中选择纸张大小，如“A5”纸张大小。选中后点击 Apply 即可（如图 11-17 所示）。

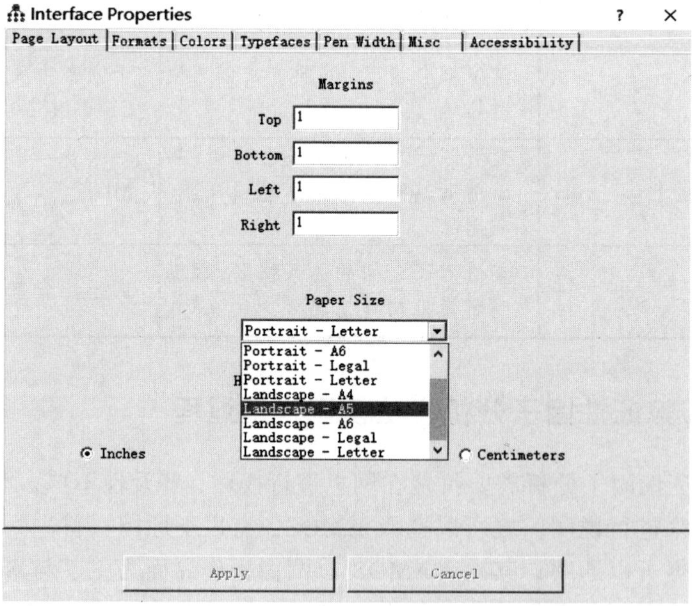

图 11-17　AMOS 软件交互属性对话框

Amos 的界面主要分为三块区域，从左往右分别是：工具箱、显示区和绘图区。在开始构建结构方程之前，需要了解 AMOS 中图形表示的意义。

AMOS 中，方框表示观测变量，椭圆表示潜在变量，单箭头表示因果关系，双箭头表示相关关系。点击 Diagram 查看常用工进行绘制，如图 11-18 所示。

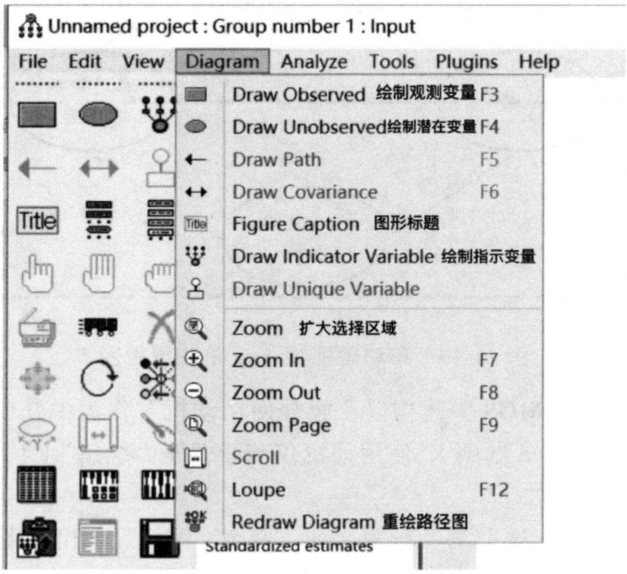

图 11-18 AMOS 软件工具箱界面

通过软件左侧的图形界面，也可以直接绘制路径图。点击 在绘图区按住鼠标左键从左往右拉，绘制潜在变量；点击 ，在绘图区按住鼠标左键从左往右拉，绘制观察变量。选择 ，在潜在变量框点击一下，就绘制出一个指标变量，每多点一下就会多出一个指标变量。点击 ← ↔ ，在绘图区建立变量之间单向联系或者双向联系。点击 ，用来绘制误差变量。以上五种图形在绘制结构图中较常使用，用来构建最基础的框架结构。

为了使绘制出的模型图更加简洁美观，通常会使用一定方式进行调整。点击 ，改变图形的大小；点击 ，上下移动指标变量；点击 ，旋转指标变量 90 度；点击 ，将需要的图形全选；点击 ，复制需要的全选图形，点击 ，可以移动需要移动的图形；点击 ，魔术棒，美化一下绘图；点击 ，删除掉不需要的图形。

潜变量（latent variable，即理论上存在，但不能被直接精确观察和测量的，还尚需通过其他方法加以综合的变量或概念）在结构方程模型中是通过一个或若干个观测变量来估计的，模型路径图中用椭圆或圆形表示。

观测变量（observed Variable，可以通过直接观察或测量得到的变量，等价的名称还包括观察变量、观测变量、指示变量、外显变量或测量指标）在模型路径图中用长方形或方形表示。

在量表问卷中，观测变量对应的就是题项/问题，而在同一类问题基础上抽象凝练的特质或概念就是潜变量，通俗讲也就是量表的维度或构念。

进行模型估计之前，先要根据理论分析或以往研究成果来设定初始理论模型，也就是初步拟定上述测量模型和结构模型。同样以“移动短视频 App 依赖”模型为例，该模型试图建构大学生人格与移动短视频依赖之间的模型关系，如图 11-19 所示：

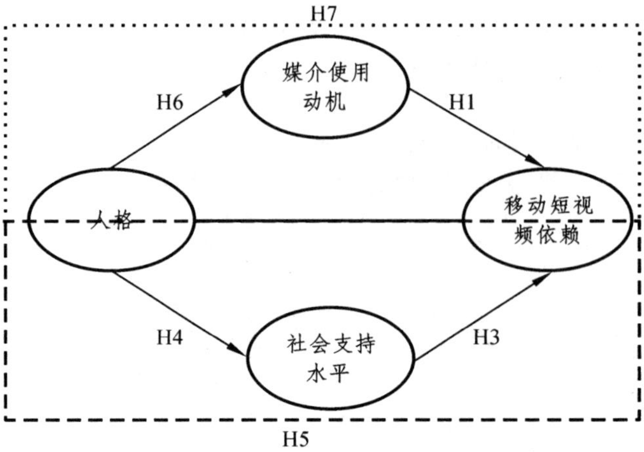

图 11-19　移动短视频 App 依赖模型图

本节作为示例，只在 AMOS 中建构以“媒介使用动机”作为中介变量的上半部分模型，人格仅测量“外向型人格”（5 题项），使用动机仅测量“压力缓解”（4 题项），移动短视频依赖（10 题项）。其具体操作如下：

（1）构建潜变量模型。选取第一行第 2 列“椭圆”图标，画出如图 11-19 所示上半部分三个变量，双击命名并以对应的箭头连接，其结果如图 11-20 所示：

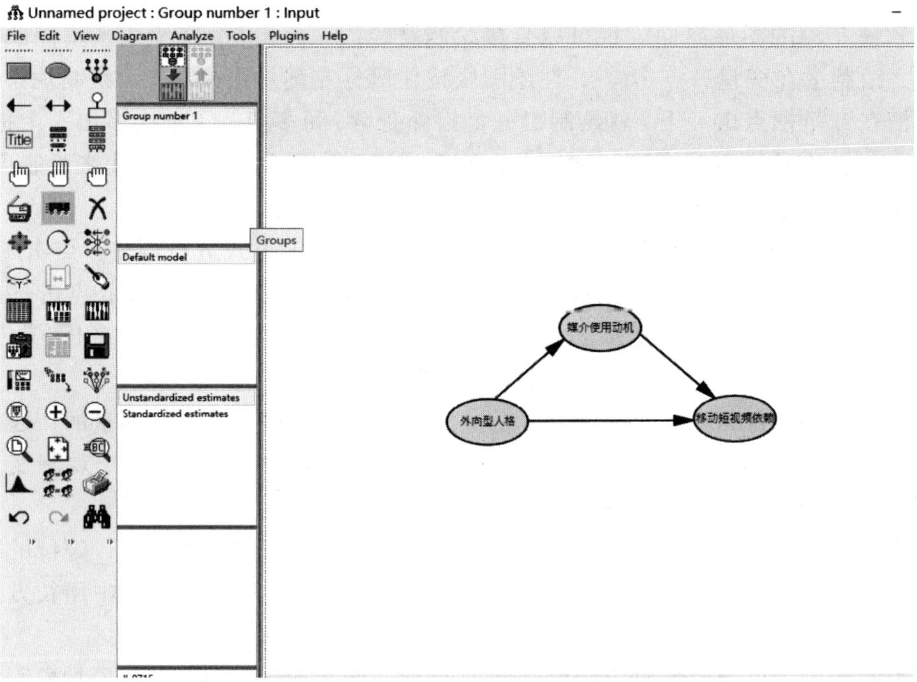

图 11-20　AMOS 软件中潜变量模型图

（2）为潜变量设定观察变量。选取第一行第 3 列图标，根据每个潜变量对应的题项决定点击次数（如外向型人格对应 5 个题项，即点击 5 次），点击一次会在潜变量椭圆形上方出现一组测量指标与误差项，由于 AMOS 路径图表示的为线性回归模型，因此所有因变量（即有箭头指向的变量）都需加上一个误差项（即下图中的小圆圈）。如图 11-21 所示：

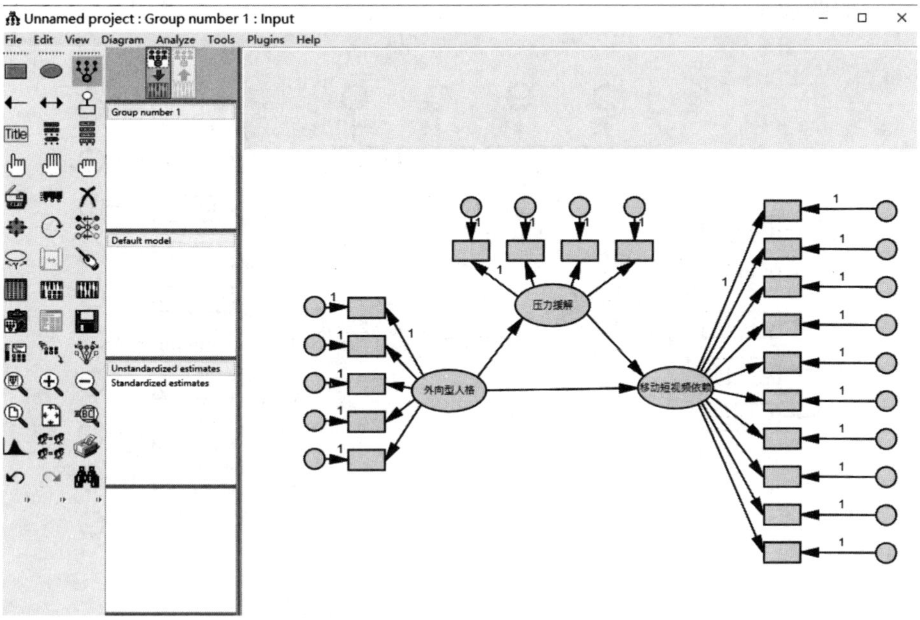

图 11-21　AMOS 软件中设定观察变量

（3）导入数据。构建画出分析的路径图后，接下来需要读取建立模型的数据，分析变量的属性，计算各个系数的估计值，浏览输出结果并分析和修正模型。点击第八行第一列的图标 Select data files。然后点 File Name 选择 SPSS 格式（.sav）保存的文件，点击 OK。在“N”中看到数据的样本数量正确代表导入成功，如图 11-22 所示：

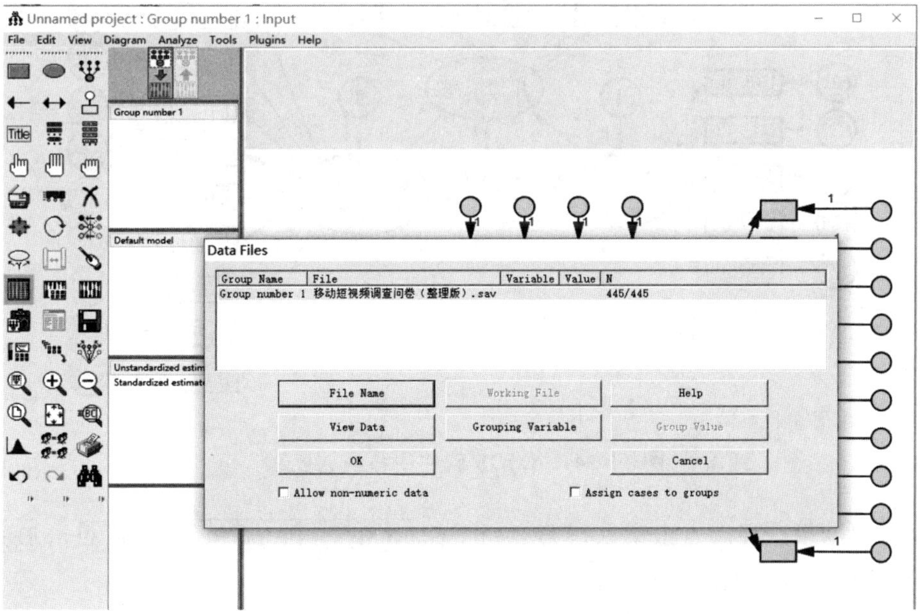

图 11-22　AMOS 软件中导入数据

（4）填充观测变量。点击第三行第三列的图标 List variables in data set。按照潜变量的分类，将对应的题项拖动放入方框中。给三个潜变量添加误差项。如图 11-23 所示：

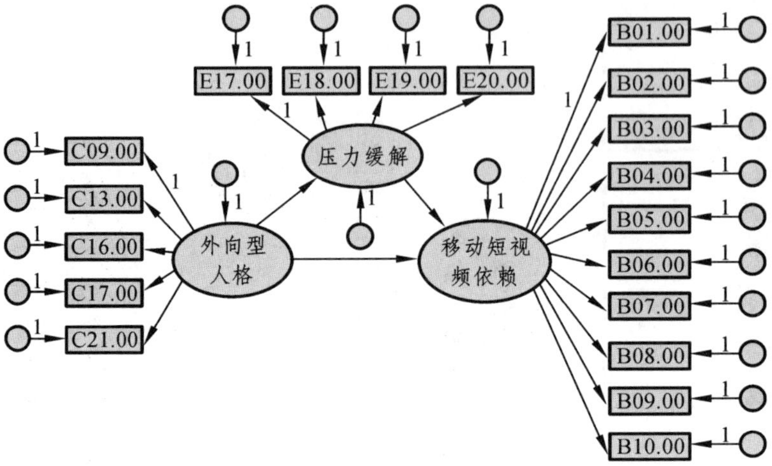

图 11-23　AMOS 软件中填充观测变量

（5）对误差项命名。点击 Plugins　Name Unobserved Variables，自动填补误差项 e，由于误差变量英文是 error，故通常以简写的 e1、 e2、e3…表示。如图 11-24 所示：

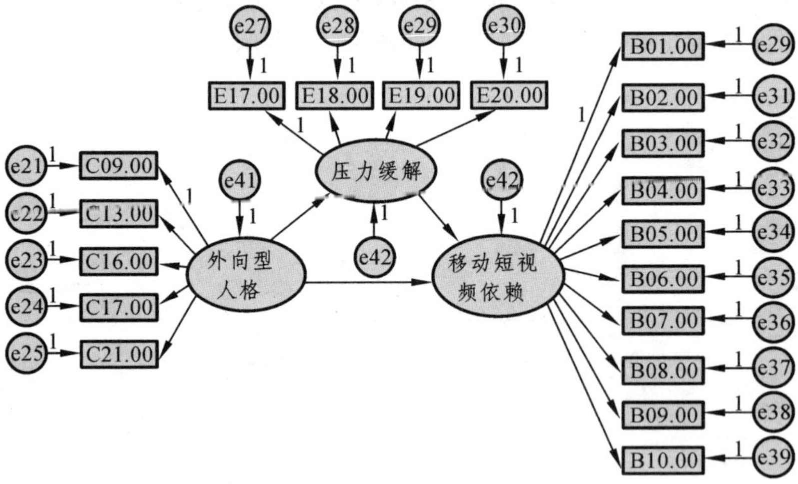

图 11-24　AMOS 软件中命名误差项

（6）输出结果选择。点击第八行第二列图标 Analysis Properties，然后点击 Estimation，即可对模型的相关方法加以选择，常用选项如图 11-25 所示：

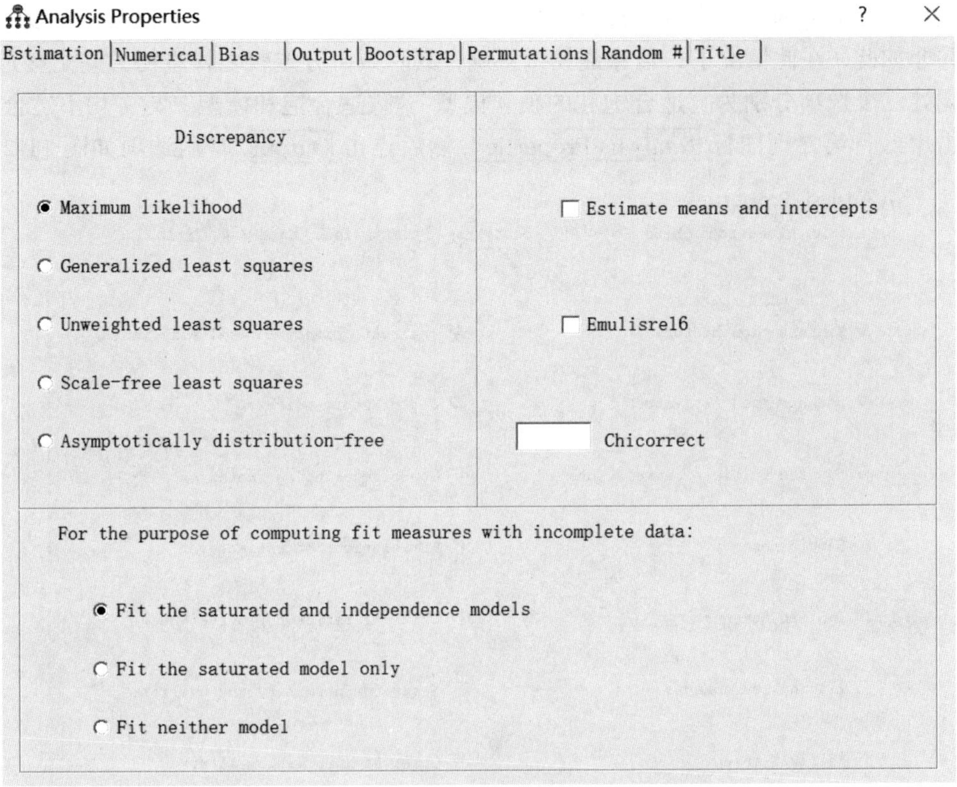

图 11-25 AMOS 软件中模型方法属性项

左上角“Discrepancy”（误差）方框内为模型拟合参数的估计方法，通过寻求合适的模型参数，使得模型隐含的协方差矩阵（即再生矩阵）与样本自身的协方差矩阵的“Discrepancy”（误差）尽可能小。模型拟合参数的估计方法默认为第一个“Maximum likelihood”（最大似然法）最为常用，其适合于样本数量较多、所得观测数据符合多元正态分布的情况。第二个为“一般最小化平方法”，其适合于样本数量较多、所得观测数据不符合多元正态分布的情况。第三个为“无加权最小二乘法”，其与第二个均为全信息估计方法，但“无加权最小二乘法”需要数据的观察尺度相同。第四个为“自由度量最小二乘法”。第五个为“任意分布法”，若样本数量超过 1000，且数据不服从正态分布时可以用此方法。

右上角第一个为“Estimate means and intercepts”，即是否计算平均值与截距。在以下三种情况中可以勾选此项：① 数据有缺失；② 数据为时序性数据；③ 需要进行 Anova 分析或 Manova 分析。

右上角第二个为“Emulisrel6”，若勾选此项，模型会得到与“LISREL”软件一致的结果。

右侧第三个为“Chicorrect”，其作用为指定常数 r 的值。若此框为空白，r 的值将以组数为准。当均值和截距是高度约束的模型参数时，应考虑在此框中填写 0。

下方为“For the purpose of computing fit measures within complete data”选项，即确定在数据包含缺失值时，是否需要调整从而适合饱和模型和或独立模型。其中，饱和模型是指各观测变量之间均允许相关的最复杂模型，其自由度为 0。按照数据相互关系来构建的最优，理想状态下的模型。对于饱和模型而言，其隐藏协方差应当和样本协方差一致，而对于过度限定的模型而言并非如此，在此情况下，若保证模型正确，其隐藏协方差较之样本协方差更接近总体协方差。此处三个选项分别为“适合饱和的独立模型”“仅适合饱和模型”与“均不适合”。

点击第八行第二列图标 Analysis Properties，然后点击 Output，常用选项如图 11-26 所示：

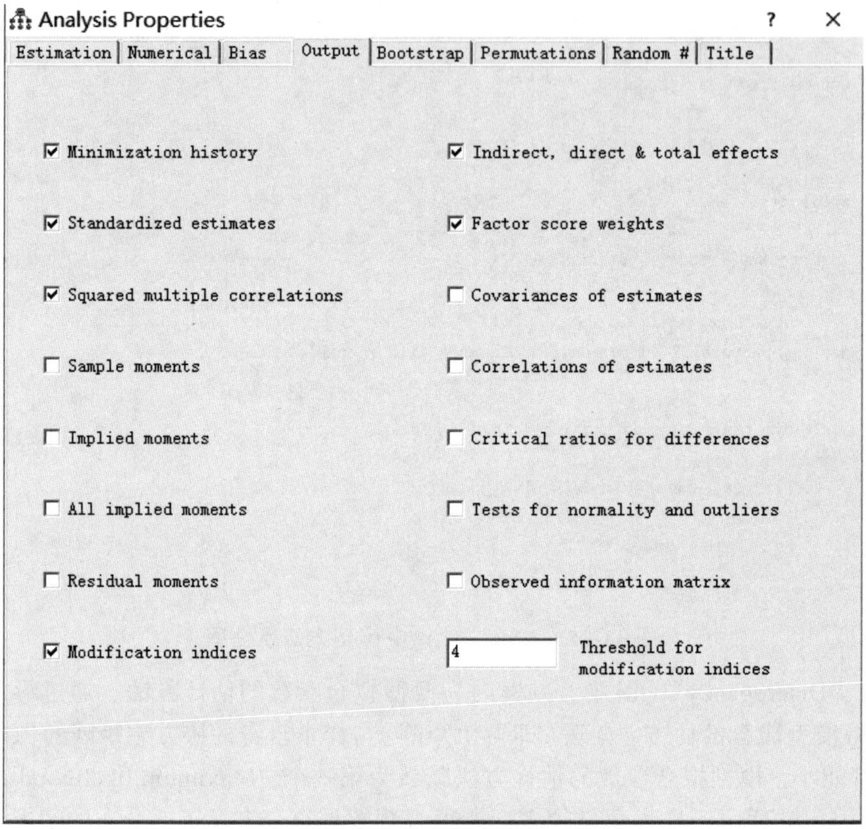

图 11-26　AMOS 软件中计算分析属性项

以下为几种较为常用的分析属性：勾选“Minimization history”结果页面包含迭代运算过程；勾选“Standardized estimates”结果页面包含标准化的估计值；勾选“Squared multiple estimates ”输出多元相关的平方；勾选“indirect, direct & total effects”输出间接效果、直接效果与总效果；勾选“Sample moments”输出观察样本协方差矩阵；勾选“Implied moments”输出隐含协方差矩阵；勾选“Residual moments”输出残差矩阵；勾选“Modification indices”输出修正指标；勾选“Tests for normality and outlies”输出检验正态性与异常值。

（7）计算。点击第八行第三列的图标 Calculate estimates。

三、AMOS 验证性因子分析方法模型运行结果分析

在 AMOS 中点击计算后，如果没有问题，模型显示区会出现“OK：Default model”，说明模型计算成功。

如图 11-27 所示：

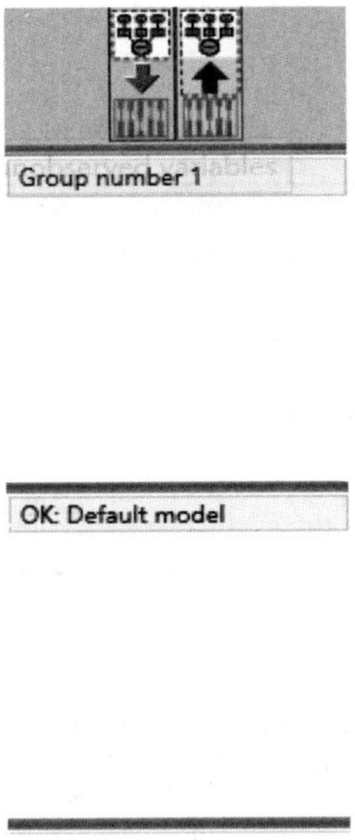

图 11-27 AMOS 软件中计算结果

点击 AMOS 软件左侧第九行第二列 View Text 按钮，可以查看更为详细的模型结果。

点击左边菜单栏的 Model Fit，主要的模型摘要分析都在这个表里面，这也包含了判断模型是否构建成功的主要拟合度指标（图 11-28），这里需要注意，在右侧展示出的多个表格均有三行：Default model（默认模型）、Saturated mdel（饱和模型）、Independence model（独立模型）。在这里，饱和模型和独立模型相当于结构方程模型的两个极端，而自己构建、运行的模型则介于二者之间。

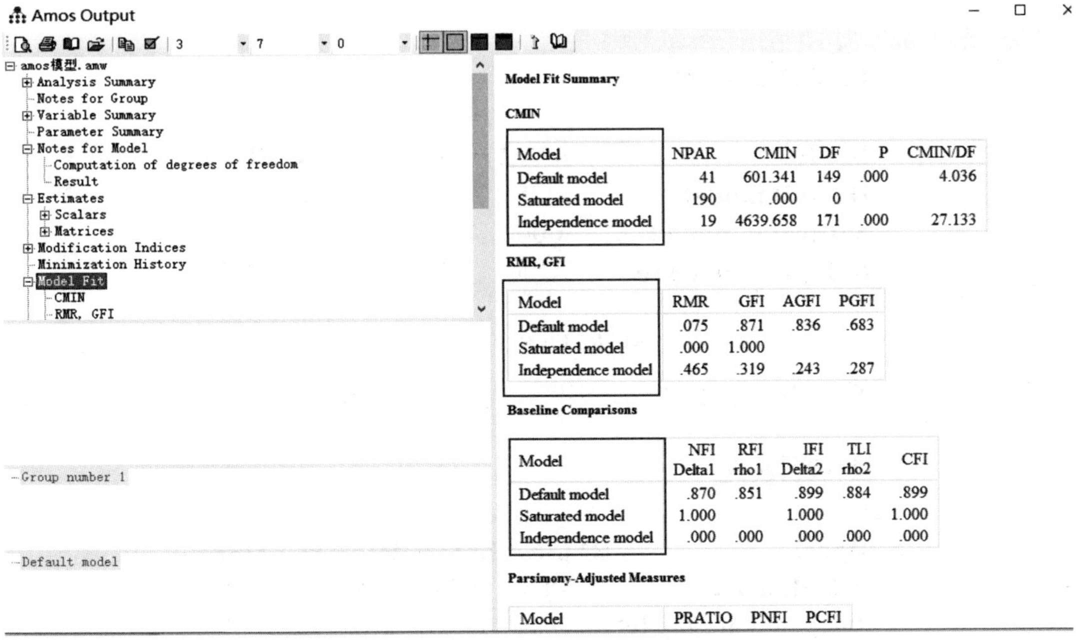

图 11-28 AMOS 软件中模型结果的 Model Fit

其中，最常用的指标及其要求见表 11-3 所示：

表 11-3 模型拟合度指标及其标准

指标	标准	指标	标准
CMIN/DF	1-5	CFI	>0.9
SRMR	<0.08	IFI	>0.9
RMSEA	<0.07	RFI	>0.9
GFI	>0.9	NFI	>0.9

参考表 11-3，可以在 Model Fit 中找到对应数值。

“RMR”即均方根残差，其代表实际情况下的矩阵与模型矩阵做差后，所得残差的平方和的平方根，也可以视作拟合残差。其数值越小越好。图 11-30 显示的“RMR”值为 0.075. 数值接近 0.05。然后看“GFI”。“GFI”即拟合度指数。其最大值为 1，其数值越大，则表明模型拟合程度越高。图 11-30 显示的“GFI”值为 0.871，数值接近 0.9。

CMIN

Model	NPAR	CMIN	DF	P	CMIN/DF
Default model	41	601.341	149	.000	4.036
Saturated model	190	.000	0		
Independence model	19	4639.658	171	.000	27.133

图 11-29 Model Fti 中的 CMIN 值

RMR, GFI

Model	RMR	GFI	AGFI	PGFI
Default model	.075	.871	.836	.683
Saturated model	.000	1.000		
Independence model	.465	.319	.243	.287

图 11-30 Model Fti 中的 RMR、GFI 值

同样的，“RMSEA”数值越小越好。图 11-31 中“RMSEA”值为 0.083，数值小于 0.10。

RMSEA

Model	RMSEA	LO 90	HI 90	PCLOSE
Default model	.083	.076	.090	.000
Independence model	.243	.237	.249	.000

图 11-31 Model Fti 中的 RMSEA 值

CFI（Comparative Fit Index），即比较拟合指数，其数值处于 0 到 1 之间，越接近 1 表明模型拟合程度越高。图 11-32 显示的 CFI 值为 0.899，数值接近 1。

NFI（Normed Fit Index），即规范拟合指数，其数值处于 0 到 1 之间，越接近 1 表明模型拟合程度越高。图 11-32 显示的 0.870，数值接近 1。

RFI(Relative Fit Index)，即相对拟合指数，其数值处于 0 到 1 之间，越接近 1 表明模型拟合程度越高。图 11-32 显示的 RFI 值为 0.851，数值接近 1。

Baseline Comparisons

Model	NFI Delta1	RFI rho1	IFI Delta2	TLI rho2	CFI
Default model	.870	.851	.899	.884	.899
Saturated model	1.000		1.000		1.000
Independence model	.000	.000	.000	.000	.000

图 11-32　Model Fti 中的 CFI、IFI、RFI、NFI 值

各项结果数据显示，模型拟合程度较高，但 CMIN 值不在 1—3 的取值范围内。由于模型修正的方法较为复杂，本书着重介绍添加相关关系降低 CMIN 值的操作方法。

点击第八行第二列“Analysis Properties”中的“output”选项，可以看到 MI（Modification Index），如图 11-33。MI 即修正指标，可以用来参考在图中未绘制出的相关关系。在右侧设置的 MI 阈值为 4，即所有 MI 大于 4 的、有可能会有相关关系的变量都会显示在表格中，如图 11-34。

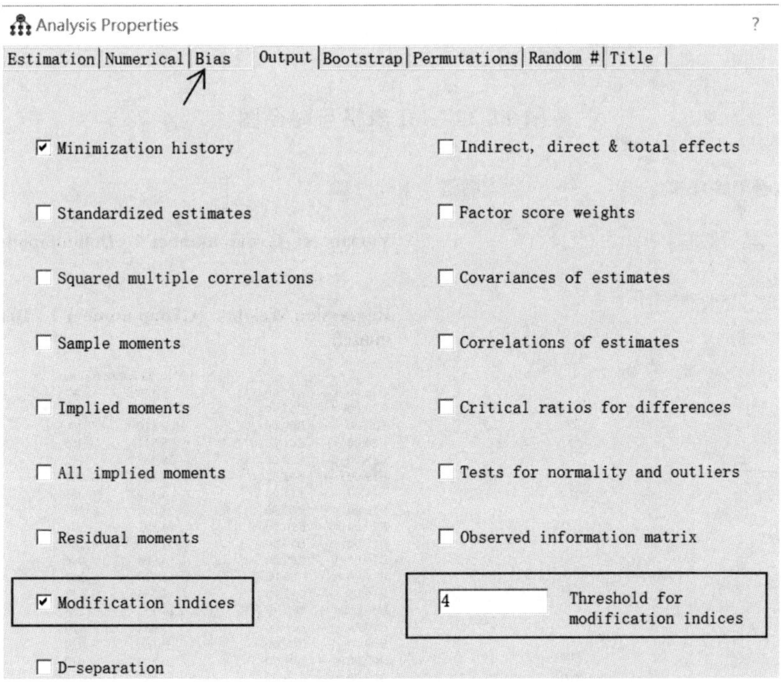

图 11-33　MI 选项

点击第九行第二列“View Text”查看 MI。

参考图 11-34 可以发现，残差 e45 与 e46、题项 E19 与 E20 之间的相关关系十分明显，且箭头是双向的。但在模型修正过程中，至多添加一条相关关系且原则上不在残差之间添加相关关系。此时就需要研究者判断需要添加哪条相关关系。研究者可以根据“MI 数值”与“实际经验”进行判断。根据不添加残差之间相关关系的原则，先看 E19 与 E20 的 MI 指数。“刷短视频能缓解我的环境适应能力”和 E20“刷短视频能缓解我的生活挫折压力”的 MI 值分别为 8.823 和 18.687，且 Par Change 值均大于 0。那么根据实际经验和 MI 指数判断得出，研究者可以添加 E20 对 E19 的影响关系。

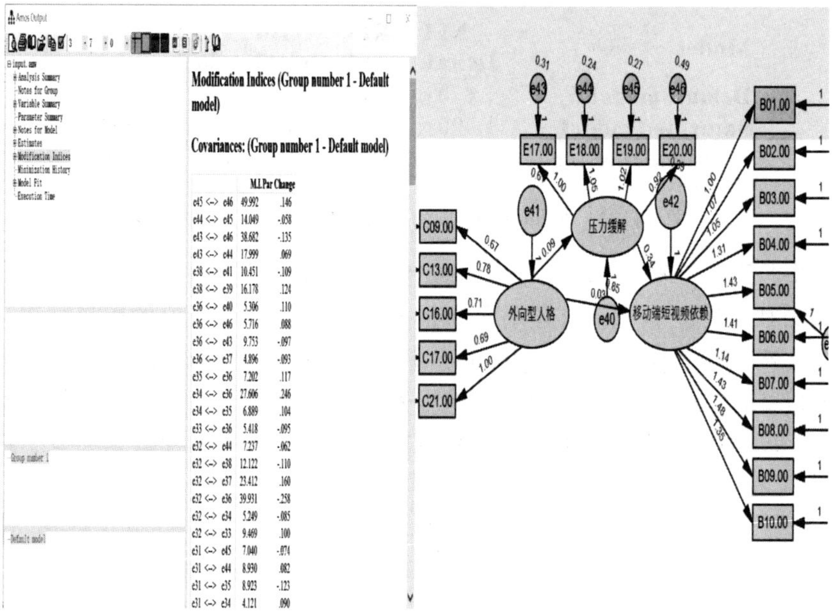

图 11-34　MI 表格与路径图

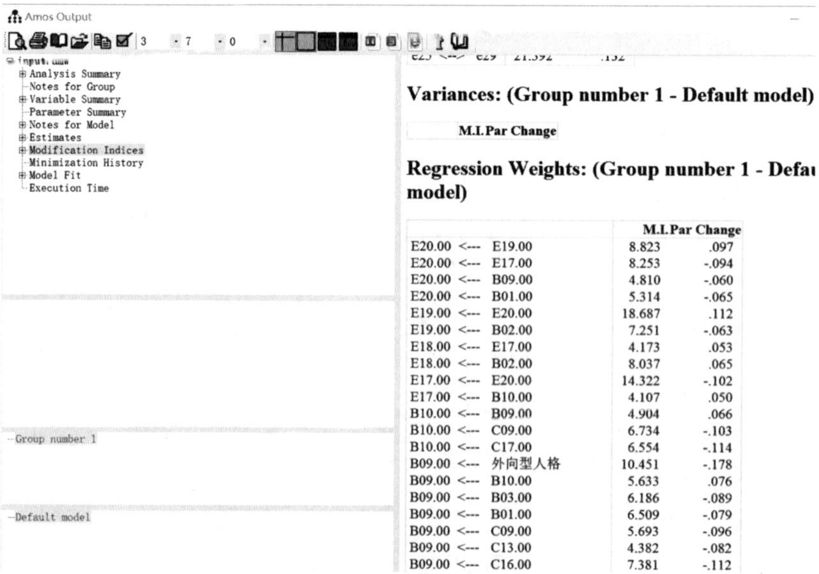

图 11-35　MI 表格

双击中间区域中的“OK:Default Model”（如图 11-36），点击 New 新建模型并取名，这里以“新模型”名称为例，接着点击 Close 。此时就有了一个新模型。接着绘制添加新的相关关系（如图 11-37）。

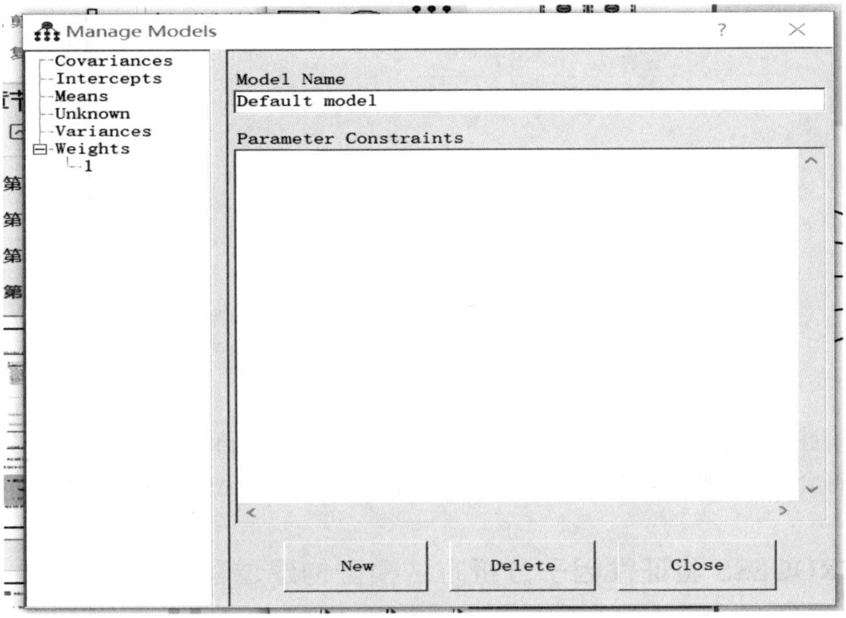

图 11-36　添加新模型

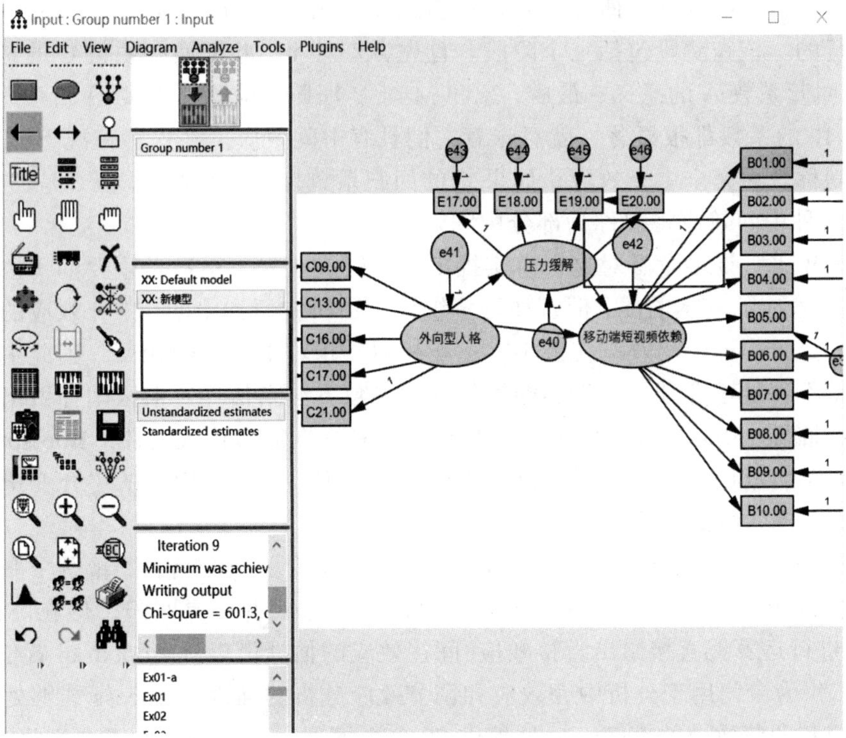

图 11-37　新模型图

接着双击添加的相关关系为其命名，这里以“新相关关系”名称为例（如图 11-38）。

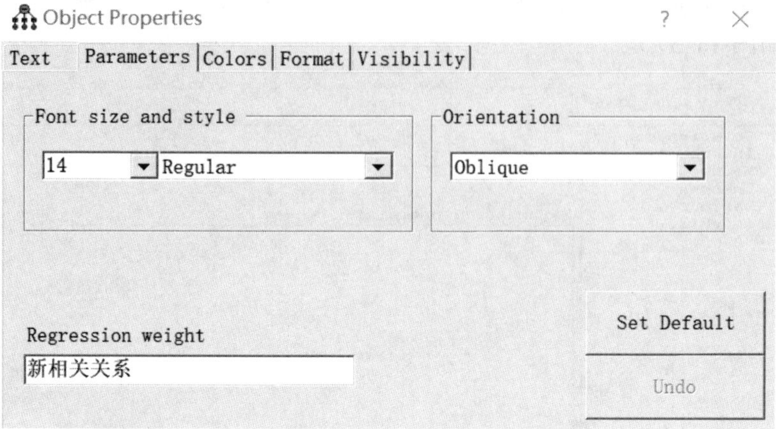

图 11-38 新相关关系命名

回到原有模型，将新相关关系的值设为 0。然后重新进行计算。并观察拟合指数。如拟合指数仍不符合要求，则需要对修正模型或补充样本（具体情况较为复杂，不在本书中讨论）。

四、PROCESS 验证性因子分析方法模型构建过程

作为一个重要的统计概念，中间变量 M 被认为是一个独立变量 X，它通过它对变量 Y 有一定的影响，目前国内外的研究主要是在 Baron 和 Kenny 在 1896 年提出的因果序列方法的基础上进行的。核查阶段包括三个阶段。首先，X 对 Y，验证回归系数 C 的意义；其次，X 对 M 检验回归系数 A 的意义；最后，X 和 M 对 Y 回归，检验 B 和 C 回归系数的意义，如果 C、A 和 B 的系数都很显著，就意味着它们具有中间效应。在这种情况下，如果系数 C' 没有意义，则称之为完全中介效应；如果 C 的回归系数是“明显的”，但 C 是“< C，< C，< C”，那么这种中间效应将被称为部分中间效应。

然而，近年来，许多学者对这一事实提出了质疑。首先，系数是重要的（主要效应的存在），作为间接效应的基本前提，但正如许多统计方法研究所指出的，中介效应的存在并不需要特别注意，由于两种中间效应在大小上可能相似，相对于变量则相反，因此主要效应并不明显。当变量不满足正态分布，就不能用传统的参数方法来估计置信区间并做出统计推断，而是采用自助抽样（Bootstrap）的方法，前提条件是样本能够代表总体。Bootstrap 抽样通过从给定的样本中有放回地多次重复取以产生出许多样本，相对于以往的中介变量验证方法，它不要求正态分布，敏感性也更高。

在 SPSS 软件中，研究者可以通过 Process 插件做中介效应分析，测量两个变量间是否存在中介变量。传统 SPSS 做中介和调节效应时需要分布或者分层回归，但在 SPSS 中通过 Process 插件进行运算能直接给出直接效应、间接效应的估计值以及 Bootstrap 置信区间、Sobel 检验等结果。作为专门用于分析中介效应和调节效应分析的插件，Process 能够处理多种同时包含中介效应和调节效应的模型，插件提供 70 多个模型，分析过程中需要选择对应的模型，设置相应的自变量、因变量、中介或调节变量即可，操作起来简单方便。

在进行 Process 插件分析时，需要正确安装该插件。下载好对应版本的 Process 插件，以管理员身份运行 SPSS，点击菜单栏中的实用程序→定制对话框→安装自定义对话框，找到已经下载并解压好的 processspd 文件，打开。安装完成后退出再打开 SPSS，选择分析—回归，就能看到 Process 插件。

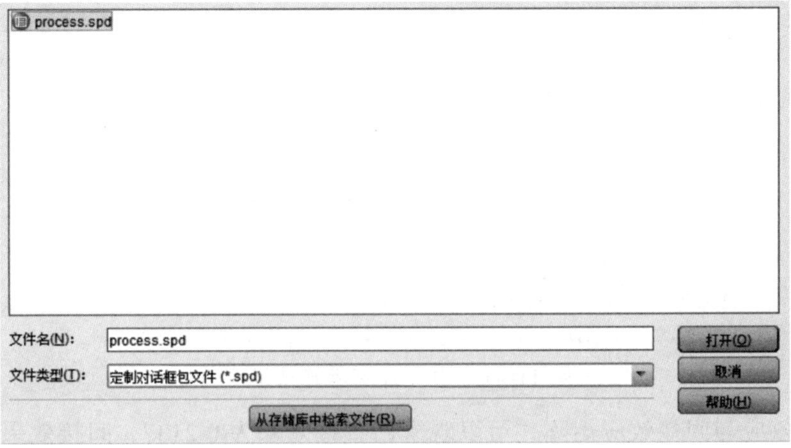

图 11-39　Process 插件安装界面图

通过第八章的相关分析发现，在“依赖”与“神经质”中间，“社会支持”可能发挥中介作用。本节通过插件，进一步分析三者之间的关系，验证“社会支持”是否发挥中介作用。点击分析→回归→Process，在 X Variables 中导入自变量、Y Variables 中导入因变量、Mediator(s) 中导入中介变量，这些变量将组成最终的回归方程。Model number 选择 4，这是给中介分析的模型编号，如果选择其他的就会报错。Number of bootstrap samples 默认为 5000，一般在 1000—5000 之间，通常都会填 1000 或 5000。Bootstrap 样本量不同，最终数据稍有不同。同时要勾选 save bootstrap estimates，以及 bootstrap inference for model coefficients。这里需要注意的是变量的名字不宜过长（限制在 8 个字符之内），否则文件无法运转。

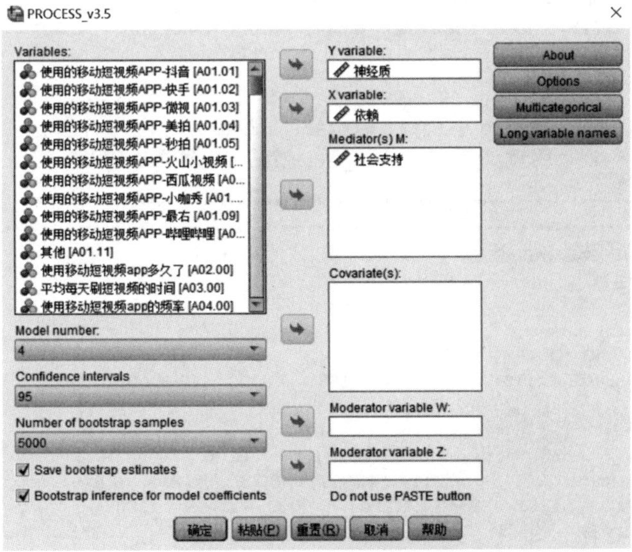

图 11-40　Process 中介效应检验界面图

点击确定，得到标有模型信息的矩阵结果，如图 11-41 所示：

```
**************************************************************************
Model : 4
  Y : 神经质
  X : 依赖
  M : 社会支持

Sample
Size: 445

**************************************************************************
***************** DIRECT AND INDIRECT EFFECTS OF X ON Y *****************

Direct effect of X on Y
   Effect     se       t       p     LLCI     ULCI
    .2137   .0340  6.2904   .0000   .1469    .2805

Indirect effect(s) of X on Y:
          Effect   BootSE  BootLLCI  BootULCI
社会支持   .0144    .0076    .0021     .0318

**********************************************************************
```

图 11-41 中介效应运算结果图

观察直接效应与间接效应矩阵，可以观察出直接效果为 0.2137，间接效果为（0,0021 与 0.0318）。用 Bootstrap 方法做中介效应的检验，并不是通过 P 值来判断的，而是根据(BootLLCI, BootULCI）这一区间是否包含 0 来判断。不包含 0 则中介效应显著，包含 0 则不显著。根据矩阵的 BootLLCI，BootULCI 区间，可以推断“社会支持”在“媒介依赖”与“神经质”之间发挥中介作用。

如需计算三者之间的模型与相关关系，需要关注矩阵结果图（如图 11-41 所示），通过数据关系（如图 11-42 所示），可以推算出最终模型（如图 11-43 所示）。

```
**************************************************************************
OUTCOME VARIABLE:
社会支持

Model Summary
       R     R-sq      MSE        F      df1       df2         p
   .1225    .0150  38.7872   6.7541   1.0000  443.0000     .0097

Model
            coeff       se         t        p      LLCI      ULCI
constant  39.8490    .8654   46.0457    .0000   38.1482   41.5499
依赖       -.8249    .3174   -2.5989    .0097   -1.4487    -.2011

**************************************************************************
*************************************************************************
OUTCOME VARIABLE:
神经质

Model Summary
       R     R-sq      MSE        F      df1       df2         p
   .3401    .1157    .4377  28.9155   2.0000  442.0000     .0000

Model
            coeff       se         t        p      LLCI      ULCI
constant   3.2148    .2211   14.5377    .0000    2.7802    3.6494
依赖        .2137    .0340    6.2904    .0000     .1469     .2805
社会支持   -.0175    .0050   -3.4704    .0006    -.0274    -.0076
```

图 11-42 中介效应具体结果图

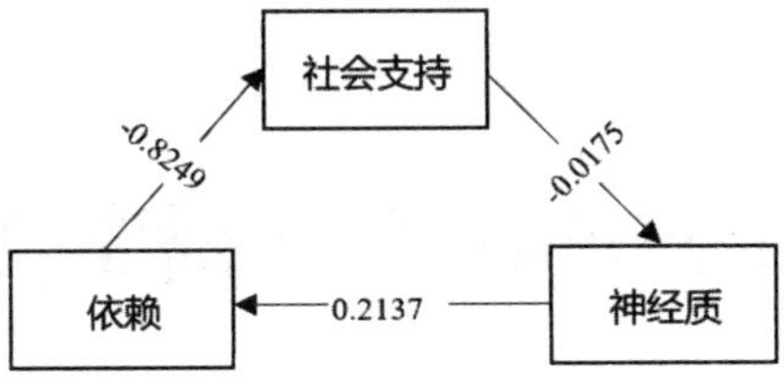

图 11-43 模型结果图

需要注意的是，Process 插件只能处理显变量路径分析模型，无法对包含潜在变量的结构方程模型进行分析。无法考察测量误差，因而不如潜变量的结构方程模型精确。同时，插件不能像 AMOS 结构方程模型那样提供模型拟合参数，不能进行模型的整体评价。

- **课后思考及练习题（需参阅相关文献完成）**

1. 理解量表应用在因子分析中的作用。

2. 打开书中所附文件“移动短视频调查问卷.SAV”，检验该问卷中 B01-B10 十道题的短视频使用量表是否具有多重的因素结构，并做出因子分析并分析其结果。

3. 尝试性地使用 AMOS，思考传播学数据建模分析的基本步骤和要点。

第十二章

CiteSpace 在传播学文献综述中的应用

第一节 CiteSpace 系统简介

CiteSpace（Citation Space），中文译为“引文空间”，是由美国德雷赛尔大学计算机与情报学教授陈超美博士所在团队开发的基于 Java 编程语言和引文分析理论的一款信息可视化软件。

自 2004 年 9 月推出以来，CiteSpace 发展至今已有多个版本，目前最新版本为 CiteSpace-6.2.R2，该软件已得到国际科学计量学界相关研究机构和学者的普遍使用。国内学者也应用 CiteSpace 对生态经济学、工程伦理学、战略管理学等领域进行了可视化研究。

一、CiteSpace 的功能

CiteSpace 这款软件可呈现科学知识的结构、规律和分布情况，分析出来的图形称为“科学知识图谱”，主要用于综述类论文写作，理论观点、演化路径、发展趋势、学术史等梳理，学术研究领域热点扫描等方面，可以对文献共被引、作者共被引、机构合作以及关键词共现等方面进行分析，为科学计量学界的研究提供了有效路径。

二、CiteSpace 的界面介绍

CiteSpace 的界面分为两类，即功能和参数设置界面与分析结果可视化界面，下面分别介绍一下这两个界面。

（一）功能和参数设置界面

如图 12-1 所示，CiteSpace 的功能和参数设置界面主要分为菜单栏、各功能区、处理过程和处理报告区，下面再具体介绍每部分界面的内容。

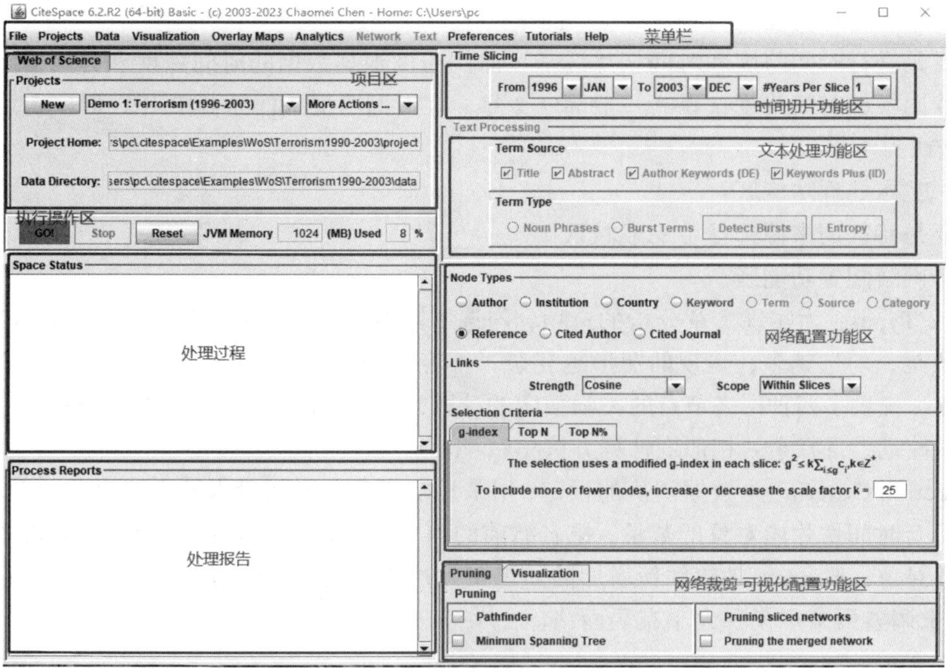

图 12-1 功能与参数设置界面

1. 菜单栏具体内容

（1）File（文件）：主要用于对当前的功能界面参数的保存以及软件的退出。

（2）Projects（项目）：主要用于新建、编辑和删除分析的工程项目。

（3）Data（数据）：主要用于数据过滤和转换。

（4）Visualization（可视化）：主要用于读取 CiteSpace 分析得到的可视化文件。

（5）Overlay Maps（图层叠加）：主要用于实现期刊的双图叠加分析。

（6）Analytics（分析）：主要用于包括 COA 作者的合著分析、作者的共被引分析、文献的共被引分析、期刊的共被引分析等。

（7）NetWork（网络）：主要用于对网络文件的可视化以及保存为网络文件。

（8）Text（文本）：主要是 CiteSpace 的一些高级功能，如概念书 + 谓词树、全文挖掘等功能。

（9）Preferences（偏好）：主要用于对常规默认项的修改。

2. 功能区具体内容

功能区又分为项目区、执行操作区、时间切片功能区、文本处理功能区、网络配置功能区和网络裁剪与可视化配置功能区。我们在进行简单的知识图谱分析时，通常只用调整时间选择区和网络配置功能区，其他选项保持默认即可。

（1）项目区。

主要是新建项目、设置项目路径。

（2）执行操作区。

主要是运行、停止和重设项目。

（3）时间切片功能区。

主要是进行时间跨度和时间切片选择，时间跨度根据数据的时间跨度和分析需要选择，时间切片则根据时间跨度选择，一般为 1-2 年。在时间跨度大时选择 2 年，时间跨度小时为 1 年，默认为 1 年。

（4）文本处理功能区。

主要是特征词来源选择（一般默认）。

（5）网络配置功能区。

Node Types：为实现文章分析的选项，勾选不同项实现不同的分析目的（如图 12-2）。值得注意的是，勾选越多，呈现的图形越复杂，不容易分析图形，Article 只能单独勾选。

Links：提供了四种网络节点的关联强度的计算方法，分别为 Cosine、PMI、Dice 和 Jaccard，一般不做改动，选择余弦相似度计算方法（Cosine）。

Selection Criteria：为数据阈值的设定，用来设定在各个时间段内所提取对象的数量。TOP N 表示每个时间切片内对象的数量，排名靠前的 N 个；TOP% 表示提取每个时间切片中排名前 N%的对象；g-index 是软件新增加的知识单元抽取方式。一般情况下，调整 Top N 或者 Top N%来调整网络规模和大小布局网络。

图 12-2 网络配置功能区

（6）网络裁剪与可视化配置功能区。

对于网络裁剪，CiteSpace 提供了两种算法，分别是寻径算法 (Pathfinder) 和最小生成树算法 (Minimum Spanning Tree)，一般初始生成网络的时候二者均不选，即为默认；生成网络后，根据可视化网络结果再判断是否进行裁剪。裁剪的目的是对网络中的连线进行裁剪，以降低网络密度，提高网络的可读性。

在可视化配置功能区，Pruning sliced networks 是对每个切片的网络进行裁剪；Pruning the merged network 是对合并后的网络进行裁剪。

3. 处理过程

主要是展示报告空间节点总数、实际节点、连线数量等。

4. 处理报告

主要是展示处理的文献数量、处理时间、网络节点、网络连线数量等。

（二）分析结果可视化界面

在 CiteSpace 的可视化界面，可以对可视化图形进行进一步调整。该界面主要分为菜单栏、快捷功能、节点信息列表、分析结果参数的信息、可视化图形展示、图形属性调整等区域。

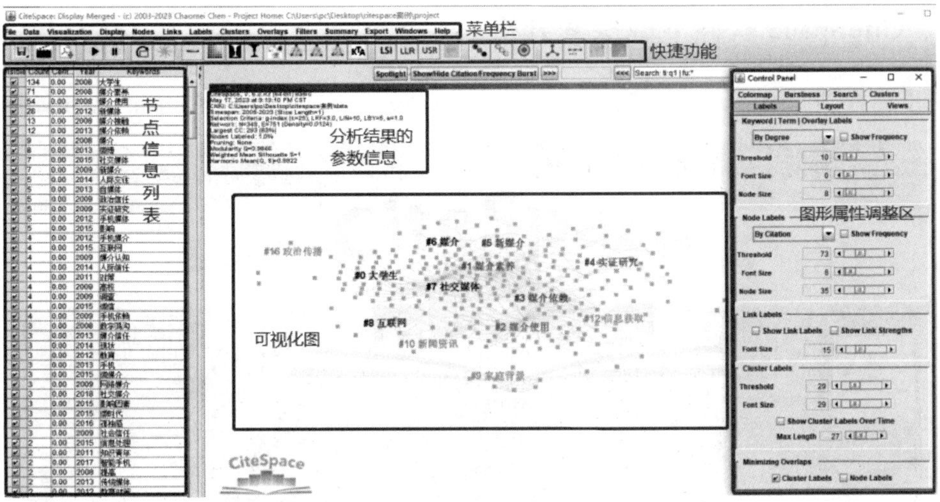

图 12-3 可视化整体界面

图 12-4 快捷功能界面图

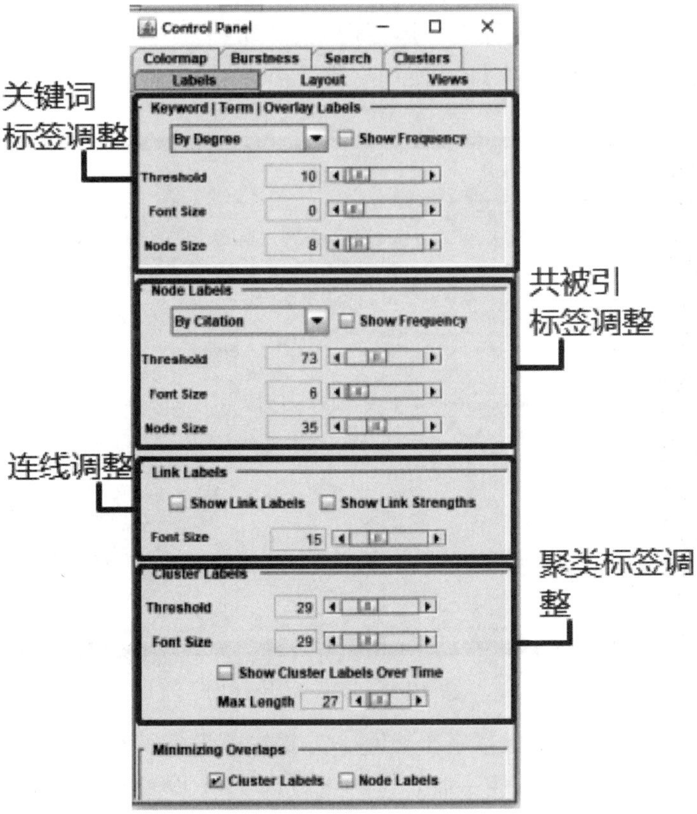

图 12-5 控制面板界面

三、CiteSpace 软件下载探索分析

第一步：找到 CiteSpace 官网：sourceforge.net/projects/citespace/（官网界面如图 12-6）。

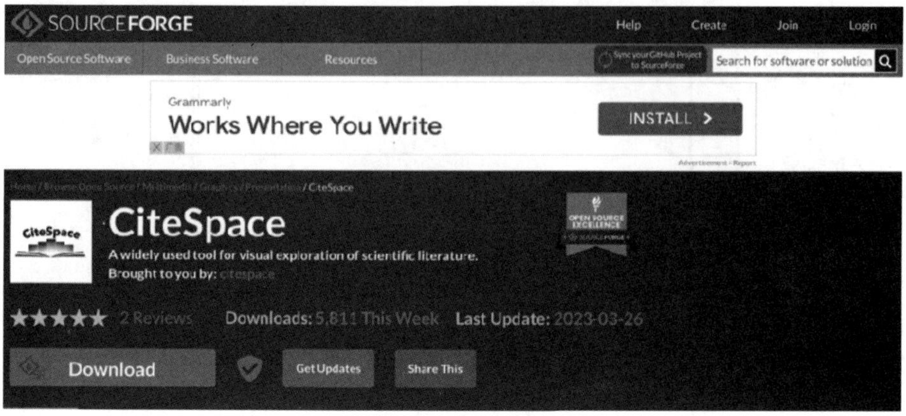

图 12-6 软件官网界面

第二步：点击“Download”下载，然后安装，建议最好不要安装到 C 盘。安装完成后，在电脑桌面建立快捷方式，点开即可使用。

下载完成后的注意事项：

第一，CiteSpace 打开时间比较长，大概半分钟，而且软件开始运行后会有一个黑屏，这是命令窗口，对后续整个操作过程进行运行记录，切记千万不要关掉，等到出现如图 12-7 所示的窗口时，直接点击“Agree”即可使用软件。

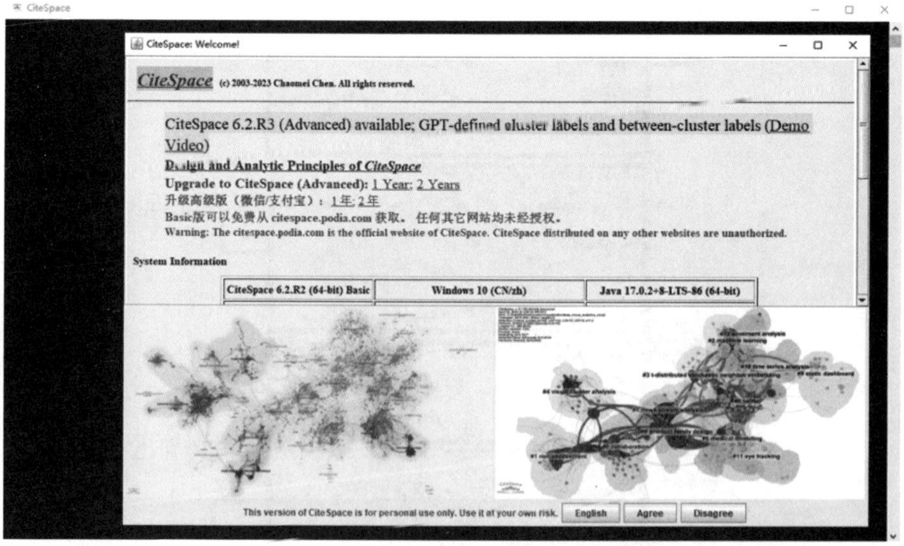

图 12-7 软件打开界面

第二，CiteSpace 软件的新版本字号较小，需要提前设置调整一下：右键单击桌面上生成的 CiteSpace 快捷方式，点击属性—兼容性—更改高 DPI 设置—勾选下方的缩放执行—在下拉框中选择系统（增强）—确认，然后再重新打开软件即可使用，如图 12-8 所示。

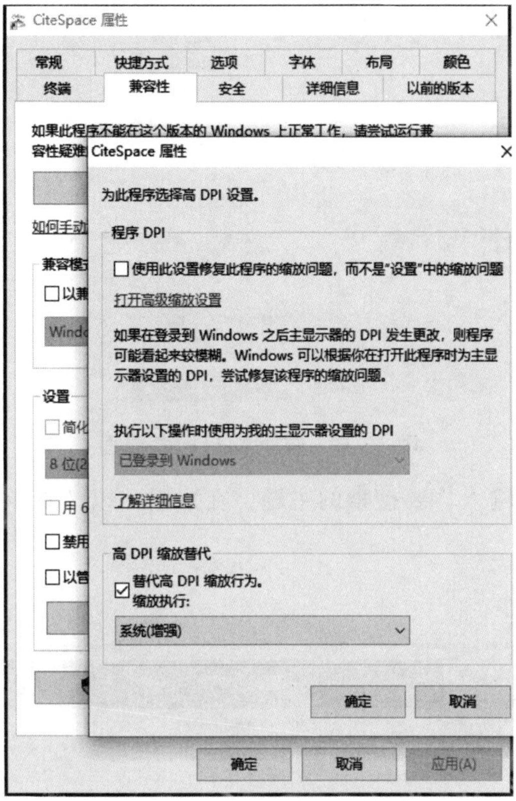

图 12-8 软件属性设置

第二节 CiteSpace 数据库的建立

一、如何从知网获得研究主题的关键信息

第一步：打开知网，选择“高级检索”，如图 12-9 所示。

图 12-9 知网检索界面

第二步：在高级检索中，选择“学术期刊”，为保证期刊的质量，尽量不要选择“全部期刊”，只选择“北大核心”或者“CSSCI”，如图 12-10 所示。

图 12-10 知网高级检索界面

第三步：在主题栏中输入你要搜索的主题，在这里，以“青年媒介素养”为例，搜索结果如下，如图 12-11 所示。

图 12-11 检索结果界面

第四步：使用知网的计量可视化工具查看相关文献的分析，如图 12-12 所示。

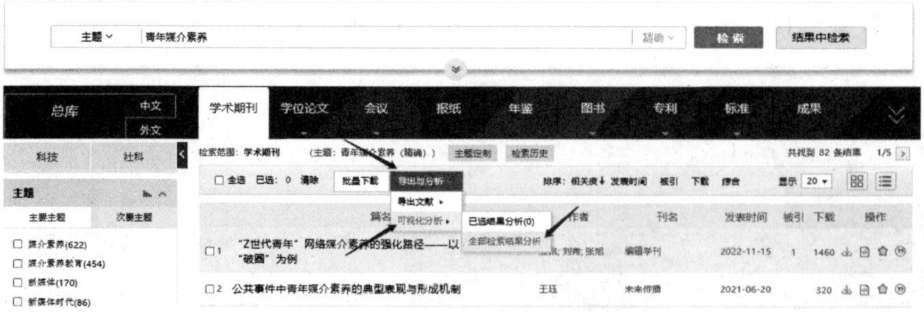

图 12-12 使用计量可视化工具界面

分析结果如图 12-13 和图 12-14 所示，我们可以看到对相关文献年度发表趋势、主要主题、次要主题、作者等类型的分析，根据研究目的不同，还可以对每个统计图进行单独的分析。

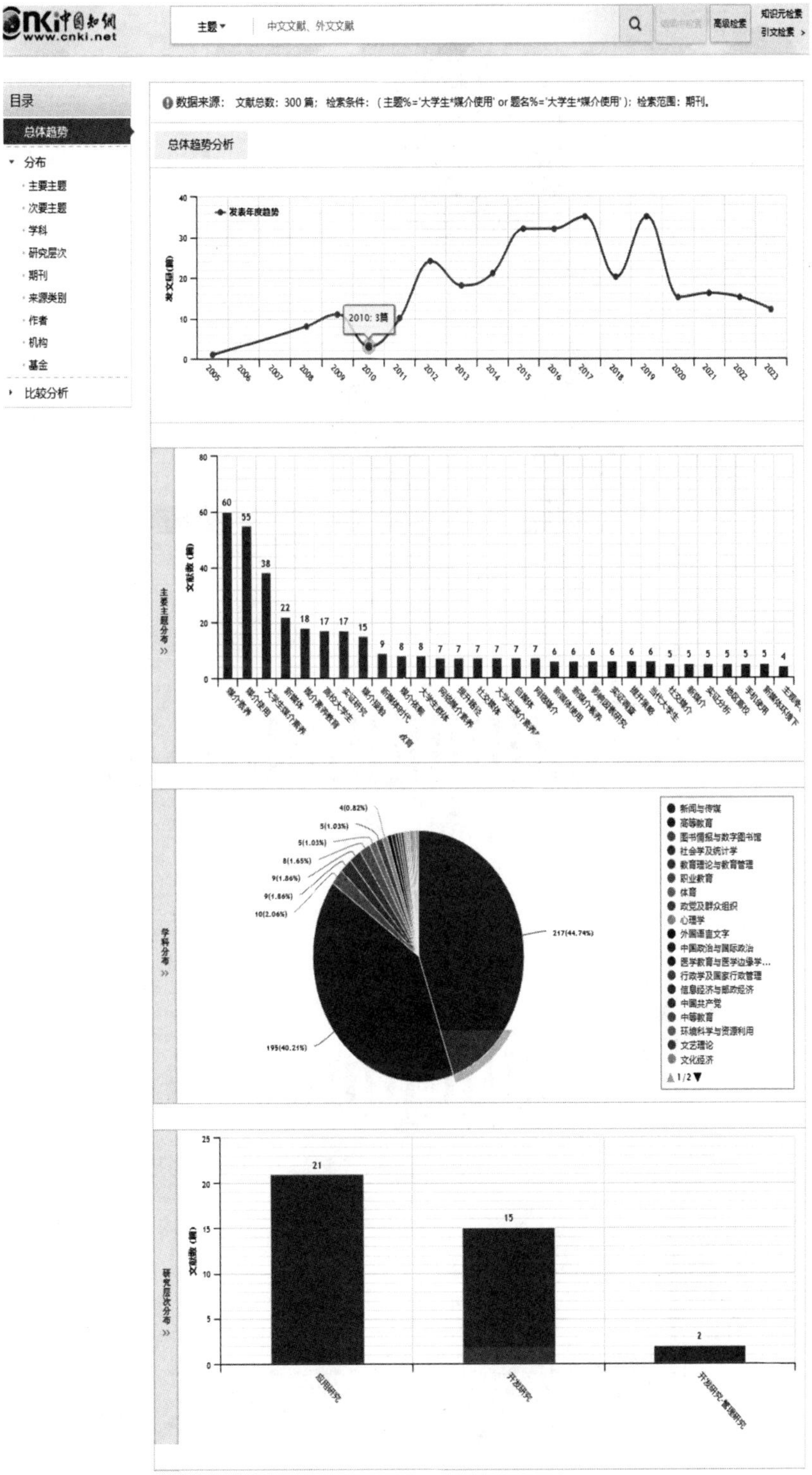
主题
中文文献、外文文献
高级检索
知识元检索
引文检索
目录
总体趋势
分布
主要主题
次要主题
学科
研究层次
期刊
来源类别
作者
机构
基金
比较分析
数据来源： 文献总数：300 篇； 检索条件：（主题%='大学生*媒介使用' or 题名%='大学生*媒介使用'）；检索范围：期刊。
总体趋势分析
发表年度趋势
2010: 3篇
新闻与传媒
高等教育
图书情报与数字图书馆
社会学及统计学
教育理论与教育管理
职业教育
体育
政党及群众组织
心理学
外国语言文字
中国政治与国际政治
行政学及国家行政管理
信息经济与邮政经济
中国共产党
中等教育
环境科学与资源利用
文艺理论
文化经济
217(44.74%)
195(40.21%)

图 12-13 可视化结果

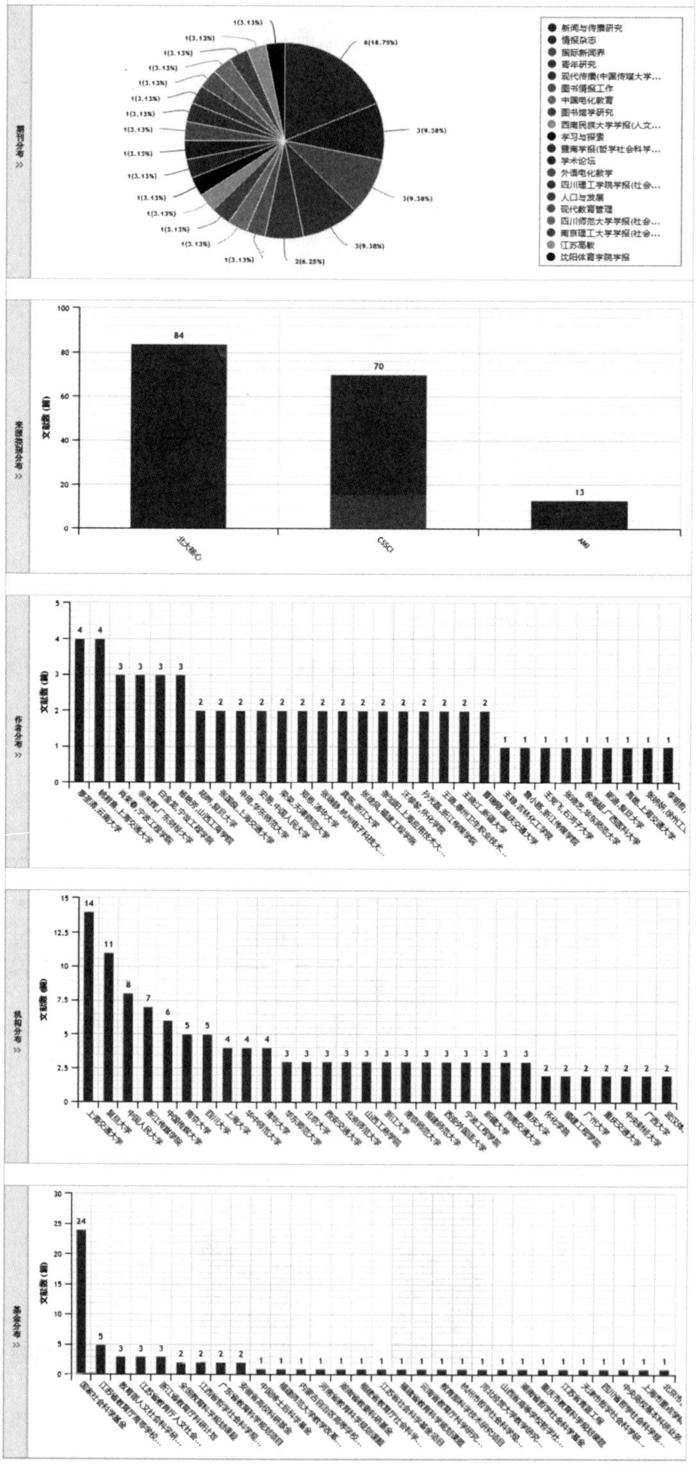
期刊分布
6(18.75%)
3(9.38%)
3(9.38%)
3(9.38%)
2(6.25%)
新闻与传播研究
情报杂志
国际新闻界
青年研究
现代传播(中国传媒大学...
图书情报工作
中国电化教育
图书馆学研究
西南民族大学学报(人文...
学习与探索
暨南学报(哲学社会科学...
学术论坛
外语电化教学
四川理工学院学报(社会...
人口与发展
现代教育管理
四川师范大学学报(社会...
南京理工大学学报(社会...
江苏高教
沈阳体育学院学报
来源类别分布
文献数(篇)
84
70
13
北大核心
CSSCI
AMI
作者分布
机构分布
上海交通大学
复旦大学
中国人民大学
基金分布
国家社会科学基金

图 12-14　可视化结果

二、CiteSpace 数据库的建立

1. 以 Refworks 格式导出 CNKI 上关于自己研究主题的相关文献

打开知网，在主题栏中输入你要搜索的主题词。由于搜索到的文献数量较多，质量不一，应该根据自身情况，以时间年限、语言类型、来源类别等进行筛选。在这里，我们主题词以“大学生；媒介使用”为例，最终筛选出 300 条有效文献数据。这里要注意文献数量保证在 300 至 500 之间最好，如图 12-15 所示。

图 12-15 文献检索结果

将搜索到的文献按照发布时间进行排序，注意要记住第一篇和最后一篇文献的发表年月，在后面数据分析时会用到。将每页的显示数量调整到 50 篇，然后再依次全选每一页的文献（如图 12-16），10 页为一组导出（CNKI 一次最多导出 500 篇文献），导出格式选择“Refworks”，直到文献全部导出为止，如图 12-17 所示。

图 12-16 选择文献导出格式

图 12-17 导出文献

在所有文献导出后，将其合并为一个 txt 文档，如果文档数量为两个，可以直接复制其中一个文档粘贴到另一个文档中完成数据合并。

2. 数据格式转换：将 CNKI 引文格式转换为 CiteSpace 可识别处理的引文格式

第一步：将导出的 txt 引文文档重新命名为“download_*****.txt”的格式，如图 12-18 所示。

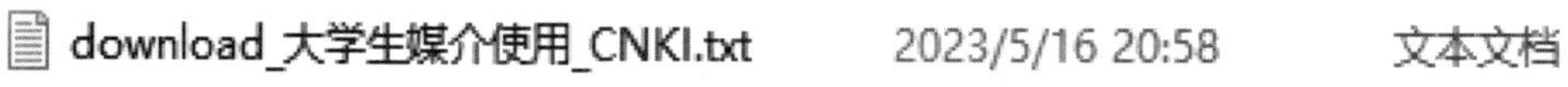

图 12-18 引文文档命名格式

第二步：在电脑上创建一个名为“CiteSpace 案例”的文件夹，然后在此文件夹里再分别创建四个名为“Data”“Input”“Output”“Project”的文件夹，这一步是为了便于区分，也可以不用创建，只要自己可以找到文档所在路径即可，如图 12-19 所示。

图 12-19 文件夹创建

第三步：将重新命名的 txt 引文文档移动到“Input”文件夹里，如图 12-20 所示。

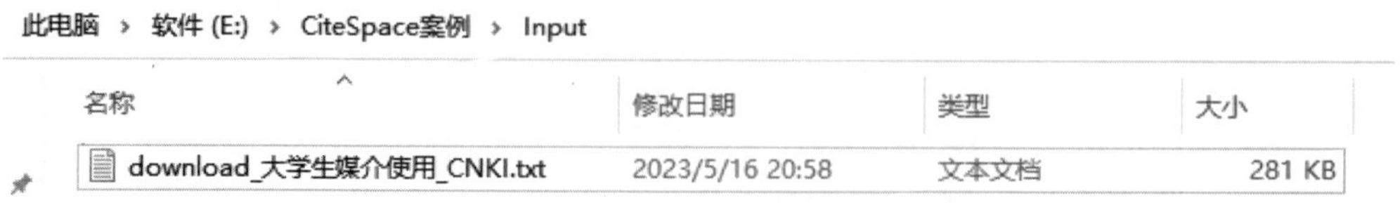

图 12-20 文档存储路径

第四步：打开 CiteSpace 界面，点击左上角“date”中的“Import/Export”，如图 12-21 所示。可以看到该软件可以分析处理的数据库名称，我们选择“CNKI”，然后再分别选择数据格式转换前后的输入和输出路径，对应的分别是上面第二步创建的“Input”和“Output”文件夹，如图 12-22 所示。

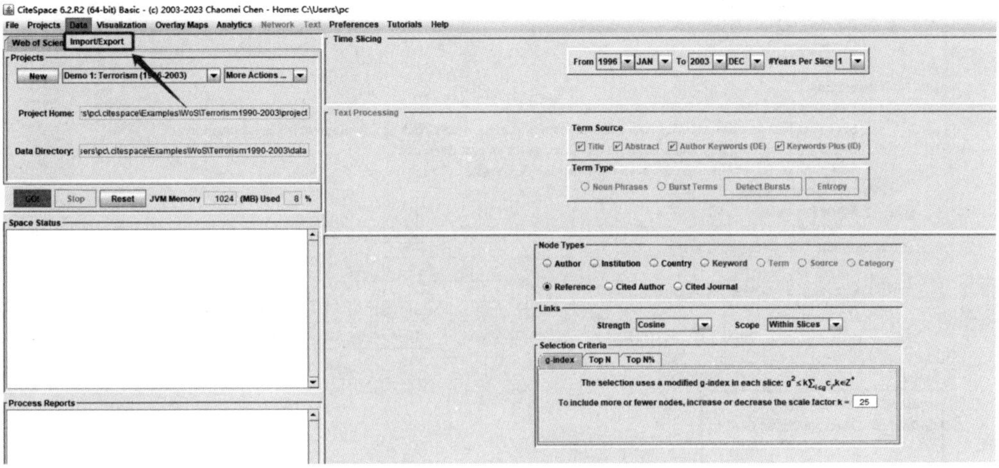

图 12-21　导入数据

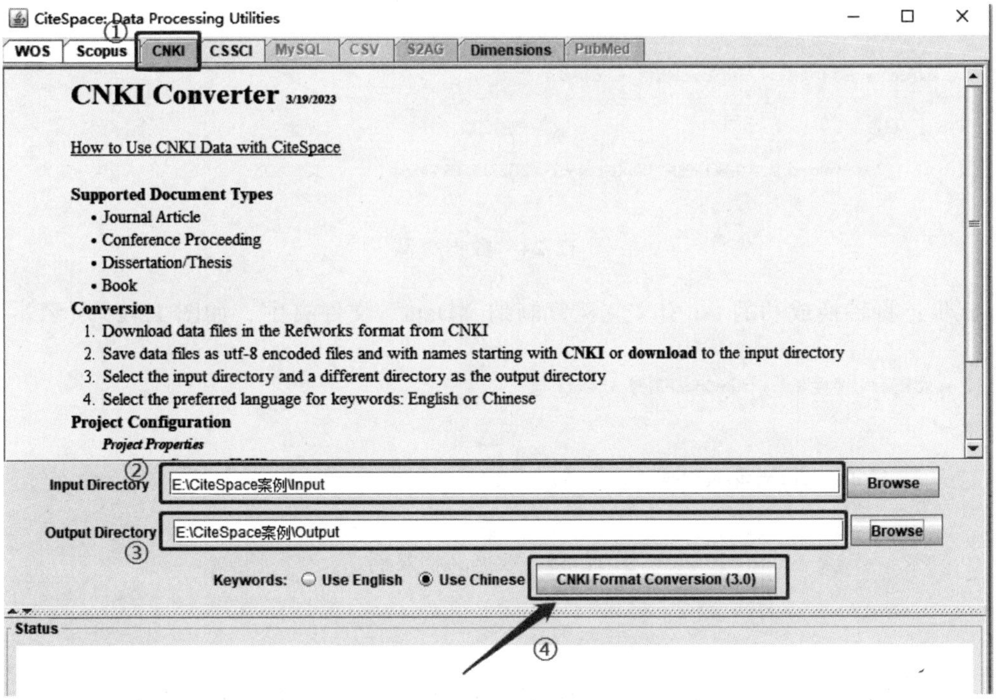

图 12-22　数据输出路径

选好后直接点击右侧的转换按钮［CNKI Format Conversion（3.0）］，如图 12-23 所示，即为转换完成。转换成功的 txt 引文文档储存在“Output”文件夹中，如图 12-24 所示。

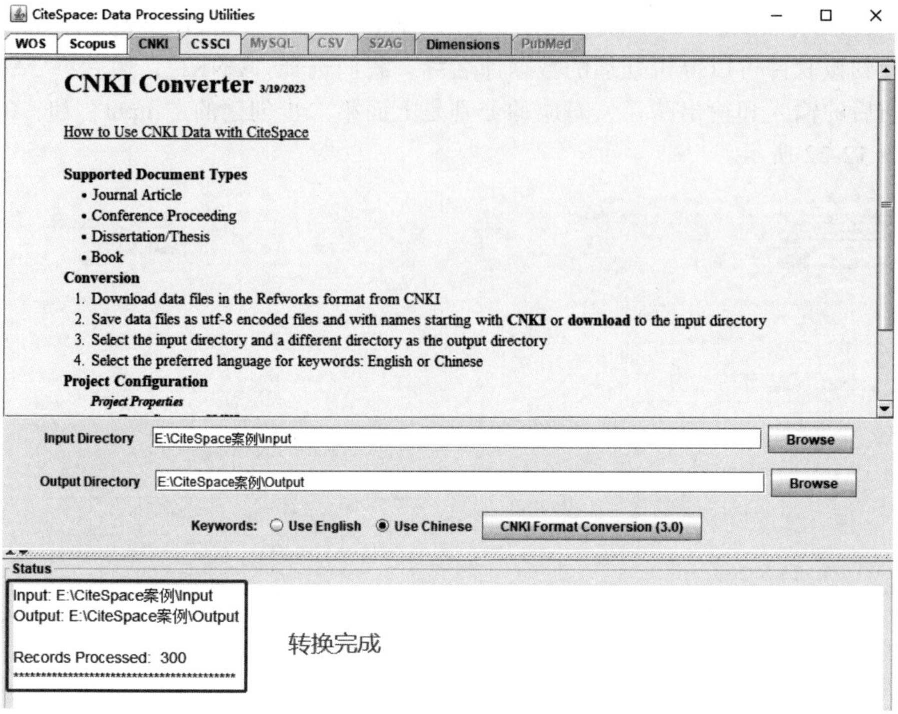

图 12-23 转换数据

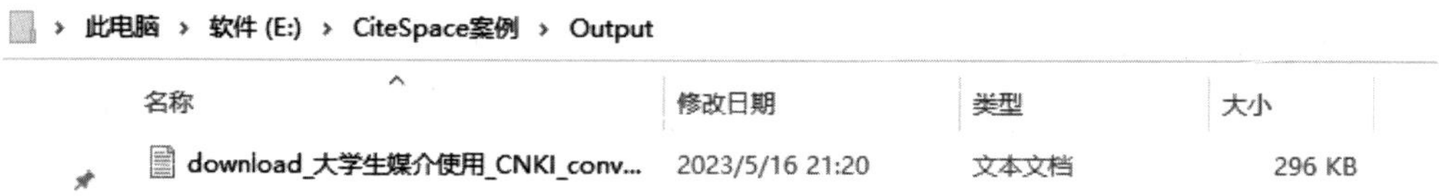

图 12-24 数据存储

第五步：将转换成功的 txt 引文文档复制到“Data”文件夹中，如图 12-25 所示。

图 12-25 数据文档复制

第三节 CiteSpace 数据处理分析、可视化与导出

在建立好 CiteSpace 数据库后，接下来就是进行数据的处理，接着对研究主题相关文献的关键词、作者以及机构等进行可视化分析，最后进行数据的导出。

一、数据处理

第一步：在 CiteSpace 的主界面，点击左上角的“New”新建一个项目，如图 12-26 所示，项目标题为自己的研究主题，在这里，我们的标题即为“大学生媒介使用”，下面的路径分别选择之前创建的“Data”和“Project”路径，在 Data Source 一行勾选“CNKI/WanFang”，完成后点击下面的“Save”，如图 12-27 所示。

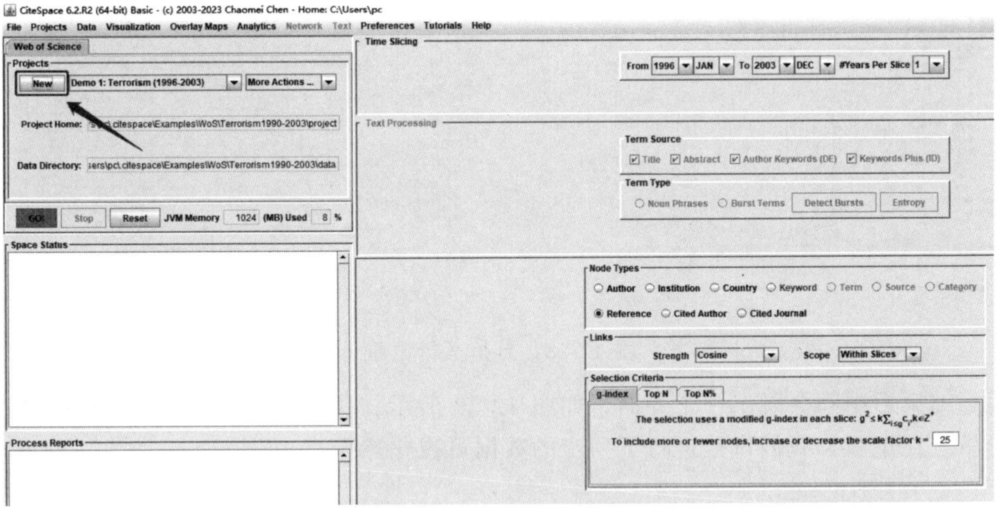

图 12-26 新项目创建

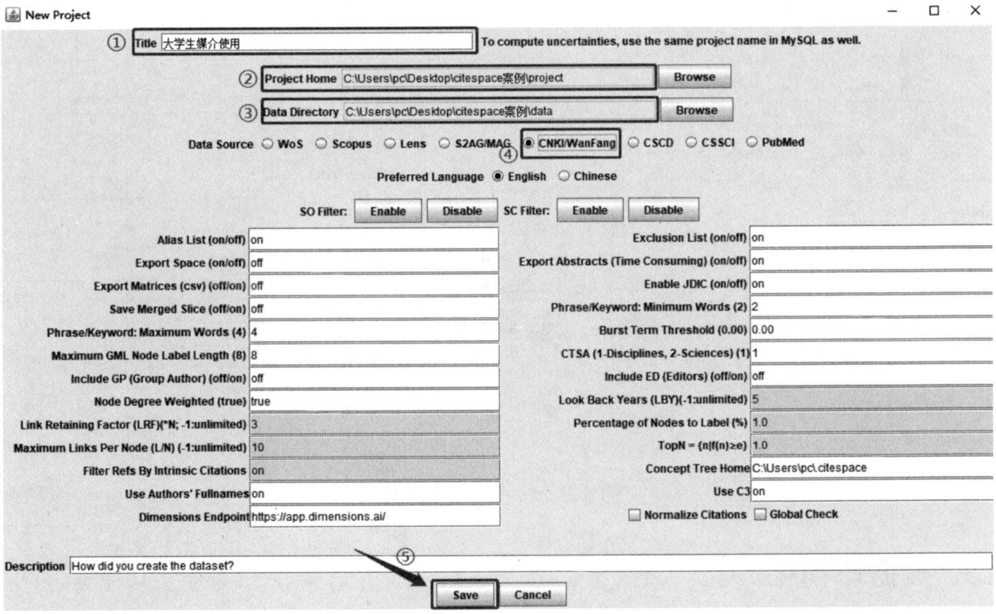

图 12-27 选择路径

第二步：重新回到 CiteSpace 主界面，在右边“Time slicing”（时间切片）一栏中设置好引文数据的起止年月；然后在中间的“Node Types”（节点类型）一栏中勾选“Keyword”分析，设置完成后，点击界面左侧的“Go”进行软件运行，如图 12-28 所示。

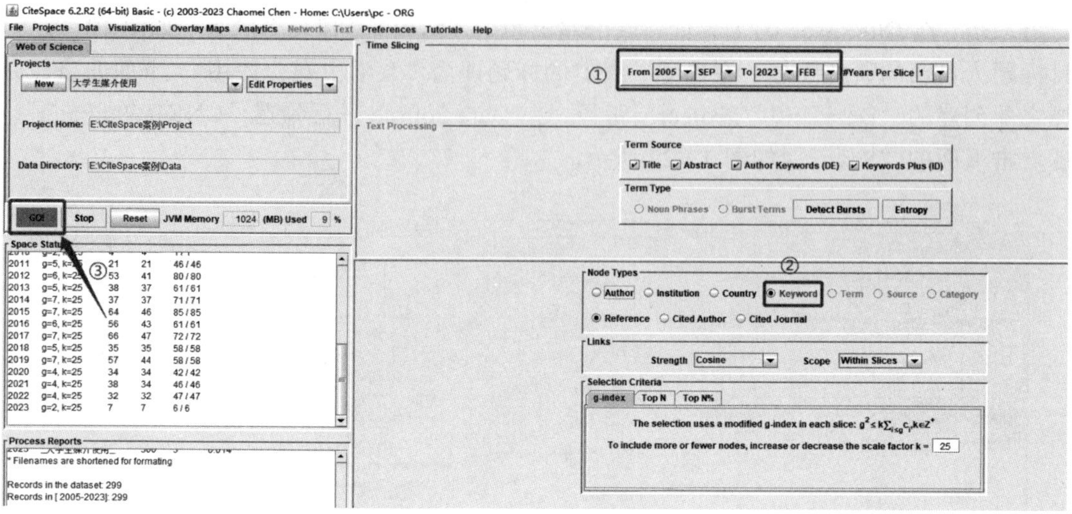

图 12-28 分析运行设置

运行结束后中间会跳出一个界面，如图 12-29 所示，我们可以直接选择保存或者进行可视化分析，在这里，我们直接进行下一步的数据可视化操作。

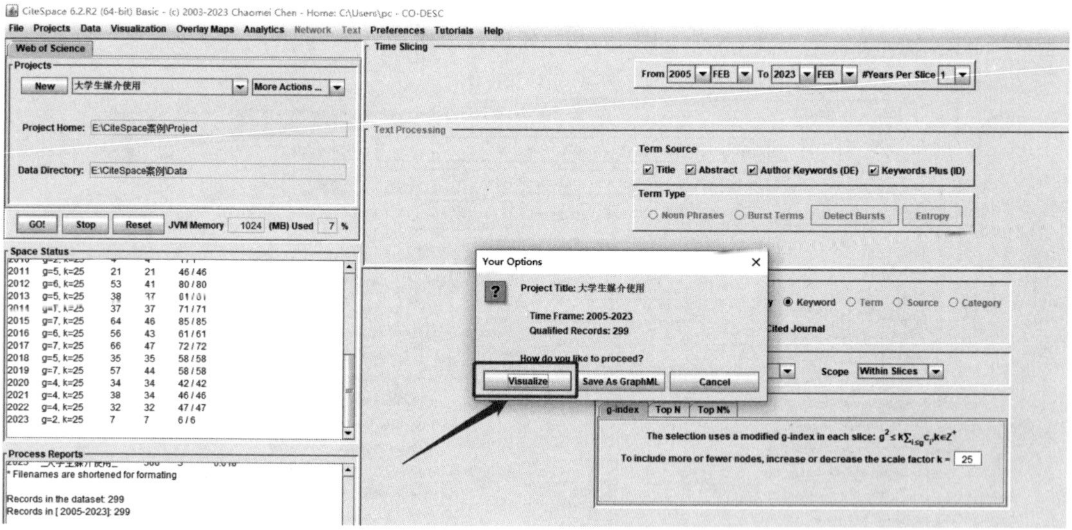

图 12-29 进行可视化

二、数据可视化

在可视化界面，我们会看到界面中间有一些比较显眼的关键词，这些关键词是近些年我们选择的研究主题下比较热门的领域或者分支，在界面左侧显示的是关键词出现频率的统计，如图 12-30 所示。

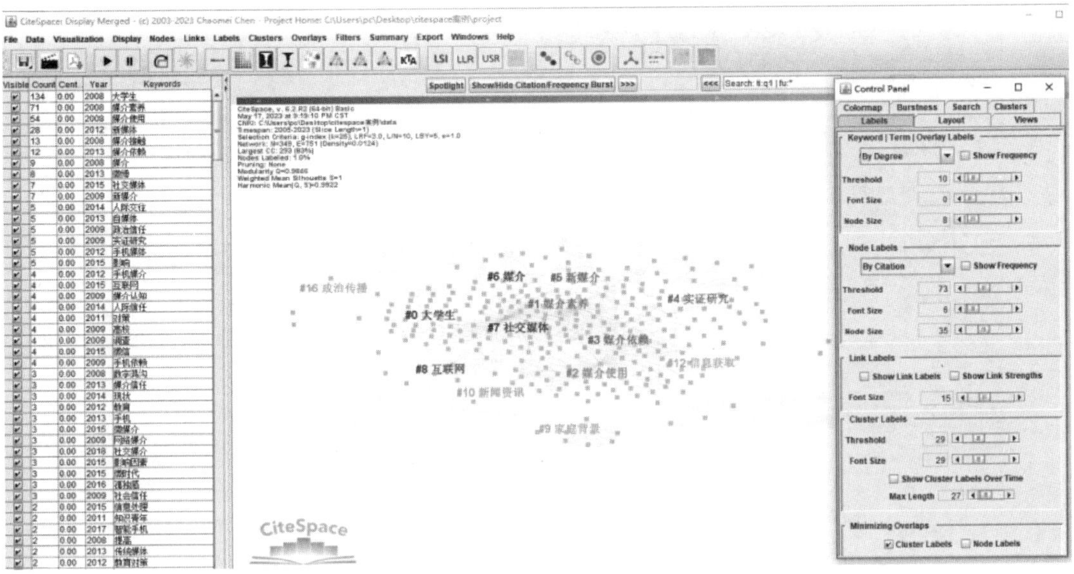

图 12-30　可视化界面

软件还有其他的菜单栏按钮，比如界面右侧调整参数的版面，我们可以根据自己的研究需要进行不同角度的图像变换，如图 12-31 所示。

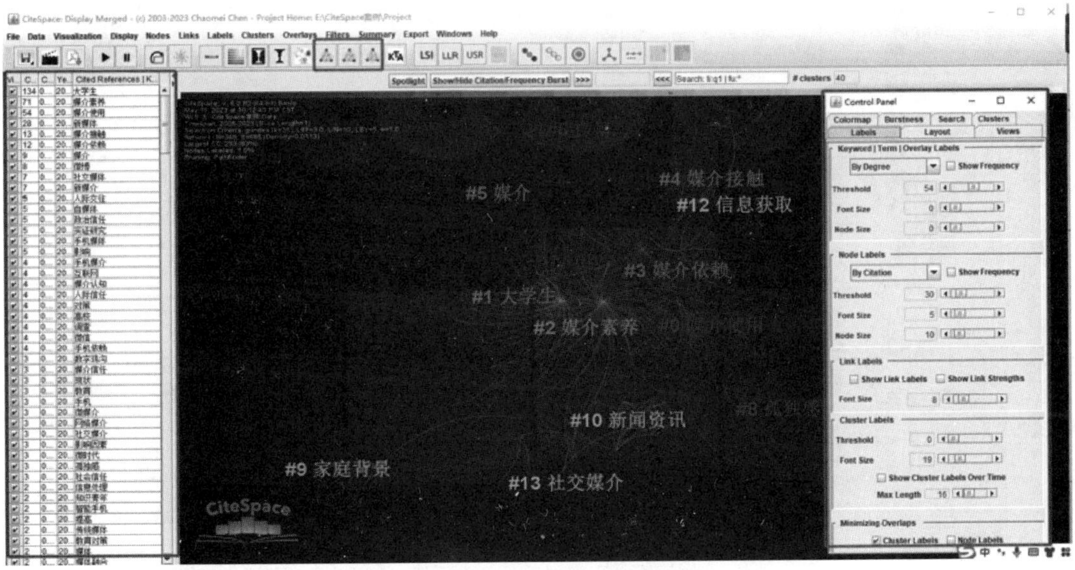

图 12-31　调整参数界面

上面是对关键词的可视化分析，同理，接着我们可以再分析一下作者（如图 12-32 和 12-33 所示）、机构（如图 12-34 和 12-35 所示）。

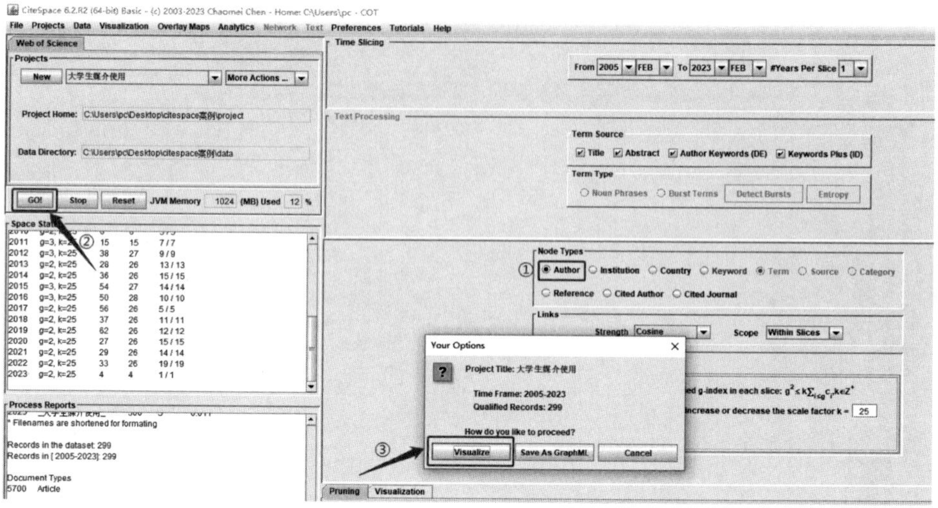

图 12-32　选择作者可视化分析

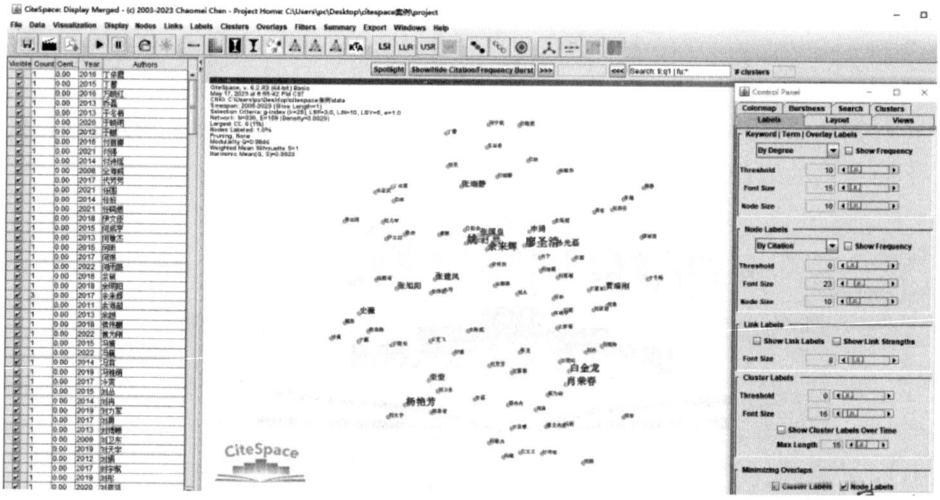

图 12-33　作者可视化结果

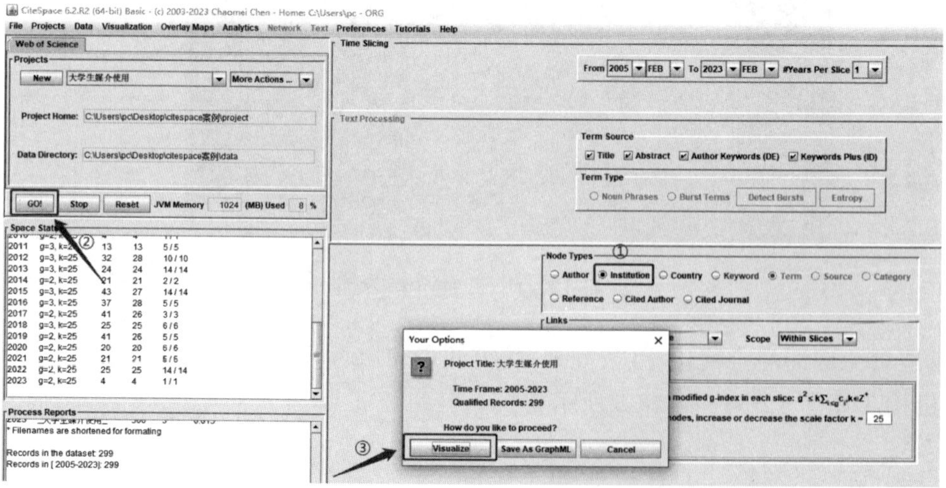

图 12-34　选择机构可视化分析

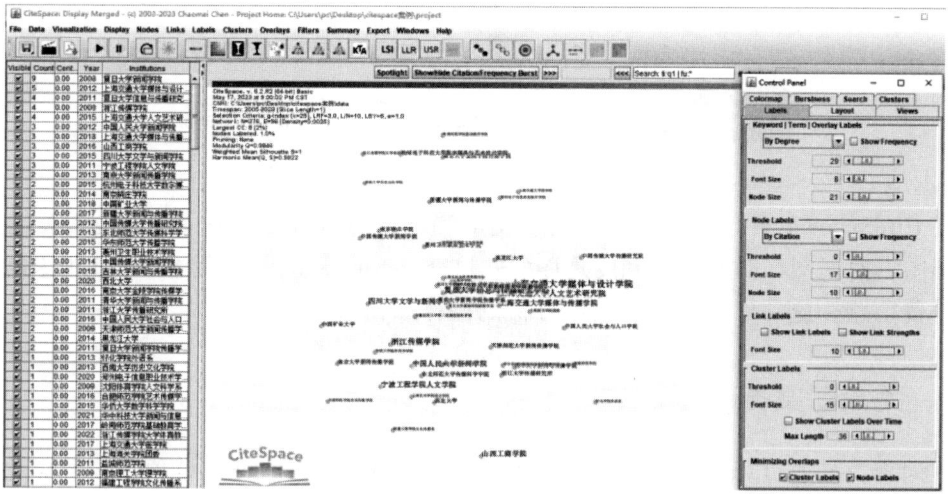

图 12-35 机构可视化结果

三、数据导出

对于相关数据可视化的结果，我们一般采用图片或者截图保存，除此之外，为了更好地对一些实用性信息进行深入系统的分析，我们可以将其保存为表格形式的数据，以关键词共现分析为例，具体操作方法如下：选择 Clusters→ Cluster Explorer，如图 12-36 所示。

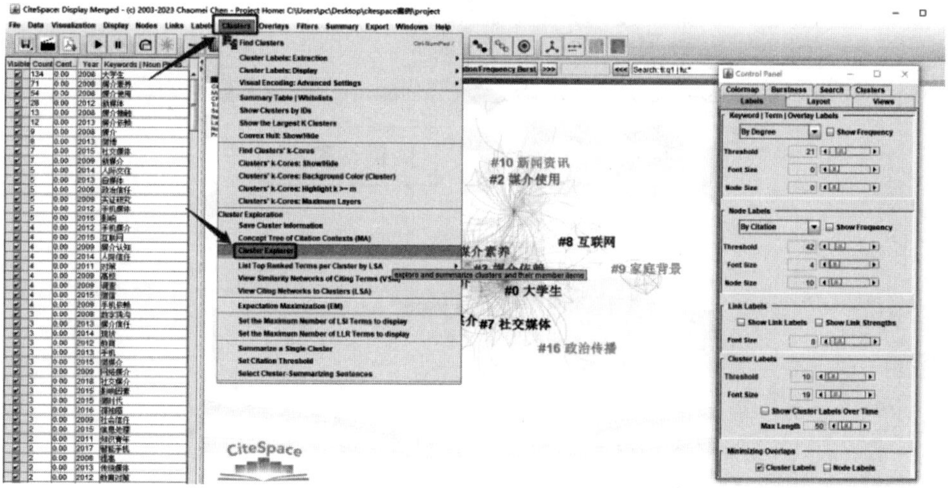

图 12-36 选择输出表格

点击后我们会得到如图 12-37 所示的表格，我们可以直接复制粘贴到 excel 中进行加工处理。

CiteSpace: Cluster Explorer

Clusters

Select	Cluster ID	Size	Silhouette	mean(Year)	Top Terms (LSI)	Top Terms (log-likelihood ratio, p-level)	Terms (mutual information)
	0	60	0	2015	[illegible]	[illegible]	[illegible]
	1	56	0	2016	[illegible]	[illegible]	[illegible]
	2	54	0	2014	[illegible]	[illegible]	[illegible]
	3	22	0	2014	[illegible]	[illegible]	[illegible]
	4	22	0	2013	[illegible]	[illegible]	[illegible]
	5	17	0	2012	[illegible]	[illegible]	[illegible]
	6	11	0	2013	[illegible]	[illegible]	[illegible]
	7	11	0	2016	[illegible]	[illegible]	[illegible]
	8	10	0	2017	[illegible]	[illegible]	[illegible]
	9	9	0	2010	[illegible]	[illegible]	[illegible]
	10	9	0	2012	[illegible]	[illegible]	[illegible]
	12	8	0	2015	[illegible]	[illegible]	[illegible]
	16	4	0	2014	[illegible]	[illegible]	[illegible]

图 12-37 表格形式的数据结果

第四节 CiteSpace 主要分析功能

通过 CiteSpace 软件进行可视化分析是便捷和常见的，基础可视化功能包括关键词聚类、频次分布图、时区图、时间线图和突现图等。在 CiteSpace 6.2.R2 版本中，时区图生成已经转变为付费功能。这一部分将对可视化分析的操作图谱进行展示。

一、关键词聚类

关键词聚类是通过算法将关系紧密的关键词进行聚类。模块值（Q 值）和平均轮廓值（S 值）是聚类结果依据的两个指标，聚类将对此进行网络模块化和网络同质性评价。根据 Q 和 S 的值可以判断聚类结果的可信度：Q>0.3，说明得到的网络社团结构是显著的；S>0.7，则聚类结果具有较高的可信度；S>0.5，则认为聚类是合理的。

如图 12-38 所示，在“大学生与媒介使用”主题的可视化下进行关键词聚类分析，选择上方菜单栏中大写字母“K”的三角小型图标，点击后会生成关键词聚类图，以及相应以“#关键词”形式的聚类标签，例如“#0 媒介使用”“#1 大学生”。为了避免聚类标签重合，可以通过“control pannel”调整字体大小和底色。

图 12-38 关键词聚类图

如图 12-39 所示，鼠标停在任意聚类标签上，依次单击鼠标右键→List Citing Papers to the Cluster，将弹出新页面展示该聚类标签下对应的文献。相应地，右击鼠标展现出的其他功能，通过点击目标选项均可实现。

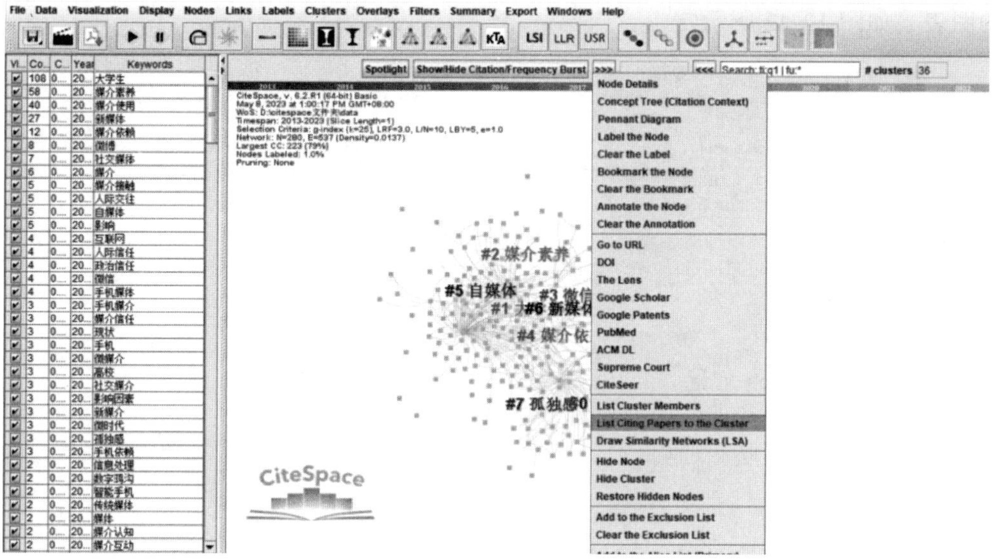

图 12-39 聚类标签图

CiteSpace 是通过算法将关系紧密的关键词进行聚类，然后会给每个关键词一个值，同一聚类中值最大的当选为该类别的代表，给它打上标签。通过聚类可以看出哪些词间的关系更为密切，顺序从 0 到 8 进行排列，数字越小则说明聚类中包含的关键词越多。每个聚类是由多个紧密相关的词组成的，具体是哪些关键词，可以通过导出详细报告进行查看。

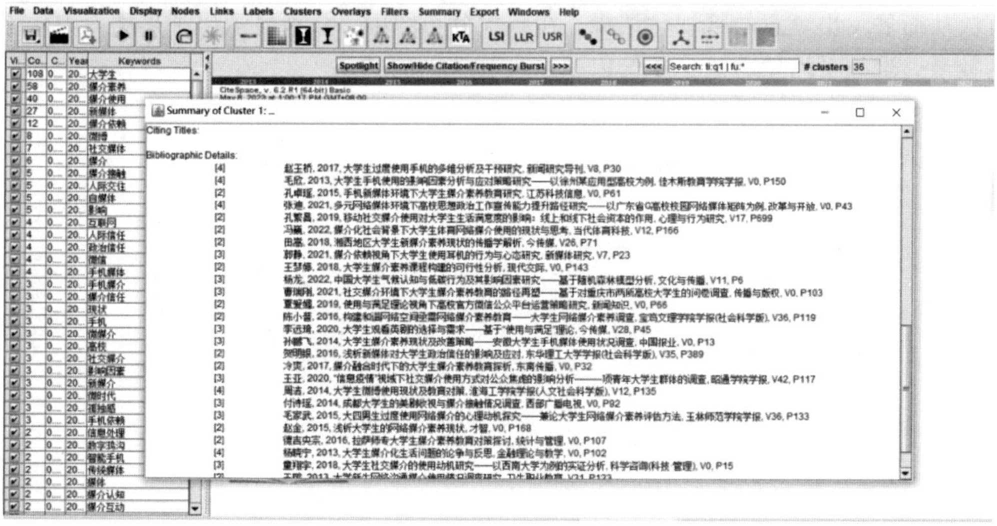

图 12-40 聚类标签对应文献图

二、频次分布图

频次是对总数据按照某种标准进行分组，统计出各个组中包含个体的数量。把各个类别及其相应的频数全部列出来就是“频次分布”。

如图 12-41 所示，依次点击上方菜单栏 Clusters→ Summary Table I Whitelists，将会生成

相应的图表，如图 12-42 所示。

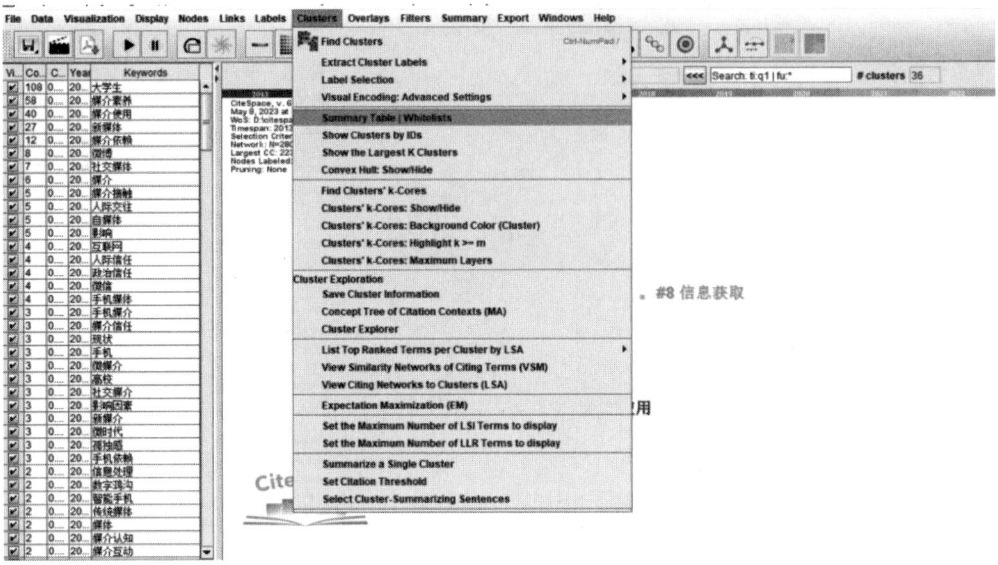

图 12-41　生成频次分布图操作指引

通过图 17 可以看到，在年份后呈现出三种算法的结果，分别与菜单栏中的“LSI”“LLR”“MI”对应。“LSI”“LLR”“MI”为 CiteSpace 提供三种不同的算法，通常情况下，用户在可视化网络中使用的是 LLR 算法提取的标签来显示聚类命名。用户也可以通过选择其他合适的聚类算法从而展示出满意的可视化结果。在频次分布图中，分别显示出了聚类的 ID、包含关键词的数量、聚类平均轮廓值、年份以及三种算法下的结果。

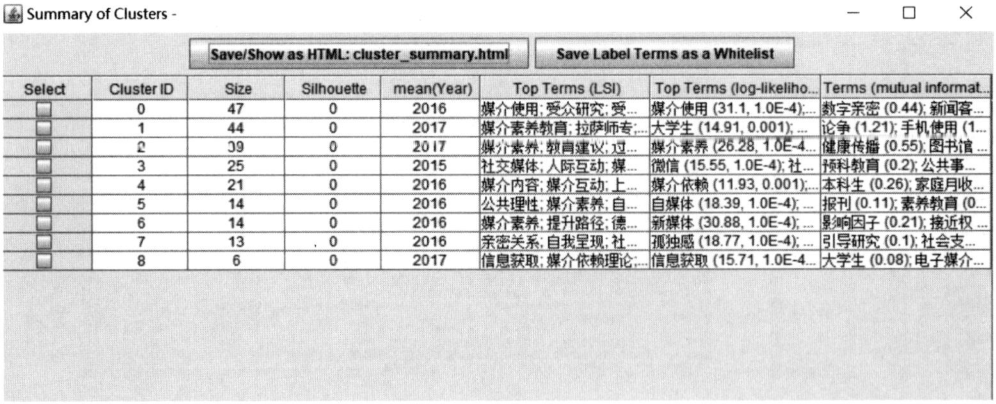
Summary of Clusters -

Save/Show as HTML: cluster_summary.html　Save Label Terms as a Whitelist

Select	Cluster ID	Size	Silhouette	mean(Year)	Top Terms (LSI)	Top Terms (log-likeliho...	Terms (mutual informat...
	0	47	0	2016	媒介使用; 受众研究; 受...	媒介使用 (31.1, 1.0E-4);...	数字亲密 (0.44); 新闻客...
	1	44	0	2017	媒介素养教育; 拉萨师专;...	大学生 (14.91, 0.001); ...	论争 (1.21); 手机使用 (1...
	2	39	0	2017	媒介素养; 教育建议; 过...	媒介素养 (26.28, 1.0E-4...	健康传播 (0.55); 图书馆 ...
	3	25	0	2015	社交媒体; 人际互动; 媒...	微信 (15.55, 1.0E-4); 社...	预科教育 (0.2); 公共事...
	4	21	0	2016	媒介内容; 媒介互动; 上...	媒介依赖 (11.93, 0.001);...	本科生 (0.26); 家庭月收...
	5	14	0	2016	公共理性; 媒介素养; 自...	自媒体 (18.39, 1.0E-4); ...	报刊 (0.11); 素养教育 (0...
	6	14	0	2016	媒介素养; 提升路径; 德...	新媒体 (30.88, 1.0E-4); ...	影响因子 (0.21); 接近权 ...
	7	13	0	2016	亲密关系; 自我呈现; 社...	孤独感 (18.77, 1.0E-4); ...	引导研究 (0.1); 社会支...
	8	6	0	2017	信息获取; 媒介依赖理论;...	信息获取 (15.71, 1.0E-4...	大学生 (0.08); 电子媒介...

图 12-42　频次分布图

三、时间线图

时间线图既包含聚类标签，同时又将时间因素考虑进去，因此可以帮助判断哪些主题是新兴主题、哪些是经典主题、哪些是相对过时的主题。

如图 12-43 所示，依次点击 Control Panel 页面的 Layout→ Timeline View，如图 12-44 所

示，软件会帮助生成该主题下的时间线图。

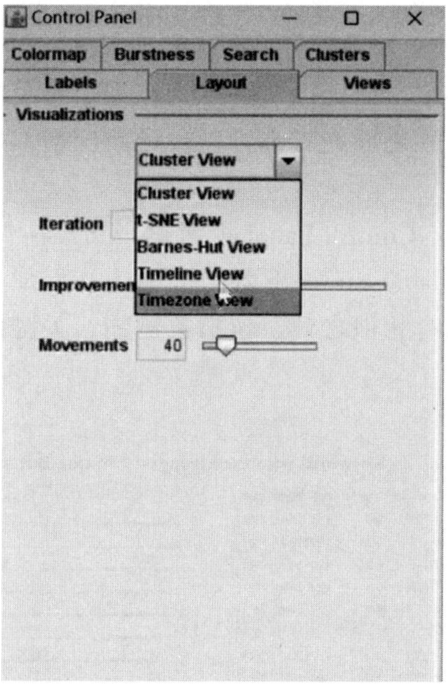

图 12-43　生成时间线图操作指引

时间线图将聚类中包含的关键词按照时间的顺序铺开，每一个聚类左边都包含几个关键词，这几个关键词也就是关键词聚类中的几个主要关键词。时间线图中不仅包含关键词首次出现的年份，还包括其持续的年份和结束的年份。时间线右边的聚类的标签词也会出现在左边的关键词中，因为时间线图本质上就是聚类图，只是添加了时间的要素。

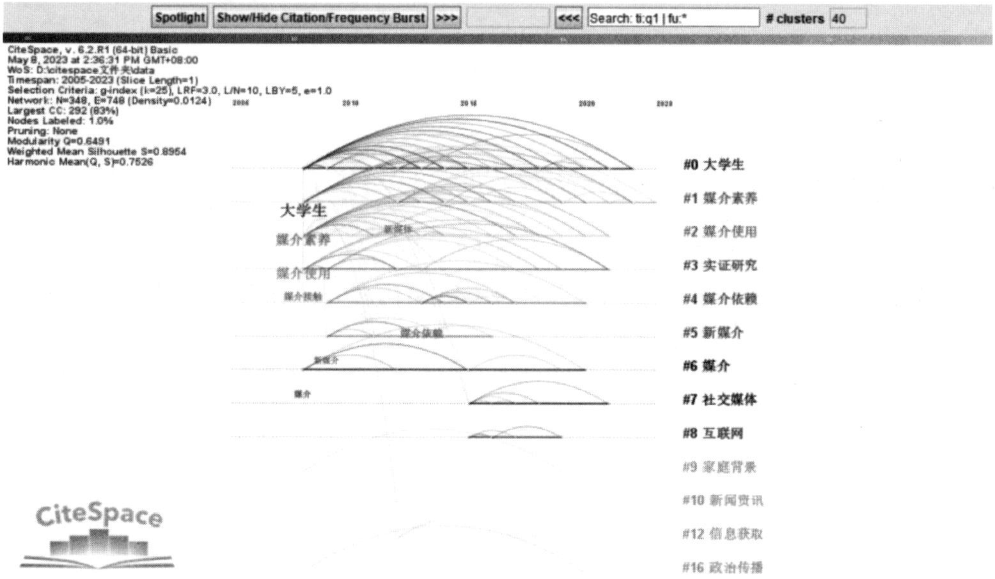

图 12-44　时间线图

四、突现图

“突现”即一段时间内突然增加。突现词也就是突现性关键词，它为反映一段时间内影响力较大的研究领域提供一定参考，即可以了解学界在某个时段内高度关注的研究主题。通过突现图分析，研究的前沿领域和发展趋势都可以被推断出来。所以，突现图也是反映这些突现关键词影响力的图谱。

如图 12-45 所示，依次点击 Control Panel 页面 Burstness→ View。通过调整列表中 γ [0,1] 的数值，可以控制呈现的关键词的 Strength 数值间隔，从而使生成的突现图有多种可能。突现图中包含的信息与时间线图有相似之处，包括关键词、关键词出现的年份、突现强度、突现时间、结束时间。

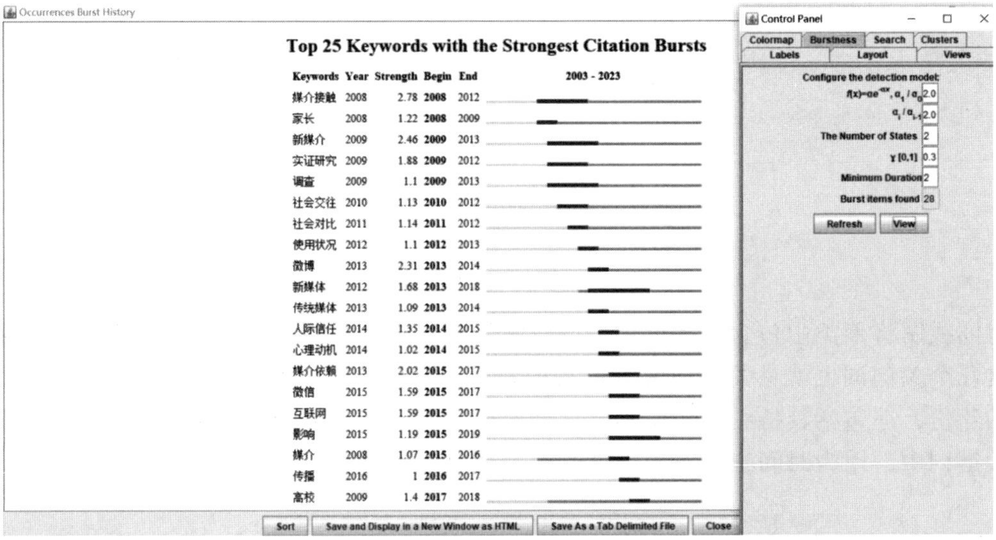

图 12-45 突现图

● 课后思考及练习题（需参阅相关文献完成）

1. 理解 Citespace 在文献综述研究中的作用。

2. 尝试性地使用 Citespace，对“中国传统文化海外传播”等传播学研究主题进行文献综述研究。

参考文献

[1] TOM DICKSON. Mass media education in transition: Preparing for the 21st Century[M]. Lawrence Erlbaum Associates，2000.

[2] W WILCOX. Historical trends in journalism education[J]. Journalism Educator, 1959(3):4.

[3] 阿瑟・阿萨・伯格. 媒介与传播研究方法:质化与量化研究导论[M]. 张磊，译. 北京：中国传媒大学出版社，2021.

[4] 朱卉，聂慧敏. 我国新闻传播学量化研究方法历史概述[J]. 新闻世界，2015(3): 99-100.

[5] 陈力丹，王亦高. 我国新闻传播学量化研究的艰难起点——以 20 世纪 80 年代新闻传播学三种期刊为例[J]. 当代传播，2009（2）：8-10.

[6] 陈力丹. 新闻理论研究的现状及历史的探讨[M]//中华全国新闻工作者协会，河北省新闻工作者协会. 新的实践 新的探索. 北京：光明日报出版社，1986：365.

[7] 祝建华. 传播学定量研究方法的科学来源[M]//中国人民大学新闻系. 新闻学论集（第 11 辑）. 北京：中国人民大学出版社，1987.

[8] 钟秉林，范东生. 我国报业发展的因素分析[J]. 东南大学学报，1990（4）：127-131.

[9] 朱鸿军，苗伟山，孙萍. 学科建制下的规范化：新中国新闻与传播学方法研究 70 年（1949—2019）[J]. 新闻与传播研究，2019，26（10）：21-35 + 126-127.

[10] 廖圣清，朱天泽，易红发，等. 中国新闻传播学研究的知识谱系：议题、方法与理论（1998—2017）[J]. 新闻大学，2019（11）：73-95 + 124.

[11] 赵珞琳，柏小林. 社会化媒体研究进展——基于 2011—2016 年 SSCI 传播学期刊的内容分析[J]. 出版科学，2018，26（3）：55-64.

[12] 王唯滢，李本乾. 中国重大主题新闻对外传播的受众影响机制研究——基于海外受众调查的 SEM 模型建构[J]. 新闻大学，2020（6）：49-62 + 123-124.

[13] 许向东. 数据可视化传播效果的眼动实验研究[J]. 国际新闻界，2018，40(4): 162-176.

[14] 徐敬宏，黄惠，游鑫洋. 微博作为性别议题公共领域的理想与现实——基于“男性气质”微博话题的计算机辅助内容分析[J]. 国际新闻界，2021，43（5）：106-124.

[15] 赵杰. 我国四大门户网站数据新闻发展现状探析[J]. 新闻研究导刊，2020，11（1）：197-198.

[16] 陈力丹. 我国传媒业的职业道德意识与自律建设[J]. 现代传播，2007（1）：30-34.

[17] 苏宏元，陈娟. 从计算到数据新闻：计算机辅助报道的起源、发展、现状[J].新闻与传播研究，2014，21（10）：78-92 + 127-128.

[18] 方洁，颜冬. 全球视野下的“数据新闻”：理念与实践[J]. 国际新闻界，2013，35（6）：73-83.

[19] 吴小坤. 数据新闻制作简明教程[M]. 上海：复旦大学出版社，2018.

[20] 赵新乐. 告诉你正在改变的报业世界[N]. 北京：中国新闻出版报，2014-03-04(005).

[21] 毛良斌. 数据新闻：操作与实践[M]. 杭州：浙江大学出版社，2019.
[22] 章戈浩. 作为开放新闻的数据新闻——英国《卫报》的数据新闻实践[J]. 新闻记者，2013（6）：7-13.
[23] 方洁. 数据新闻概论——操作理念与案例解析[M]. 北京：中国人民大学出版社，2019.
[24] NAUR, P. Concise survey of computer methods [M]. Sweden：Studentlitteratur Petrocelli Books, 1974.
[25] 赵蓉英，魏明坤. 国际数据科学演进研究：基于时间维度的分析[J]. 图书情报知识，2017（4）：71-79.
[26] 朝乐门. 数据科学——理论与实践[M]. 2 版. 北京：清华大学出版社，2019.
[27] 覃雄派，陈跃国，杜小勇. 数据科学概论[M]. 北京：中国人民大学出版社，2020.
[28] Chaomei Chen. Science Mapping: A Systematic Review of the Literature[J]. Journal of Data and Information Science, 2017, 2(2): 1-40.